L'Urbanisation diversifiée

DIRECTIONS DU DÉVELOPPEMENT
Pays et régions

L'Urbanisation diversifiée

Le cas de la Côte d'Ivoire

Madio Fall et Souleymane Coulibaly, Éditeurs

GROUPE DE LA BANQUE MONDIALE

Table des Matières

Cartes

Encadrés

Graphiques

Tableaux

Remerciements

La présente étude a été menée par une équipe dirigée par M. Madio Fall (spécialiste senior de l'eau, GWADR) et M. Souleymane Coulibaly (Chef de programme et économiste en chef pour l'Afrique centrale, AFCC1) et était composée des personnes suivantes : Mme Andréa Bétancourt (consultante, GWADR), Mme Annie Bidgood (consultante, GSURR) et Mme Alexandra Le Courtois (spécialiste de l'urbanisme, GSURR) qui ont travaillé sur le chapitre consacré à la planification urbaine ; M. Tuo Shi (économiste de l'urbanisme, GSURR) et M. Ibou Diouf (spécialiste senior des transports, GTIDR) qui ont contribué au chapitre sur la connectivité des villes ; Mme Nancy Lozano-Gracia (économiste senior, GSURR), Mme Dina Ranarifidy (spécialiste de l'urbanisme, GSURR) et Mme Alexandra Panman (consultante, GWADR) en ce qui concerne le chapitre sur l'écologisation des villes ; et M. Jonas Ingemann Parby (spécialiste de l'urbanisme, GSURR), M. Jean-Noël Amantchi Gogoua (chargé des opérations senior, AFCF2) et M. Gyongshim An (spécialiste senior de l'urbanisme, GSURR) pour le chapitre sur le financement des municipalités. L'équipe a bénéficié de l'appui de M. Nabil Chaherli (Chef de programme, AFCF2), M. Lorenzo Bertollini (spécialiste senior du développement du secteur privé, GTCDR), M. Saidou Diop (spécialiste senior de la gestion financière, GTCDR) et M. Robert Yungu (spécialiste senior du secteur public, GGODR). L'étude s'appuie sur des rapports de base rédigés par les consultants suivants : M. Jacques Esso, M. Charles Fe Doukouré, M. Désiré Kanga, M. Hugues Kouadio (ENSEA), M. Yeo Homiegnon (université de Bouaké), M. Gofaga Coulibaly (BEPU) et M. Emmanuel Atta (université de Nantes). L'équipe a bénéficié de l'excellent appui de M. Haoua Diallo, Mme Mariame Bamba-Coulibaly et Mme Agba Evelyne N'guessan (assistantes de programme, AFCF2) et de Mme Nohme Sylvette Akpro (temporaire, AFCF2). Le présent rapport a été édité par le cabinet « *Communications Development Incorporated* ».

L'étude a été réalisée avec le concours d'interlocuteurs de l'administration publique sous la houlette de M. Jules Attingbre Kouamé (Conseiller du Premier ministre), M. Mathieu N'Guessan Seguy (Directeur général de l'aménagement du territoire et du développement régional au Ministère du Plan et du Développement économique) et M. Kra Kouman (Directeur de l'urbanisme au Ministère de la Construction, du Logement, de l'Assainissement et de l'Urbanisme), et de nombreux autres directeurs de divers départements ministériels qui ont participé au séminaire de Bassam en juin 2014 et au séminaire technique d'Abidjan en décembre 2014. Ces séminaires visaient à peaufiner l'exposé général et les analyses de l'étude. Les contributions remarquables des participants et modérateurs de l'atelier de validation organisé le 9 juillet 2015 ont permis de cerner les recommandations de l'étude.

L'équipe a en outre bénéficié de nombreuses séances de travail et de réflexion avec le Ministre des Infrastructures économiques, M. Patrick Achi, le Président de l'UVICOCI, M. Kafana Koné, le Secrétaire général de l'Association des régions et districts de Côte d'Ivoire (ARDCI), M. Dagobert Banzio, et la Directrice générale de la Chambre de commerce de la Côte d'Ivoire, Mme Marie-Gabrielle Boka-Varlet. Nous exprimons notre profonde gratitude à ces responsables pour leur précieux appui.

L'équipe a bénéficié de la contribution et du soutien précieux de M. Somik Lall (économiste principal de l'urbanisme, GSURR) ainsi que des commentaires des pairs ci-après à l'étape de la conception et de l'examen consacré à l'amélioration de la qualité du rapport : Mme Christine Kessides Fallert (Chef de service de pôle d'expertise, LLI), M. Roland White (spécialiste principal de l'urbanisme, GSURR), M. Dean Cira (économiste principal de l'urbanisme, AFTU1), Mme Catherine Farvacque-Vitkovic (spécialiste principale de l'urbanisme, GSURR), M. Gylfi Palsson (spécialiste principal des transports, GTIDR) et M. Javier Sanchez-Reaza (spécialiste senior de l'urbanisme, GSURR).

L'équipe est reconnaissante à la direction de la Banque mondiale pour le soutien qu'elle lui a apporté, notamment M. Ousmane Diagana (Directeur des opérations pour la Côte d'Ivoire), M. Sameh Wahba (Chef de service du pôle d'expertise Urbain, GSURR) et M. Alexander Bakalian (Chef de service du pôle d'expertise Eau et Assainissement, GWADR). L'étude a bénéficié de la généreuse aide financière du Secrétariat d'État à la coopération économique de la Suisse dans le cadre du Fonds fiduciaire multidonateurs de la Banque mondiale pour l'urbanisation durable, qui a permis la réalisation du présent rapport.

Enfin, nous remercions tout particulièrement son Excellence Monsieur le Premier Ministre Daniel Kablan DUNCAN pour ses orientations et son implication personnelle dans les ateliers de lancement et de validation de l'étude.

Résumé analytique

Une gestion rationnelle de l'urbanisation en Côte d'Ivoire accélèrera l'accession du pays au statut de pays à revenu intermédiaire. En 2014, la population urbaine représente la moitié de la population totale du pays et le revenu national brut (RNB) par personne est de 1 450 dollars É.-U. La Géorgie, le Guatemala et l'Indonésie, trois pays appartenant à des continents différents et ayant un taux d'urbanisation proche de celui de la Côte d'Ivoire, affichent un RNB par personne de 3 570 dollars É.-U., 3 340 dollars É.-U. et 3 580 dollars É.-U., respectivement. Un tel écart signifie que les moteurs sous-jacents de l'urbanisation ne fonctionnent pas à pleine capacité en Côte d'Ivoire. Une meilleure gestion de l'urbanisation peut favoriser des activités génératrices de rendements plus élevés sur le plan de la croissance économique et de la création d'emplois.

L'urbanisation ne se limite pas à l'extension d'une seule ville dans un pays. En fait, les villes d'un pays peuvent être considérées comme un portefeuille d'actifs qui se distinguent les uns des autres par notamment leur taille, leur emplacement et la densité de leur population (Banque mondiale 2009). Les petites villes à faible niveau d'urbanisation facilitent les économies d'échelle internes, comme l'accueil d'une grande entreprise qui transforme des produits agricoles locaux. Les villes secondaires parvenues au stade intermédiaire d'urbanisation facilitent les économies de localisation en favorisant des liaisons entre des entreprises intervenant dans le même secteur. Les grandes villes se situant à un stade avancé d'urbanisation facilitent les économies d'urbanisation grâce à une base économique diversifiée qui favorise l'innovation.

La Côte d'Ivoire dispose d'un portefeuille de localités composé de trois types de villes. En appliquant les conclusions du *Rapport sur le développement dans le monde 2009* au contexte ivoirien, trois types de villes dans le pays sont établis : les *connecteurs globaux*, villes qui génèrent les économies d'urbanisation nécessaires à l'innovation, aux activités à rendements d'échelle croissants et à la compétitivité mondiale ; les *connecteurs régionaux*, villes qui génèrent les économies de localisation nécessaires à des échanges et des transports régionaux efficients ; et les *connecteurs locaux*, villes qui génèrent les économies d'échelle nécessaires à la libération du potentiel agricole de leurs régions (encadré R.1).

Encadré R.1 La typologie des connecteurs globaux, régionaux et locaux peut fournir la base d'une stratégie d'aménagement du territoire

La typologie des villes proposée dans le présent rapport peut fournir quelques principes majeurs de la formulation d'un schéma directeur de l'aménagement du territoire. Le gouvernement prépare une loi d'orientation sur l'aménagement du territoire, qui servira de base à la formulation d'un schéma directeur de l'aménagement du territoire. Ce projet de loi de large portée souligne le devoir incombant à l'État de veiller à l'équilibre de l'aménagement du territoire en facilitant le développement d'activités économiques dans toutes les régions grâce à la création de pôles de croissance. À l'échelon mondial, cette quête d'équilibre a souvent conduit à des résultats mitigés : s'il est logique de soutenir le développement des activités économiques dans les régions riches en ressources ou ayant un potentiel économique, ce ne doit pas être au détriment des principales villes, qui sont les moteurs de la croissance du pays, car la croissance de ce fait ralentirait. Ancrer le schéma directeur de l'aménagement du territoire sur la typologie des villes proposée dans le présent rapport permettrait de mettre à profit les avantages comparatifs des différentes villes ivoiriennes.

Abidjan, San-Pedro et Yamoussoukro sont les connecteurs globaux naturels de la Côte d'Ivoire. La région du Grand Abidjan est prédominante, avec environ 20 % de la population totale, 80 % des emplois formels et 90 % des entreprises formelles. C'est une zone urbaine avancée qui connaît les mêmes défis que les régions métropolitaines dans le monde. Le port de San-Pédro — entièrement construit dans le cadre du premier plan de développement — est la principale porte de sortie des produits agricoles destinés à l'exportation ; il devait être relié par voie ferrée au centre de la zone minière de l'ouest (Man et ses environs). Yamoussoukro est la capitale depuis les années 1980, bien que l'administration publique nationale demeure basée à Abidjan. La ville abrite l'une des écoles polytechniques les plus réputées d'Afrique francophone, ce qui pourrait établir un pont entre des entreprises nationales et des entreprises étrangères de technologie au cas où l'infrastructure des technologies de l'information et de la communication (TIC) se développerait à l'échelle des normes internationales.

Les connecteurs régionaux de la Côte d'Ivoire sont reliés à la région de l'Afrique de l'Ouest par cinq corridors. Le corridor nord relie Abidjan à Ouagadougou par liaison routière et ferroviaire qui passe par Bouaké (deuxième ville du pays), Korhogo (capitale de la région septentrionale, comptant près de 200 000 habitants) et Ferkessédougou (ville secondaire de 75 000 habitants). À l'est, la Côte d'Ivoire est reliée à Lagos (Nigéria) par une route qui traverse Aboisso et Noé en Côte d'Ivoire et trois capitales de l'Afrique de l'Ouest (Accra au Ghana, Lomé au Togo et Cotonou au Bénin). Toujours à l'est, une autre route avec le Ghana (passant par Koumassi et Tamale) traverse Adzopé, Abengourou et Bondoukou. Abidjan est reliée à Nzérékoré en Guinée par une route qui traverse Yamoussoukro, Daloa et Man, chacune de ces villes comptant plus de 150 000 habitants et se situant dans une région riche en ressources agricoles, minérales ou touristiques. À l'ouest, une autre route vers Monrovia au Libéria traverse Grand-Lahou, Sassandra, San-Pedro et Tabou le long du golfe de Guinée. S'il est tenu compte d'une moyenne de 100 000 habitants, les villes secondaires ci-après situées le long de trois corridors régionaux constituent les principaux connecteurs régionaux : Adzopé et Abengourou (corridor de l'est), Bouaké et Korhogo (corridor du nord) et Daloa et Man (couloir de l'ouest).

Les petites villes de Côte d'Ivoire pourraient devenir des pôles générateurs d'économies d'échelle pour l'agro-industrie. Tandis que les régions du sud-ouest contribuent fortement à la production et à l'exportation de cultures de rente, les zones de savane peuvent aider à augmenter la production de vivres et de céréales pour approvisionner les centres urbains nationaux et régionaux. À Long terme, avec le déplacement de la boucle du cacao des régions orientales et centrales vers le sud (avec le port de San-Pédro en point de mire), le changement climatique et la conjoncture économique internationale pourraient une fois de plus déplacer le cœur de ces zones de production de cultures de rente. Compte tenu de l'accroissement des disparités régionales en Côte d'Ivoire, de bonnes connexions entre les villes secondaires de l'arrière-pays agricole et les capitales régionales stratégiques peuvent aider les petits exploitants à se moderniser dans les filières agroindustrielles.

Pour diversifier l'urbanisation, les décideurs ivoiriens doivent agir de toute urgence dans quatre domaines :

- *La planification* — Établir une feuille de route pour les villes en définissant les conditions de l'urbanisation, en particulier les politiques de répartition des terres urbaines, en favorisant le développement de marchés du logement, et en développant les équipements et services publics de base.
- *La connectivité* — Rendre les marchés d'une ville (main-d'œuvre, biens et services) accessibles à d'autres villes et à d'autres quartiers de la ville, ainsi qu'aux marchés d'exportation.
- *L'écologisation* — Améliorer la qualité de vie dans les villes en réduisant la pollution et les émissions et en préservant les rares ressources environnementales et financières.
- *Le financement* — Trouver des sources de financement pour les principales dépenses d'investissement nécessaires à la fourniture des équipements et services requis à mesure que les villes croissent et que l'urbanisation s'amplifie.

Le cadre ci-dessus s'inspire des principes retenus par les parties prenantes des administrations nationales et infranationales et du secteur privé, ce qui a permis de formuler une vision commune de l'urbanisation en Côte d'Ivoire[1]. Ces interlocuteurs estiment qu'une urbanisation réussie devrait conduire à la création de « villes planifiées, structurées, compétitives, attractives, inclusives et organisées autour de pôles de développement ».

Les analyses et les recommandations présentées dans cette etude ont bénéficié des contributions des participants et modérateurs de l'atelier de validation organisé en juillet 2015 à Abidjan. Une synthèse des principales conclusions dans les quatres domaines est résumée ci-dessous (encadrés R.2 - R.5).

Encadré R.2 Principaux points du brainstorming sur la planification lors de l'Atelier de validation

Trois axes ont été dégagés concernant la décentralisation :

- Revoir le schéma institutionnel des relations entre l'État et les collectivités territoriales en « décentralisant la décentralisation ». L'accent a été mis sur la clarification de la répartition des rôles et des compétences entre les préfets, les syndics et les chefs de quartier.
- Mieux répartir les schémas d'accompagnement entre les communes sous la forme de trois options : assistance, conseil et intercommunalité.
- Capitaliser sur les bonnes pratiques entre communes en favorisant les échanges intercommunaux.

Plusieurs interventions ont ciblé la problématique de l'aménagement du territoire comme suit :

- Nécessité d'élaborer un Schéma national d'aménagement du territoire (SNAT) et de « disposer dans l'ordre les hommes et les activités dans une vision prospective ».
- Définition d'un outil, d'un cadre formel permettant à tous les acteurs d'entreprendre des actions cohérentes.
- Établissement d'un document d'orientation dans une perspective à long terme.
- Consolidation de l'armature « aménagement du territoire » et réponse à la question « que veut-on faire de notre territoire », ce qui permettrait de déterminer les politiques publiques, notamment en urbaines.
- Prise en en compte de l'outil Schéma régional d'aménagement du territoire allant au-delà d'un plan stratégique et qui devra être engagé après l'élaboration du SNAT pour assurer la cohérence entre ces différents schémas.
- Prise en en compte de la dimension du développement durable (exemple de l'éco-quartier de Marcory) tout en intégrant son implication sur les schémas.

Renforcement du volet humain :

- Nécessité de renforcer les compétences, de disposer de personnes qualifiées dans les collectivités locales et de revoir les ressources humaines.
- Établir un budget à la formation dans les communes.
- Former les populations pour engager une réelle participation.

Documents de planification :

- Documents de planification élaborés mais non respectés.
- Plans directeurs d'urbanisme dépassés.
- Cohabitation difficile entre droit coutumier et droit de l'urbanisme.
- Nécessité d'établir une cohérence avec la construction des lotissements.
- Intégrer les activités socioéconomiques de base pour fixer les populations, la gestion des déchets, les services sociaux de base (santé, eau, énergie).

Sources : Atelier de validation de l'étude de l'urbanisation[1]

Encadré R.3 Principaux points du brainstorming sur la connectivité lors de l'Atelier de validation

L'atelier a reconnu la qualité du rapport et endossé les recommandations proposées pour la connectivité. Cependant, les points ci-après regroupés en trois catégories ont été proposés :

Planification de la connectivité :

- Tenir compte de la connectivité au niveau de la planification.
- Planifier et organiser le transport collectif dans toutes ses dimensions.
- Préserver les emprises des voies (les réserves des emprises des voies sont occupées)
- Mettre en place une politique de respect des règles et de formation humaine au respect de ces règles.
- Intégrer tous les acteurs et les corps de métier et assurer une bonne coordination au moment de la planification et de la mise en opération, du fait que la connectivité est au centre des problèmes de la ville.
- Penser la ville de sorte à éviter des déplacements de coût élevé.
- Organiser le transport en chaîne pour une plus grande efficacité, puisqu'il n'existe aucun marché régissant le transport et du fait que le désordre entraîne des coûts élevés.
- Réorganiser le secteur des transports en profondeur, notamment en mobilisant les TIC.
- Étendre l'étude des schémas directeurs à toutes les villes et obtenir un schéma directeur national.
- Insister sur la dimension écologique de la connectivité.

Exploitation dans le but d'améliorer la connectivité :

- Prendre en compte toutes les formes de transport (lagunaire, ferroviaire, etc.) et prévoir des lieux relais, des voies de rabattement, des aires de stationnement.
- Progresser à grands pas dans le domaine des transports en pensant le futur. Par exemple, prévoir des navettes au niveau des communes avec un transport électrique (ou mobilisant les énergies renouvelables).
- Augmenter le nombre de voies réservées au transport public.
- Conduire des travaux plus pointus pour réorienter le rabattement du transport.
- Éduquer les usagers des routes.

Investissement en faveur de la connectivité :

- Concernant la planification de l'investissement, entreprendre résolument des investissements ambitieux.

Sources : Atelier de validation de l'étude de l'urbanisation

Encadré R.4 Principaux points du brainstorming sur l'écologisation lors de l'Atelier de validation

L'expansion rapide des villes de la Côte d'Ivoire a entraîné une dégradation de la biodiversité et du cadre de vie. Pour repenser les villes ivoiriennes, il est nécessaire de mettre en œuvre des actions soucieuses de l'environnement, favorisant sa conservation et améliorant le cadre de vie des populations, c'est-à-dire en appliquant l'écologisation. Il s'agit de rendre nos villes (plus) attractives. Ces actions peuvent s'orienter, entre autres axes, principalement vers la gestion efficace des déchets, la réduction de l'impact de la pollution et la gestion rationnelle des ressources naturelles (eau, couverture forestière, etc.). Dans cette perspective, les participants ont fait les recommandations suivantes :

• Mettre à contribution les travaux des experts nationaux spécialisés en questions environnementales.
• Impliquer les ONG dans le processus d'écologisation des villes.
• Appliquer effectivement les textes légaux existant en la matière.
• Étoffer la fiscalité environnementale pour permettre le financement de l'écologisation.
• Renforcer la disponibilité des infrastructures d'assainissement.
• Accroître la résilience des villes aux chocs environnementaux.
• Mettre en place des mécanismes de gestion efficace des déchets urbains.
• Intégrer les questions d'écologisation dans l'élaboration des plans stratégiques de développement des villes.
• Prendre en compte la dimension humaine dans le processus d'écologisation à travers la sensibilisation au changement de comportement.

Sources : Atelier de validation de l'étude de l'urbanisation

Encadré R.5 Principaux points du brainstorming sur le financement lors de l'Atelier de validation

Plusieurs recommandations ont été formulées par les participants au cours de l'atelier sur le financement des villes, comme suit :

État/collectivités territoriales :

• Améliorer le cadre juridique et institutionnel sur le transfert des compétences aux collectivités territoriales de manière à leur permettre d'explorer de nouvelles sources de financement innovant.
• Allouer une part plus importante du budget de l'État au financement des collectivités territoriales (au moins 10 % au lieu des 5 % actuels).
• Rendre transparente l'information sur le recouvrement des recettes dans les communes.
• Organiser une table ronde d'échanges sur le potentiel de recettes des collectivités territoriales en Côte d'Ivoire.

encadré continue page suivante

Encadré R.5 Principaux points du brainstorming sur le financement lors de l'Atelier de validation *(continue)*

- Allouer une part de la taxe foncière au financement de la purge de droits.
- Privilégier l'investissement dans les communes en dirigeant les parts du budget actuellement allouées aux dépenses de fonctionnement et à l'investissement.
- Mettre en place un fonds de financement des investissements dans les collectivités territoriales.

Secteur privé :

- Impliquer le secteur privé dans le financement des villes à travers les partenariats public-privé (PPP).
- Valoriser la mise en place d'équipement dans les TIC.

Société civile :

- Impliquer la société civile dans la gouvernance des villes et dans la réalisation de certaines activités d'intérêt.

Sources : Atelier de validation de l'étude de l'urbanisation

Réformes prioritaires en matière de planification

- Améliorer la fluidité du marché foncier. Un marché foncier restreint limite l'investissement privé. L'amélioration de la fluidité du marché permettra d'accroître les investissements dans le développement industriel et résidentiel. Il faudra à cet effet augmenter l'offre de terres utilisables en trois étapes claires :
  - Tout d'abord, la sécurité de la propriété foncière devrait être améliorée grâce à des procédures plus simples, plus courtes et moins onéreuses.
  - Ensuite, les infrastructures principales devraient être développées en temps opportun, en particulier pour les nouvelles extensions urbaines non encore viabilisées (notamment les routes, l'électricité et l'eau) et avant que celles-ci ne soient établies.
  - Enfin, les terrains destinés à différentes activités d'investissement doivent être recensés, aménagés et affectés de façon rationnelle pour pouvoir répondre à la demande croissante dans ce domaine.
- Élargir la couverture de la prestation de services. Outre la création de marchés fonciers qui fonctionnent effectivement, les décideurs doivent également veiller à ce que la majorité des services d'infrastructure de base soient disponibles à tous les citadins — urbains et périurbains confondus. Deux priorités essentielles se dégagent à cet effet :
  - Premièrement, redoubler d'efforts pour aménager des espaces viabilisés.
  - Deuxièmement, appliquer des modèles de prestation de services financièrement durables et renforcer la réglementation pour augmenter le recouvrement des coûts et, par conséquent, la couverture financière des investissements et des services.

- Simplifier les règles d'urbanisme. Les plans d'utilisation des terres peuvent faire en sorte que des aménagements publics et privés dans diverses zones se fassent de façon harmonieuse, et que les aménagements offrent des possibilités d'activités économiques et résidentielles mixtes ainsi que des espaces verts et protégés. Trois enjeux majeurs à ce niveau se dégagent :
  - Premièrement, améliorer la coordination dans la répartition des responsabilités dans l'administration des zones urbaines.
  - Deuxièmement, aligner les politiques et normes d'urbanisme avec la disponibilité et la planification des infrastructures.
  - Troisièmement, simplifier et assouplir la réglementation sur l'utilisation des terres et le zonage, pour rendre le logement plus abordable.

Réformes prioritaires pour améliorer la mobilité et la connectivité

- Coordonner l'utilisation des terres et les infrastructures pour améliorer la mobilité urbaine.
- Accélérer les réformes visant à professionnaliser davantage les opérateurs du secteur des transports et à favoriser un meilleur accès aux financements.
- Mieux organiser le secteur du fret et le rendre plus compétitif.
- Mettre en place un système d'information sur le marché (MkIS) pour rapprocher les clients des transporteurs.
- Réaliser des investissements dans les corridors stratégiques et formuler des plans d'appui au renforcement des agglomérations urbaines et au développement des villes.
- Diversifier les corridors reliant l'économie nationale aux marchés régionaux attractifs.

Réformes prioritaires en matière d'écologisation

- Préservation et valorisation de l'environnement :
  - Prévoir, dans la planification urbaine, le verdissement des grandes artères (primaire et secondaire) en plantant des arbres et en mettant en œuvre un plan d'embellissement.
  - Prévoir la création de petits parcs urbains pour préserver une biodiversité urbaine, développer des activités récréatives et disposer « d'un poumon vert ».
  - Éviter ou stopper l'agrandissement des villes, facteur de déforestation. Promouvoir les constructions verticales pour faire face à la densité des villes.
- Salubrité urbaine :
  - Prévoir des infrastructures de salubrité telles que l'emplacement de postes de groupage et coffres identifiés après des constats d'impact, y compris des voies d'accès aux quartiers.
  - Prévoir l'emplacement de centres d'enfouissement technique (CET) identifiés après des constats d'impact, y compris des voies d'accès aux quartiers.

- – Prévoir des espaces dédiés aux loisirs et aux commerces afin d'éviter les occupations anarchiques et les encombrements.
- Développement durable :
  - – Prévoir des infrastructures dédiées au transport en commun et au transport non motorisé (marche, vélos, etc.).
  - – Prévoir la création d'éco-quartiers approvisionnés en énergie renouvelable (par exemple énergie solaire) construits à partir de matériaux recyclés et locaux, et utilisant peu d'énergie.
  - – Prévoir la mise en place d'un système d'économie circulaire basé sur le réemploi, la réparation et le recyclage des déchets.
  - – Prévoir des villes qui tiennent compte de la mixité fonctionnelle intense (des espaces à plusieurs fonctions – administration, loisir, sport, commerce, industrie, etc.) et de la mixité sociale (logements sociaux, proximité habitats économiques et résidentiels).
- Coordonner l'utilisation des terres et les infrastructures pour réduire les émissions grâce aux actions suivantes :
  - – Rapprocher les individus des lieux de travail en combinant la planification de l'utilisation des terres et les systèmes de transport en commun lorsque la densité s'y prête.
  - – Relier les marchandises et les marchés en améliorant la logistique pour le fret.
- Coordonner la planification de l'occupation de l'espace et les infrastructures pour renforcer la résilience, en intégrant l'évaluation des risques liés aux inondations et au changement climatique dans les plans d'urbanisme (par exemple, l'évacuation des eaux pluviales et les espaces verts).

Réformes prioritaires en matière de financement

- Corriger l'inadéquation entre le transfert des compétences et le transfert des ressources afin que les fonctions déléguées s'accordent aux capacités financières et humaines minimales existantes.
- Renforcer le système de financement des collectivités locales et réviser les systèmes de transferts budgétaires dans des domaines clés, en réduisant le nombre de transferts et en favorisant l'élargissement et l'amélioration du recouvrement des recettes propres ainsi que l'amélioration de la gestion des finances publiques.
- Promouvoir la collaboration entre les régions, les communes et les entreprises de service public afin de générer des économies d'échelle dans la prestation de services d'infrastructures.
- Évaluer l'efficacité des programmes existants de transfert de ressources aux collectivités territoriales, consolider la décentralisation administrative afin d'améliorer la performance au niveau des communes, et envisager d'introduire de nouvelles mesures d'incitation à la performance.
- Étudier la viabilité de nouvelles sources de financement supplémentaires pour les connecteurs globaux et les connecteurs régionaux et locaux solvables.

Une bonne structure de gouvernance sera nécessaire au bon fonctionnement de ce cadre. Les décideurs, à tous les niveaux de l'administration, devront travailler conjointement. Actuellement, c'est la fragmentation institutionnelle qui prévaut, avec de multiples institutions décisionnelles impliquées dans l'urbanisation qui se chevauchent, n'ont pas de mandat défini et manquent de coordination. Le Ministère de la planification et du développement économique est un acteur clé, car il assure le contrôle des questions liées à la planification, à l'aménagement du territoire et à la population. Le Ministère de la construction, du logement, de l'assainissement et de l'urbanisme formule et met en œuvre les schémas directeurs d'urbanisation. Le Ministère de l'intérieur et de la sécurité abrite la Direction générale de la décentralisation et des collectivités locales (DGDCL) qui assure le contrôle des communes et des régions. Le Ministère des infrastructures économiques est responsable de la construction et de l'entretien des infrastructures reliant les divers centres économiques nationaux et reliant ces derniers aux centres régionaux et mondiaux. Le Ministère des transports est en charge du transport intra-urbain et interurbain, ainsi que des transports internationaux. Les communes et les régions sont représentées par deux associations, à savoir l'Union des villes et communes de Côte d'Ivoire (UVICOCI) et l'Association des régions et districts de Côte d'Ivoire (ARDCI), qui sont des organismes de consultation ascendante des élus et des spécialistes du développement urbain et régional. Le secteur privé demeure le moteur principal de la croissance, d'où la nécessité d'impliquer toutes les associations patronales actives.

Note

1. Un séminaire technique basé sur le processus d'alignement des équipes s'est tenu les 28 et 29 juin 2014 dans le but de recenser les obstacles et les solutions à un développement urbain intégré. Les participants au séminaire étaient des fonctionnaires du rang de directeur au sein de tous les départements ministériels intervenant dans l'urbanisation, des représentants des présidents des associations de communes et régions, des représentants des principales associations du secteur privé, et des représentants du Parlement et du Conseil économique et social.

Référence

Banque mondiale. 2009. *Rapport sur le Développement dans le Monde 2009: Repenser la Géographie Économique*. Washington, DC : Banque mondiale.

Sigles et abréviations

ACD	Arrêté de concession définitive
AGEF	Agence de gestion foncière
ANASUR	Agence nationale de salubrité urbaine
ARDCI	Association des régions et districts de Côte d'Ivoire
BNETD	Bureau national d'études techniques et de développement
CIE	Compagnie ivoirienne d'électricité
CIV	Côte d'Ivoire
DCPP	Direction de la comptabilité parapublique
DGDDL	Direction générale de la décentralisation et du développement local
DGF	Dotation globale financière
DGI	Direction générale des impôts
DGTCP	Direction générale du trésor et de la comptabilité publique
DOCD	Direction des opérations des collectivités décentralisées
EEP	Évaluation environnementale du pays
ENV	Enquête sur le niveau de vie
FCFA	Franc CFA
FPCL	Fonds de prêts aux collectivités locales
INS	Institut national de la statistique
JICA	Agence japonaise de coopération internationale
MCLAU	Ministère de la Construction, du Logement, de l'Assainissement et de l'Urbanisme
PPP	Partenariat public-privé
RGPH	Recensement général de la population et de l'habitat
SETU	Société d'équipement des terrains urbains
SICOGI	Société ivoirienne de construction et de gestion immobilière
SODECI	Société de distribution d'eau en Côte Ivoire
SOGEFIHA	Société de gestion et de financement de l'habitat
TEOM	Taxe d'enlèvement des ordures ménagères

UEMOA	Union économique et monétaire ouest-africaine
USAID	United States Agency for International Development
UVICOCI	Union des villes et communes de Côte d'Ivoire

Sauf indication contraire, tous les montants en dollars figurant dans le présent rapport sont en dollars des États-Unis (dollar É.-U.).

Aperçu général : Repenser les villes ivoiriennes

Urbanisation et croissance économique

Avec un revenu national brut (RNB) par habitant de 1 450 dollars É.-U. en 2013, la Côte d'Ivoire est en quête d'une stratégie de développement qui lui permettra d'atteindre le statut de pays à revenu intermédiaire, ce qui représente un énorme défi. Il lui faudra réaliser un taux de croissance annuel de 10 % pendant plus de 13 ans pour atteindre un RNB de 4 100 dollars É.-U. par habitant, correspondant à celui d'un pays à revenu intermédiaire. En outre, pour afficher les paramètres d'un pays à revenu intermédiaire — s'il est tenu compte de la performance moyenne des pays à revenu intermédiaire actuels — la Côte d'Ivoire devra[1] :

- *Réduire* le taux d'extrême pauvreté en l'abaissant de 24 % à 17 %.
- *Accroître* la proportion de la population ayant accès à l'électricité de 59 % à 92 %.
- *Maintenir* la proportion de la population urbaine ayant accès à l'eau à 97 %.
- *Accroître* la proportion de la population rurale ayant accès à l'eau de 74 % à 80 %.
- *Presque doubler* la proportion de la population urbaine ayant accès à des services d'assainissement en la portant de 46 % à 87 %.
- *Plus que doubler* la proportion de la population rurale ayant accès à des services d'assainissement en la portant de 29 % à 87 %.

Le pays a besoin d'une transformation structurelle qui se traduirait par la contribution croissante de l'urbanisation aux résultats économiques. L'expérience des économies développées et émergentes démontre que le produit intérieur brut (PIB) par habitant augmente avec la progression de l'urbanisation (voir graphique O.1). Selon le *Rapport sur le développement dans le monde 2009 : Repenser la géographie économique*, l'augmentation de la concentration économique, la diminution des distances pour se rapprocher

Graphique O.1 Le PIB par habitant augmente parallèlement aux taux d'urbanisation

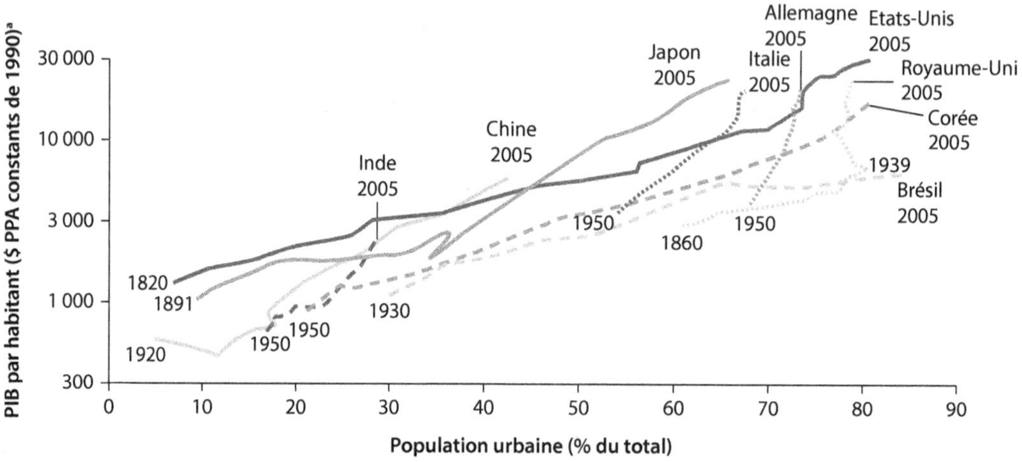

Source : Dobbs et al 2012.
Remarque : Les définitions de l'urbanisation diffèrent suivant les pays. Les chiffres pour le Royaume-Uni avant 1950 sont les estimations.
PIB = produit intérieur brut.
a. Les données historiques du PIB par habitant exprimées en dollar Geary-Khamis de 1990, qui reflètent la PPA.

de la densité économique, et la suppression des obstacles transfrontaliers aux échanges commerciaux sont des facteurs intrinsèques du processus de développement au fur et à mesure qu'un pays opère sa transition d'une économie basée sur l'agriculture à une économie axée sur l'industrie et sur les services. Cette transformation spatiale donne lieu à des villes qui sont les manifestations naturelles des économies d'agglomération. Une preuve en est que 600 des plus grandes villes du monde représentent à peine un peu plus d'un cinquième de la population mondiale, mais plus de la moitié de la production mondiale (voir graphique O.2). Certaines de ces villes se trouvent évidemment en Afrique subsaharienne. Ceci dit, les chiffres globaux indiquent une faible corrélation entre l'urbanisation et le PIB par habitant en Afrique (voir graphique O.3). De plus, si des pays d'autres continents ont franchi la barre des 40 % d'urbanisation avec un PIB par habitant supérieur à 1 800 dollars É.-U., ceux de l'Afrique subsaharienne, dont la Côte d'Ivoire, ont franchi cette barre avec un PIB par habitant de 1 000 dollars seulement (voir graphique O.4). Cet état de fait met en évidence l'insuffisance des capacités budgétaires et administratives connexes des États à investir dans le logement, les infrastructures et les services tout en assurant la croissance des agglomérations urbaines. Il plaide également en faveur d'une plus grande efficacité des dotations publiques qui ferait que « chaque franc compte ».

Les théories économiques donnent à penser que le lien entre l'urbanisation et la performance économique tient à l'interaction entre trois forces : les économies d'échelle, la mobilité des facteurs et la réduction des coûts de transport. Les économies d'échelle encouragent les entreprises, les villes ou les pays à produire davantage certains biens et services et, de ce fait, à en réduire les coûts

Graphique O.2 Les 600 plus grandes villes du monde représentent 22 % de sa population et 54 % de son revenu

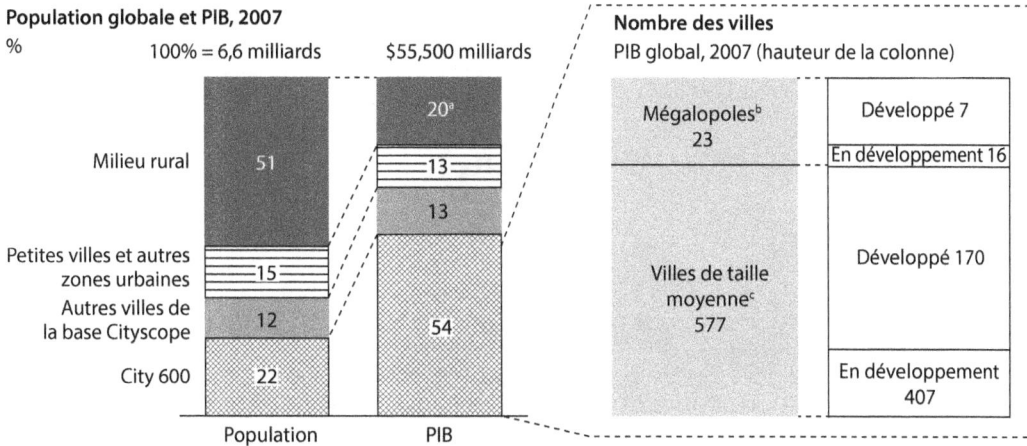

Population globale et PIB, 2007

%   100% = 6,6 milliards $55,500 milliards

Nombre des villes
PIB global, 2007 (hauteur de la colonne)

	Population	PIB
Milieu rural	51	20[a]
		13
		13
Petites villes et autres zones urbaines	15	
Autres villes de la base Cityscope	12	54
City 600	22	

Mégalopoles[b] 23	Développé 7
	En développement 16
Villes de taille moyenne[c] 577	Développé 170
	En développement 407

Source : McKinsey Global Institute Cityscope 1.0.

Remarque : PIB = produit intérieur brut.

a. L'estimation est basé sur PIB global, non y compris l'agriculture ou l'activité minière, et sur la contribution au PIB des villes plus petites de la base de Cityscope.

b. Les megalopoles comprennent les villes de plus de 10 million d'habitants en 2007.

c. Les villes de taille moyenne comptent des populations entre 150 000 et 10 million d'habitants.

Graphique O.3 Les pays d'Afrique subsaharienne s'urbanisent

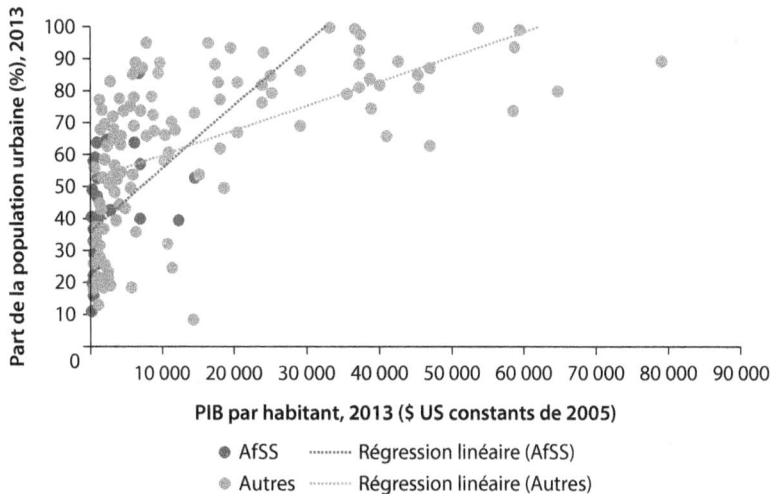

Part de la population urbaine (%), 2013

PIB par habitant, 2013 ($ US constants de 2005)

● AfSS   ⋯⋯⋯ Régression linéaire (AfSS)
● Autres   ⋯⋯⋯ Régression linéaire (Autres)

Sources : Indicateurs du développement dans le monde ; calculs des services de la Banque mondiale.

Remarque : PIB = produit intérieur brut. AfSS = Afrique subsaharienne.

unitaires de production, ce qui les rend plus productifs et compétitifs. La mobilité des facteurs permet qu'ils soient utilisés dans l'entreprise, la ville ou le pays le plus productif. La baisse des coûts de transport permet aux entreprises, aux villes et aux pays de se spécialiser, ce qui favorise des échanges commerciaux fondés sur l'avantage comparatif. Au niveau des pays, ces trois forces interagissent

Graphique O.4 En dépit de l'urbanisation, le revenu des pays subsahariens reste inférieur à celui des autres régions

Les villes se développent, mais aux niveaux de revenus moins élevés

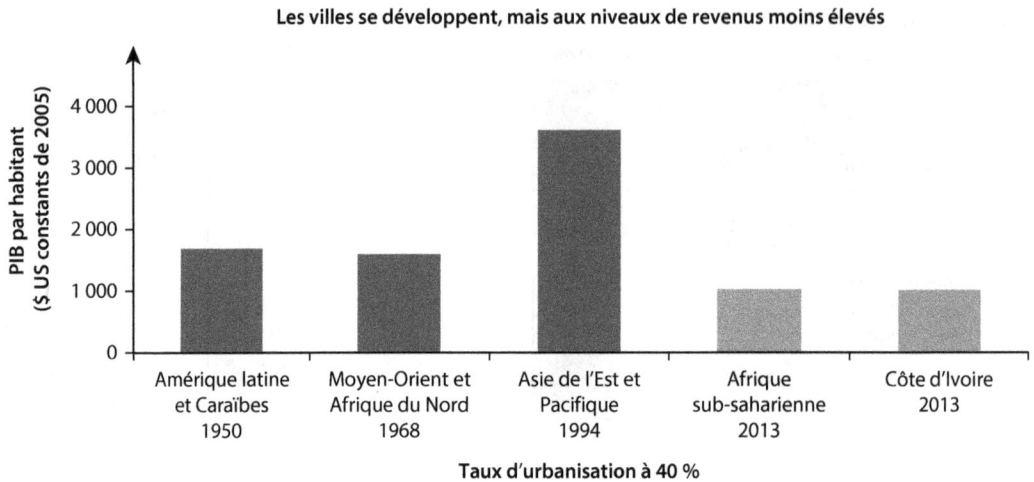

Source : Indicateurs du développement dans le monde ; calculs des services de la Banque mondiale.
Remarque : PIB — produit intérieur brut.

de sorte à favoriser l'émergence d'une urbanisation diversifiée, avec des localités se trouvant à un stade d'urbanisation embryonnaire, intermédiaire ou avancé.

L'urbanisation ne se limite pas à l'extension d'une seule ville dans un pays. En fait, on peut considérer les villes d'un pays comme un portefeuille d'actifs qui se distinguent les uns des autres par notamment leur taille, leur emplacement et la densité de leur population. Il ressort de trois décennies de recherches menées à travers le monde que les entreprises et les personnes peuvent exploiter les économies d'échelle et d'agglomération si les zones urbaines dans lesquelles elles se trouvent remplissent les fonctions qui leur sont normalement assignées. Les petites villes qui se trouvent au stade embryonnaire d'urbanisation facilitent les économies d'échelle internes, comme l'accueil d'une grande entreprise qui transforme des produits agricoles locaux. Les villes secondaires parvenues au stade intermédiaire d'urbanisation facilitent les économies de localisation grâce à la concurrence entre des entreprises intervenant dans le même secteur. Les grandes villes se situant à un stade avancé d'urbanisation facilitent les économies d'urbanisation grâce à une base économique diversifiée qui favorise l'innovation.

La Côte d'Ivoire dispose d'un portefeuille de localités composé de trois types de villes. En appliquant les conclusions du *Rapport sur le développement dans le monde 2009* au contexte ivoirien, trois types de villes sont identifiés dans le pays : les *connecteurs globaux*, qui sont les villes qui génèrent les économies d'urbanisation nécessaires à l'innovation, aux activités à rendements d'échelle croissants et à la compétitivité mondiale ; les *connecteurs régionaux*, qui sont les villes qui génèrent les économies de localisation nécessaires à des échanges et des transports régionaux efficients ; et les *connecteurs locaux*, qui sont les villes qui génèrent les économies d'échelle nécessaires à la libération du potentiel agricole de leurs régions. Il est ensuite expliqué que pour soutenir la croissance et la création d'emplois, les décideurs aux niveaux central, régional et municipal doivent coordonner leurs actions afin de promouvoir une urbanisation diversifiée grâce à une meilleure planification, à de meilleures connexions, à l'écologisation, et à des solutions pour financer les besoins croissants pour le développement de ces villes.

Villes, croissance et productivité en Côte d'Ivoire

Pour que la Côte d'Ivoire accède au statut de pays à revenu intermédiaire, elle doit impérativement gérer de façon rationnelle son urbanisation. Avec une population urbaine représentant la moitié de la population totale du pays[2], l'économie de la Côte d'Ivoire affiche des performances insuffisantes sur le plan de l'urbanisation : le RNB par habitant devrait se situer autour de 2 700 dollars É.-U. si les économies d'urbanisation opéraient comme le prédisent les théories de la géographie économique (voir graphique O.5 ci-après). La Géorgie, le Guatemala et l'Indonésie par exemple, qui appartiennent à des continents diffé-rents et ont un taux d'urbanisation proche de celui de la Côte d'Ivoire, affichent un RNB par habitant de 3 570 dollars É.-U., 3 340 dollars É.-U. et 3 580 dollars É.-U., respectivement. D'autres pays d'Afrique subsaharienne, tels que le Cameroun et le Ghana, partagent le même sort que la Côte d'Ivoire. Ce qui semble corroborer la théorie qui oppose les « villes de consommation » aux « villes de production » développée notamment par Glaeser, Kolko et Saiz (2001) et Jedwab (2013). D'après cette théorie, l'urbanisation dans les pays avec des villes de consommation n'est pas accompagnée par une transformation structu-relle de l'économie du fait que la rente produite par le secteur à forte intensité de ressources est consommée dans les villes par les travailleurs actifs dans les secteurs de services non marchands (généralement dans l'informel).

Graphique O.5 L'économie de la Côte d'Ivoire affiche des performances insuffisantes sur le plan de l'urbanisation...

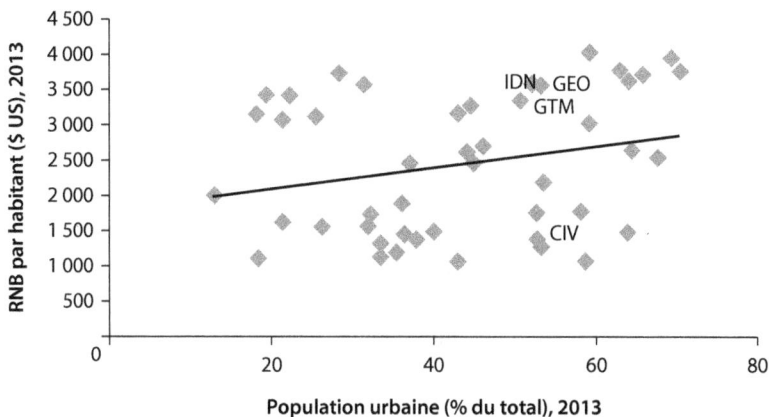

Source : Indicateurs du développement dans le monde ; calculs des services de la Banque mondiale.
Remarque : CIV = Côte d'Ivoire ; GEO = Géorgie ; GTM = Guatemala ; IDN = Indonésie.

Bien que le revenu global par habitant se situe en deçà de ce qui serait normalement attendu, il semble y avoir une corrélation entre le secteur manufacturier et l'urbanisation en Côte d'Ivoire. Dans le monde entier, le secteur manufacturier est le moteur de croissance des villes de grande et moyenne envergure dont les marchés sont facilement accessibles. Au fur et à mesure que les pays s'urbanisent, la part du PIB représentée par le secteur manufacturier tend à croître jusqu'à ce que le pays atteigne 60 % d'urbanisation, la part de ce secteur dans le PIB s'élevant alors à plus de 15 %. La corrélation entre le secteur manufacturier et l'urbanisation en Côte d'Ivoire semble dépasser cette tendance, même si la part de ce secteur s'est régulièrement contractée dans le PIB, diminuant du pic de 17,7 % en 2000 à 12,7 % en 2013 (voir graphique O.6 ci-après). Ce déclin a été amorcé après le premier coup d'État militaire de décembre 1999, suivi par une série de tensions sociopolitiques qui ont atteint leur point culminant après le deuxième tour de l'élection présidentielle de novembre 2010. Cette instabilité pourrait expliquer la dégradation de la performance du secteur manufacturier, car les investissements dans les infrastructures qui sous-tendent la croissance ont marqué un arrêt brusque pendant cette période.

En Côte d'Ivoire, les économies d'urbanisation pâtissent de la prédominance d'Abidjan et de l'insuffisance d'a activité économique dans les villes secondaires, et sont affectées par des crises successives. La primauté urbaine signifie la proportion de la population urbaine totale qu'absorbe la plus grande ville. En Côte d'Ivoire, la primauté d'Abidjan varie : elle était de 24 % en 1975, 49 % en 1988,

Graphique O.6 Il y a meilleure corrélation entre le secteur manufacturier et l'urbanisation

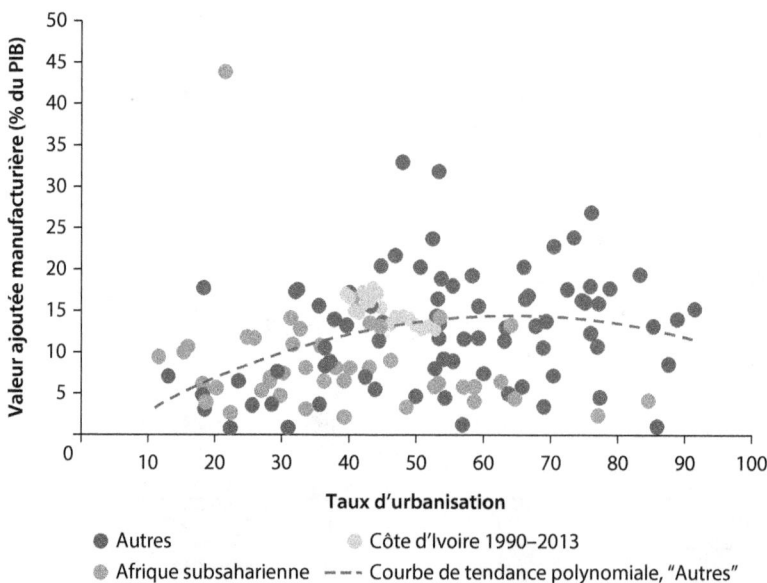

Source : Indicateurs du développement dans le monde ; calcul des services de la Banque mondiale.
Remarque : PIB = produit intérieur brut. Autres = Tous les autres pays hors Arique subsaharienne.

Graphique O.7 L'écart démographique entre Abidjan et les autres villes ivoiriennes se creuse depuis 1975

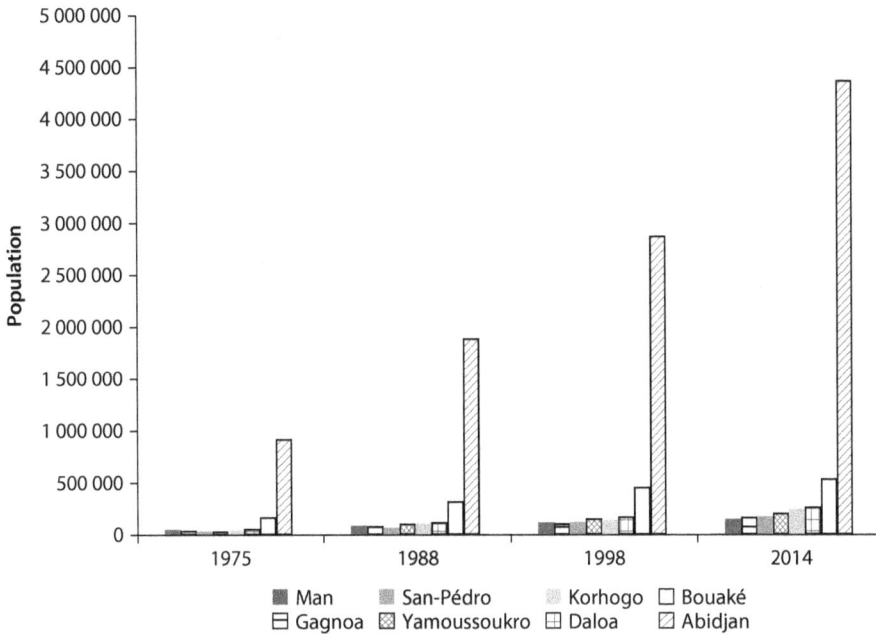

Source : Indicateurs du développement dans le monde ; calculs des services de la Banque mondiale.

44 % en 1998 et 40 % en 2014 (voir graphique O.7 ci-dessus). En 2013, la primauté urbaine dans les pays d'Afrique subsaharienne était de 37 % en valeur moyenne et de 38 % en valeur médiane. Elle décline sans nul doute en Côte d'Ivoire, mais reste toutefois élevée[3]. Se fondant sur des données à l'échelle des entreprises (Banque de données financières – BDF), Coulibaly et al. (2014) ont constaté qu'en 2010, le quotient de localisation (un indicateur des économies d'urbanisation) a eu un impact positif et statistiquement significatif sur les ventes des entreprises : une augmentation de 10 % du quotient de localisation d'un secteur dans une région entraînerait une augmentation de 2 % du chiffre d'affaires des entreprises opérant dans ce secteur et dans cette région (voir graphique O.8). Ce résultat est plus élevé dans les régions du centre-ouest (Daloa) et du nord-ouest (Odienné), où une augmentation de 10 % du quotient de localisation de ces régions entraîne une augmentation de 15 % et de 17 % respectivement, des ventes réalisées par les entreprises qui y mènent leurs activités. En revanche, une augmentation de 1 % du quotient de localisation de la région Sud-Comoé (Abidjan) est associée à une diminution des ventes de 10 %, ce qui indique que des coûts de congestion sont rattachés à cette ville qui compte plus de 4 millions d'habitants.

La primauté d'Abidjan est corroborée par les flux de marchandises entre les villes ivoiriennes. Ces marchandises, en provenance des petites villes et des villes secondaires, convergent largement vers Abidjan (voir graphique O.9). La capacité d'Abidjan à réaliser des économies d'échelle semble être affectée

Graphique O.8 La concentration économique semble avoir une incidence négative sur le chiffre d'affaires des entreprises à Abidjan

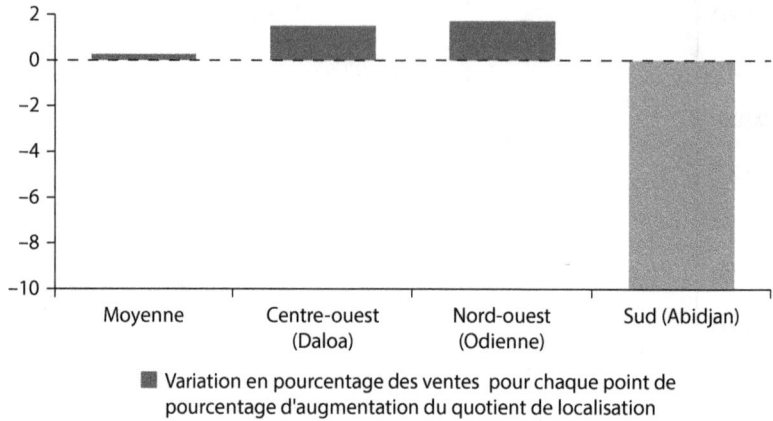

  Variation en pourcentage des ventes pour chaque point de
  pourcentage d'augmentation du quotient de localisation

Source : Coulibaly et al. (2014), d'après les statistiques de l'INS sur les états financiers des entreprises, 1999–2011.

Graphique O.9 Les principaux flux économiques des villes ivoiriennes convergent vers Abidjan

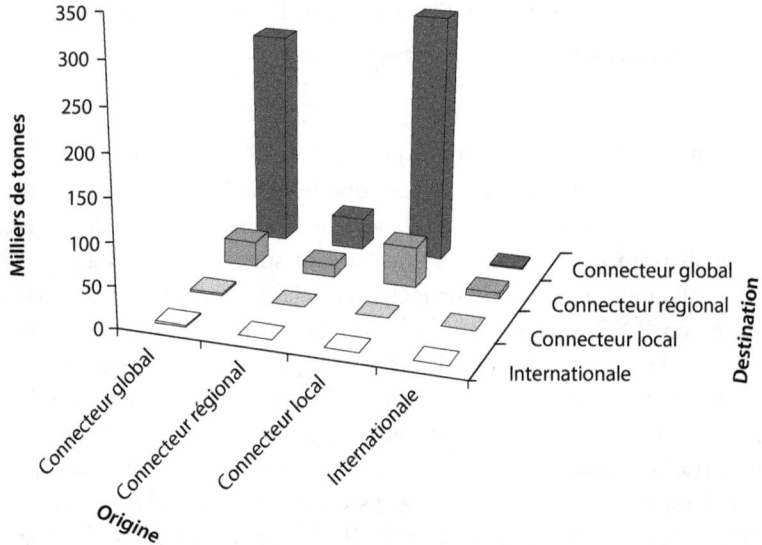

Source : ENSEA 2014.

négativement par quatre décennies de crises économiques et sociopolitiques successives qui ont freiné l'investissement et l'entretien des infrastructures urbaines.

La corrélation entre l'urbanisation et le revenu par habitant se dirige dans la mauvaise direction depuis 1978. Des facteurs tels que l'accès limité à la terre, le logement, les transports et les infrastructures ralentissent l'urbanisation, tandis que la croissance de la population ayant fait des études secondaires semble l'accélérer.

En effet, Coulibaly et al. (2014) constatent une concentration de population ayant fait des études secondaires dans les villes secondaires. Les élèves qui terminent l'enseignement primaire se déplacent vers les villes secondaires pour achever leurs études et y demeurent lorsqu'ils ne poursuivent pas leur scolarité dans l'enseignement supérieur. Ce constat devrait orienter les initiatives visant à diversifier l'économie des villes secondaires, et à inverser la tendance au déclin en ce qui concerne la corrélation entre l'urbanisation et le revenu par habitant (voir graphique O.10 ci-après).

La plupart des entreprises sont implantées dans quelques villes du sud, ce qui encourage la migration vers ces villes et leurs banlieues. Entre 1999 et 2011, de 89 % à 96 % des entreprises immatriculées étaient situées dans le sud (principalement dans la région du Grand Abidjan). Cette région absorbe également 80 % des emplois formels et est la principale zone d'emploi dans les secteurs tels que les services aux ménages et aux industries, les transports, les télécommunications, le commerce de gros et de détail, l'alimentation et l'agriculture (Coulibaly et al. 2014). La concentration des entreprises dans le sud est due au statut de principal pôle économique dont jouit Abidjan, qui abrite l'un des plus grands ports d'Afrique subsaharienne, à savoir le port autonome d'Abidjan, mais aussi le port en eau profonde de San-Pédro. Le reste du pays subsiste principalement en produisant des cultures vivrières ou de rente.

Cette concentration appelle à repenser les villes ivoiriennes. La Côte d'Ivoire opérant sa transition de pays à revenu intermédiaire de la tranche inférieure à celui de la tranche supérieure, ses centres urbains sont appelés à jouer un rôle crucial dans la reprise économique, en tant que pôles d'activité économique, de commerce et de services de base (santé et éducation), et en tant que pôles de

Graphique O.10 La corrélation entre l'urbanisation et le revenu s'est inversée après 1978

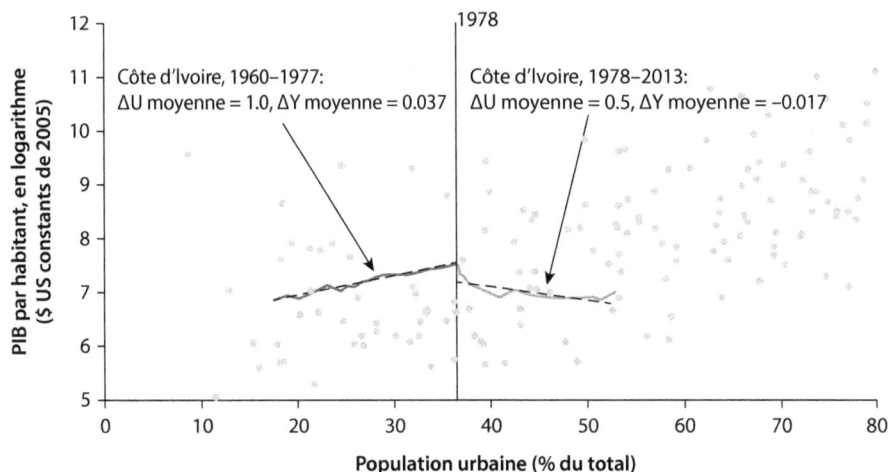

Source : Indicateurs du développement dans le monde ; calculs des services de la Banque mondiale.
Remarque : PIB = produit intérieur brut. ΔU = variation annuelle de la population urbaine (%); ΔY = variation en PIB par habitat, en logarithme ($ US constants de 2005).

perspectives d'emploi (formel et informel). Des villes ont joué ce rôle crucial dans des pays d'Asie de l'Est comme l'Indonésie, la Malaisie, les Philippines et la Thaïlande, où la primauté urbaine a été estimée, en 2003, à 12 %, 14 %, 21 % et 32 %, respectivement. Si les conflits militaires, les troubles politiques, et des décennies de sous-investissements dans les infrastructures essentielles expliquent que plusieurs villes et zones urbaines sont restées moins efficientes et moins prospères, en temps normal, les zones urbaines doivent jouer un rôle crucial en donnant une impulsion à la croissance économique durable et en se transformant en centres de production efficaces pour les moteurs économiques fondamentaux que sont l'agriculture, l'exploitation minière, l'énergie, et les services. Une meilleure gestion de l'urbanisation — qui privilégie des infrastructures et services de base capables de soutenir le secteur manufacturier et celui des services marchands — pourrait à la fois entraîner de nouvelles activités nécessitant des rendements d'échelle croissants dans les villes, et stimuler la croissance et la création d'emplois. Cette gestion devrait également améliorer la prestation des services publics tels que l'eau, l'assainissement, la gestion des déchets et d'autres services publics de commodité (électricité, transports urbains), ainsi que les services sociaux, aidant ainsi le pays à réaliser le double objectif de réduction de la pauvreté et de promotion d'une prospérité partagée.

Urbanisation : dynamique et solutions stratégiques

La Côte d'Ivoire est l'un des pays les plus urbanisés d'Afrique subsaharienne. Une douzaine de pays africains, dont la Côte d'Ivoire, ont une population urbaine plus importante que la population rurale. Selon les estimations, dans ces pays, la part de l'agriculture dans l'emploi se serait contractée entre 2005 et 2015, ce qui témoigne d'une transformation structurelle en cours (voir graphique O.11). Selon le recensement de population de la Côte d'Ivoire réalisé en 2014, le taux d'urbanisation s'établit à environ 50 % pour une croissance annuelle moyenne estimée à 3,8 %. Le taux d'urbanisation devrait passer à 60 % d'ici à 2025 et dépasser 70 % en 2050 (UN World Urban Population 2011). Le système urbain se caractérise par une ville prédominante d'environ 4,5 millions d'habitants (Abidjan), une ville d'environ 500 000 habitants (Bouaké), trois villes de plus de 200 000 habitants (Daloa, Korhogo et Yamoussoukro la capitale), et d'autres villes secondaires de plus de 100 000 habitants (voir tableau O.1).

L'urbanisation de la Côte d'Ivoire s'est faite de manière progressive. Dans les années 1960, la population urbaine était estimée à moins de 20 %, Abidjan et Bouaké accueillant une grande proportion de celle-ci. L'urbanisation s'est ensuite accélérée avec l'éclosion d'un bon nombre de petites villes dans les zones de production de cultures de rente. La croissance de la population urbaine a progressivement ralenti, passant de 8 % environ en 1960 à 0,57 % en 1985 en pleine crise économique due à un choc majeur subi par les termes de l'échange. Elle s'est ensuite stabilisée aux alentours de 1,5 % au début des années 2000. Il a fallu 18 ans à la Côte d'Ivoire pour passer d'un taux d'urbanisation de 40 % à 50 %,

Graphique O.11 La part de l'agriculture dans l'emploi décroît dans les pays urbanisés d'Afrique subsaharienne

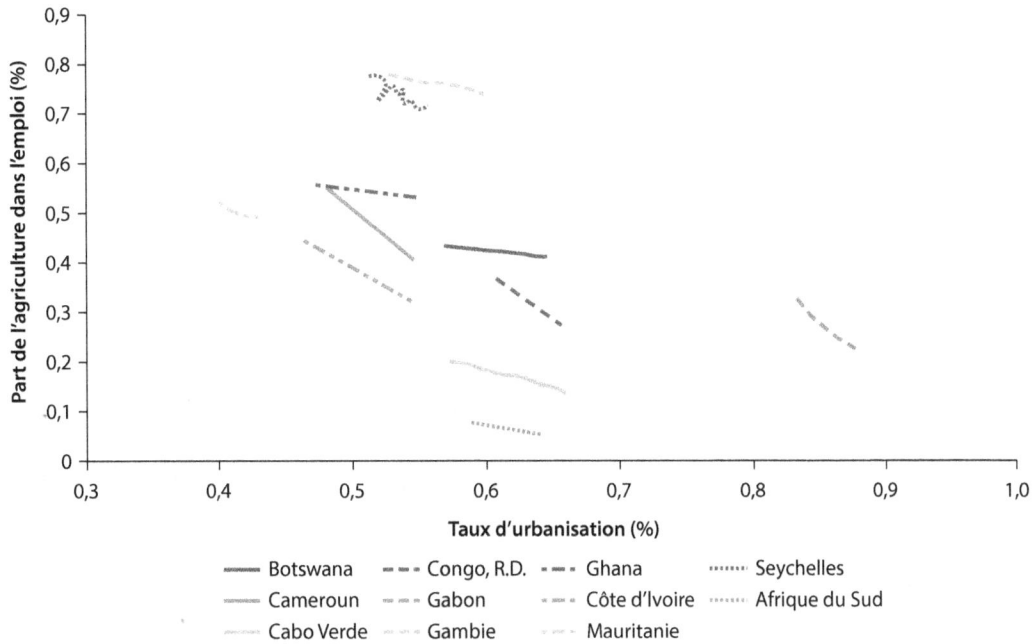

Source : Statistiques de la FAO (http://faostat3.fao.org/download/O/OA/E) et calculs des services de la Banque mondiale.

Tableau O.1 Population des villes de plus de 100 000 habitants, 1975-2014

	1975	1988	1998	2014
Abidjan	951 216	1 929 076	2 877 948	4 395 243
Bouaké	175 264	329 850	461 618	542 082
Daloa	60 837	121 842	173 107	266 324
Korhogo	45 250	109 445	142 039	245 239
Yamoussoukro	37 257	106 786	155 803	207 412
San-Pédro	31 606	70 611	121 800	174 287
Gagnoa	42 285	85 563	107 244	167 900
Man	50 288	89 575	116 657	148 171

Source : INS (Institut National de la Statistique) recensements de la population de 1975, 1988, 1998 et 2014.

contre 17 ans au Cameroun, 14 ans au Ghana, et seulement 9 ans au Gabon (voir graphique O.12) — un processus relativement progressif. Diverses spécifications économétriques testées par Coulibaly et al. (2014) indiquent que le processus d'urbanisation en Côte d'Ivoire obéit à la loi de Zipf (avec une marge d'erreur de 5 %)[4] — ce qui veut dire que les villes (hormis Abidjan) croissent à des vitesses similaires, aucune d'elles n'affichant un rythme de croissance nettement plus rapide que celui des autres villes.

L'Urbanisation diversifiée • http://dx.doi.org/10.1596/978-1-4648-0869-2

Graphique O.12 Nombre d'années couvrant l'augmentation de l'urbanisation de 40 % à 50 % : Côte d'Ivoire et d'autres pays sélectionnés

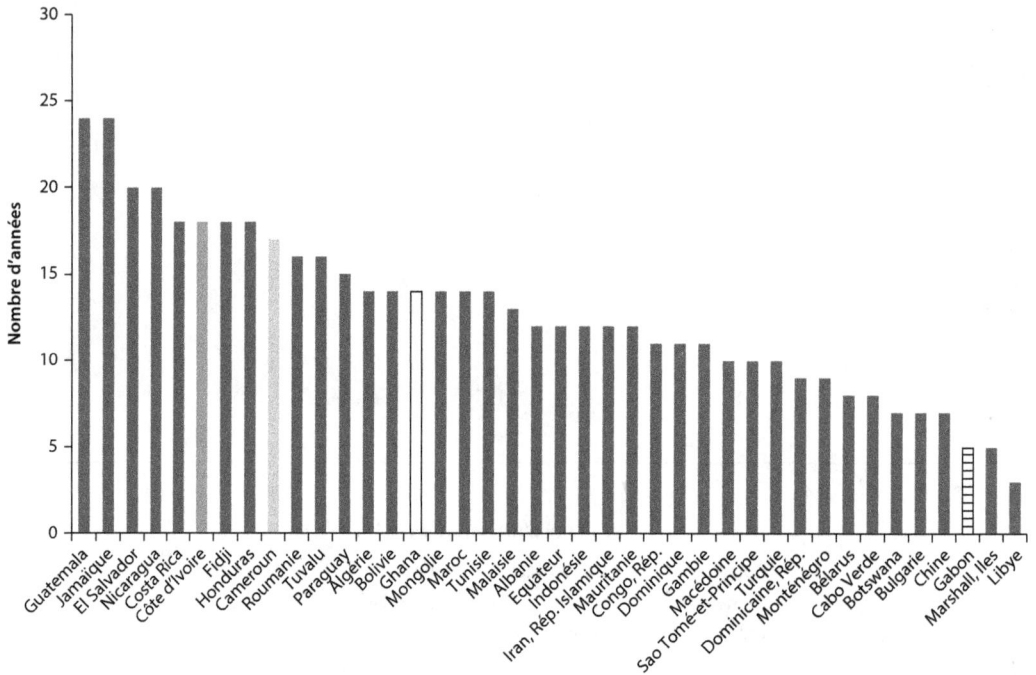

Source : Indicateurs du développement dans le monde ; calculs des services de la Banque mondiale.

La corrélation négative de l'urbanisation et du revenu par habitant depuis la fin des années 1970 a entraîné l'augmentation de la pauvreté. Les enquêtes menées auprès des ménages par l'Institut national de la statistique (INS) indiquent que la pauvreté augmente depuis le milieu des années 1980. D'un faible taux de 10 % en 1985, elle a franchi le seuil de 40 % en 2008 (voir graphique O.13). Une légère inflexion a été observée en 1998, lorsque le taux de pauvreté s'élevait à 33,6 % alors qu'il était de 36,8 % en 1995, mais avec le coup d'État militaire de 1999, suivi par un conflit armé en 2002, le taux de pauvreté a presque atteint 50 % en 2008. Les résultats préliminaires de l'enquête sur les ménages de 2015 indiquent une légère inflexion, avec un taux de pauvreté estimé entre 45 % et 46 %.

Les zones urbaines ont été en meilleure situation que l'ensemble du pays. La pauvreté urbaine a bondi de 5 % en 1985 à 29,5 % en 2008 (voir graphique O.13). Abidjan était légèrement mieux loti, du fait que son taux de pauvreté est passé de moins de 1 % en 1985 à 20,2 % en 1995, puis a reculé à 11 % en 1998 et à 15 % en 2002 avant de remonter à 21 % en 2008. L'urbanisation semble avoir quelque peu renforcé la résilience de la population au cours de la longue période de crises économiques, puis sociopolitiques, avec toutefois des disparités régionales : entre 2002 et 2008, le taux de pauvreté était plus élevé dans le nord

Graphique O.13 Côte d'Ivoire : urbanisation et pauvreté, 1985-2008

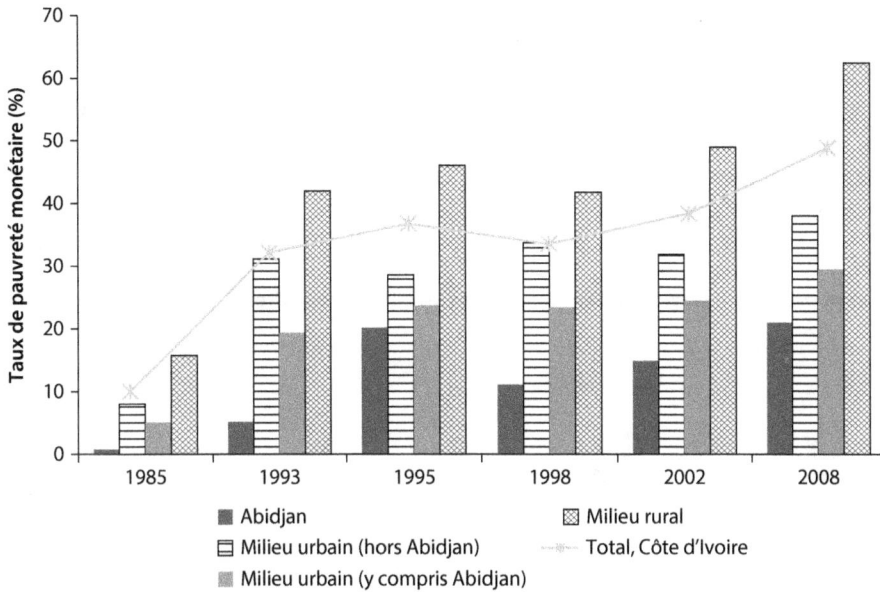

Source : INS 2008 et calculs des services de la Banque mondiale.

(Korhogo), le centre-ouest (Daloa) et l'ouest (Man), mais plus faible dans les régions du sud (Abidjan) et du sud-ouest (San-Pédro).

La pauvreté et l'état des infrastructures de base sont pires dans les zones rurales. En 2008, le taux de pauvreté dans les zones rurales représentait le double de celui des zones urbaines (62,5 % contre 29,5 %), le taux le plus faible étant enregistré à Abidjan (voir graphique O.13 ci-dessus). La population urbaine dans les bidonvilles est cependant en constante augmentation : seulement 27 % des citadins avaient accès à un logement convenable en 2008. En outre, près de la moitié des habitants n'ont toujours pas accès au réseau électrique (qui est concentré dans les zones urbaines) ou à l'eau potable (la situation s'améliore quelque peu dans les zones rurales). La gestion des déchets solides par les ménages laisse à désirer : l'élimination par des moyens informels prévaut dans les zones rurales, et peu de citadins ont accès à un système adéquat d'élimination des déchets.

La forte disparité des niveaux de pauvreté entre zones urbaines et zones rurales est à l'origine de l'exode rural massif. Dans la logique de la transformation spatiale qui accompagne la transformation structurelle des pays, l'exode rural a des motifs économiques, les migrants quittant les zones rurales (où le secteur de l'agriculture qui se modernise nécessite moins de main-œuvre) pour se diriger vers les centres urbains pourvoyeurs d'emplois dans le secteur manufacturier et les services. En Côte d'Ivoire, la raison principale de la migration interne semble être d'ordre familial, les femmes affichant une forte propension à migrer à des fins de regroupement familial ou pour se marier dans des localités plus prospères (Coulibaly et al. 2014). Les migrants sont également en quête

d'emplois ou de possibilités d'éducation. Entre 2002 et 2008, certains flux migra-
toires ont été provoqués par les crises sociopolitiques, bien que les raisons de la
migration n'aient pas fondamentalement changé. Pour les zones d'accueil, la
migration interne est bénéfique (Coulibaly et al. 2014). En 2008, la forte migration a été associée à un meilleur accès à certaines infrastructures de base, telles
qu'un logement et des toilettes décents, bien qu'une migration importante fasse
surgir des problèmes de gestion de déchets et d'accès à l'électricité (voir
graphique O.14 ci-après).

Graphique O.14 La prestation de services est déficiente dans les villes secondaires

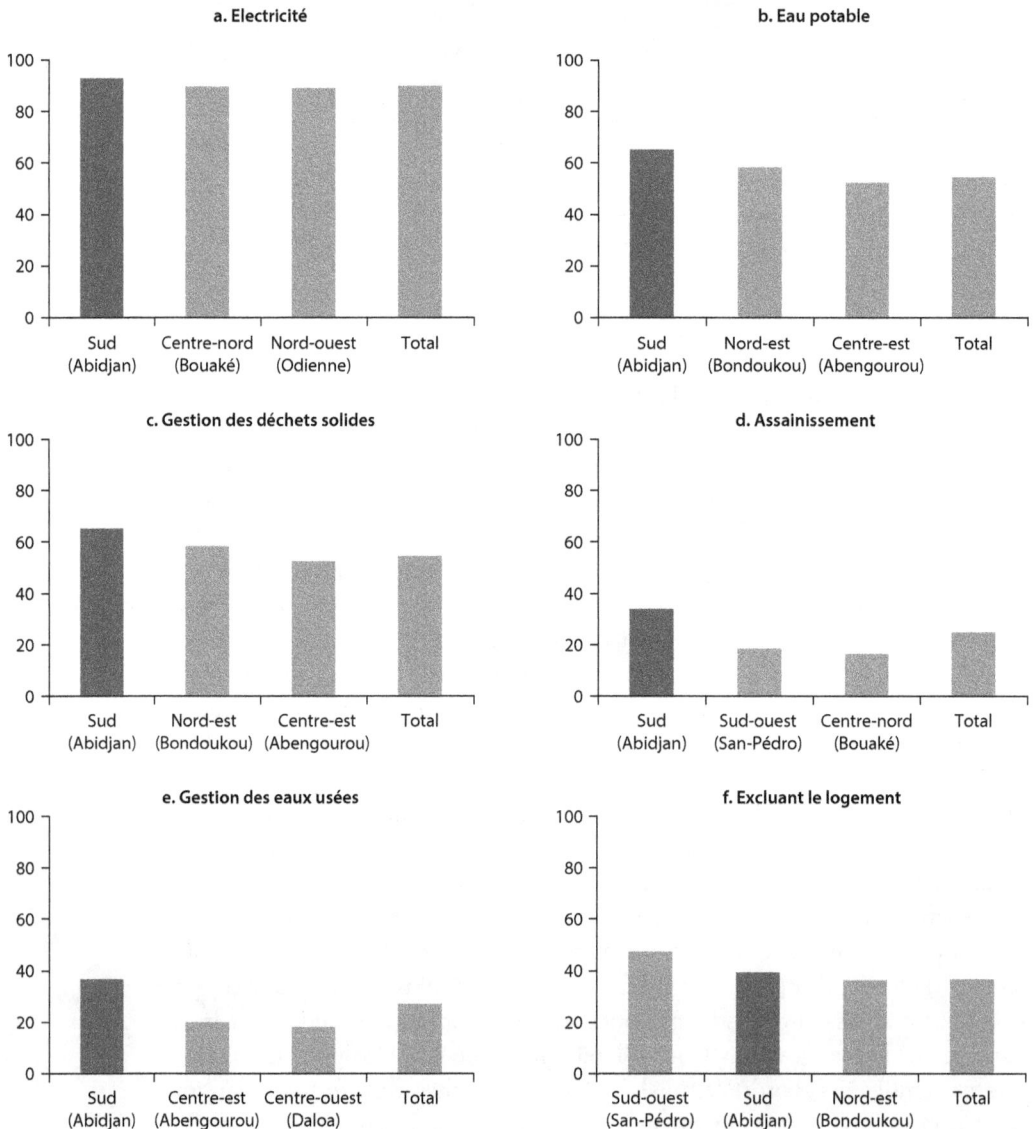

Source : INS 2008 ; calculs des services de la Banque mondiale.

Les mesures visant l'intégration spatiale prises par les pouvoirs publics dans le passé n'ont pas pu contrer les forces du marché. Au fil des ans (au moins jusqu'en 1985), l'État ivoirien a mis en œuvre une série d'interventions pour lutter contre la concentration spatiale croissante autour des trois pôles (ou centres) que sont Abidjan, Bouaké et San-Pédro. Le premier plan de développement (1960-1970) faisait de l'agriculture, de l'agro-industrie et de la construction d'infrastructures de base les piliers de l'économie et prévoyait un budget spécial d'investissement dans ces secteurs. Le deuxième plan (1970-1975) a adopté une démarche plus interventionniste pour effacer les disparités spatiales naissantes. Trois pôles de développement ont été établis dans le sud-ouest (port en eau profonde de San-Pédro), le centre (activités agropastorales), et le nord (entreprises agroindustrielles publiques). Le troisième plan (1975-1980) a poursuivi les interventions spatiales et créé de nouveaux instruments financiers, tels que le fonds de développement rural. Les forces du marché n'ont pas cessé pour autant, et l'écart entre les trois pôles et le reste du pays s'est creusé (Ministère du plan et du développement, 2006).

Un processus de décentralisation a été lancé en 1980, afin de permettre aux municipalités de prendre le relais des interventions directes de l'État.[5] La loi n° 2001-476 du 9 août 2001 a établi cinq niveaux de décentralisation : les communes, les villes, les districts, les départements et les régions. Toutefois, en 2012, l'État est revenu à une structure plus simple : 197 communes et 31 régions. Quatorze supra-régions ont été constituées : deux d'entre elles sont des districts autonomes (Abidjan et Yamoussoukro) et les autres ne sont pas officiellement des entités décentralisées (voir carte O.1).

En 2006, l'État a adopté un nouveau cadre de politique d'aménagement du territoire. Ce cadre de politique s'articule autour de cinq mesures clés : l'adoption d'une loi d'aménagement du territoire définissant le cadre juridique des interventions du Gouvernement central et des collectivités territoriales décentralisées ; la mise sur pied d'un comité interministériel chargé de veiller à la cohérence entre les plans nationaux, urbains et sectoriels de développement des infrastructures ; la création de conseils régionaux chargés de promouvoir un processus de développement participatif au niveau régional ; le rattachement des objectifs nationaux de développement aux plans régionaux de développement ; et la création d'un observatoire national des dynamiques spatiales au sein du Ministère du plan et du développement chargé de collecter, analyser et diffuser les informations spatiales (Ministère du Plan et du développement, 2006).

Le Gouvernement prépare une loi d'orientation sur l'aménagement du territoire, qui servira de base à la formulation d'un schéma directeur d'aménagement du territoire. Le projet de loi a été examiné par un comité technique présidé par le Ministère du plan et du développement et composé des différents ministères sectoriels concernés, tels que le Ministère de la construction, du logement, de l'assainissement et de l'urbanisme, du Ministère des infrastructures économiques et du Ministère des transports. Ce projet de loi de large portée insiste sur la mission incombant à l'État de veiller à l'équilibre de l'aménagement du territoire en facilitant le développement d'activités économiques dans toutes les régions grâce

Carte O.1 Supra-régions, régions et districts autonomes de Côte d'Ivoire, 2012

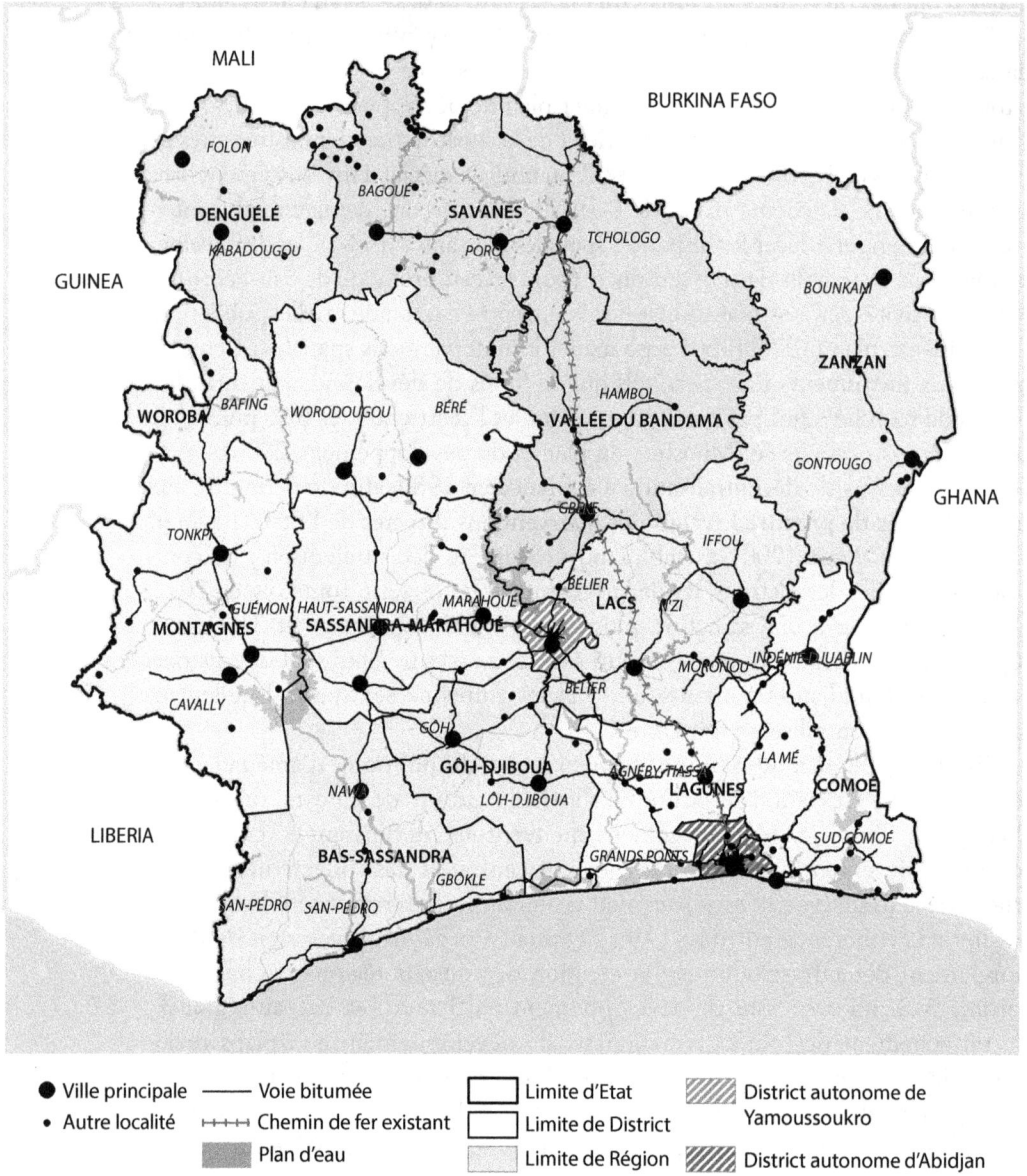

Légende :
- ● Ville principale
- ● Autre localité
- ▨ Plan d'eau
- —— Voie bitumée
- +++ Chemin de fer existant
- ☐ Limite d'Etat
- ☐ Limite de District
- ☐ Limite de Région
- ▨ District autonome de Yamoussoukro
- ▨ District autonome d'Abidjan

Source : INS, RGPH 1998.

à la création de pôles de croissance. À l'échelon mondial, cette quête d'équilibre s'est souvent soldée par des résultats mitigés : s'il est logique de soutenir le développement des activités économiques dans les régions riches en ressources ou ayant du potentiel économique, ce ne doit pas être au détriment des principales villes, qui sont les moteurs de la croissance du pays, car la croissance peut être retardée en conséquence.

L'Urbanisation diversifiée • http://dx.doi.org/10.1596/978-1-4648-0869-2

Il convient donc de redoubler d'efforts pour récolter les fruits de l'agglomération économique. Le *Rapport sur le développement dans le monde 2009*
présente un cadre intuitif fondé sur trois dimensions spatiales (densité, distance et division), trois forces du marché (économies d'échelle, mobilité de la
main-d'œuvre et faibles coûts de transport et de communication), et trois
éléments de politique (institutions, infrastructures et interventions) qui
prennent en compte les défis liés aux politiques publiques à appliquer. En
général, la réflexion sur les politiques privilégie à outrance les mesures
publiques les plus évidentes au plan spatial, alors qu'une bonne intégration
du réseau de villes de chaque pays doit faire appel à ces trois instruments.
La typologie des villes proposée dans la présente étude pourrait fournir
quelques principes directeurs pour le schéma directeur d'aménagement du
territoire qui est à élaborer, en l'établissant dans le cadre d'une urbanisation
diversifiée et en mettant à profit les différentes économies d'agglomération
créées par les villes ivoiriennes.

Typologie des villes ivoiriennes : connecteurs globaux, régionaux et locaux

La répartition de la population des villes ivoiriennes fait apparaître trois
types de villes : les villes situées sur la courbe de Zipf, celles situées au-dessus
de cette courbe et celles se trouvant au-dessous de la courbe. Lors de plusieurs recensements, la ville de Bouaké est restée sur la courbe de Zipf alors
qu'Abidjan est restée au-dessus (voir graphiques O.15 et O.16). Quelques
villes sont également restées au-dessous de la courbe, bien qu'ayant changé
leur rang. Il s'agit des villes suivantes : Daloa, Divo, Gagnoa, Korhogo, Man,
San-Pédro et Yamoussoukro. Les résultats préliminaires du recensement de la
population de 2014 indiquent que ces neuf villes figurent encore parmi les
10 plus grandes villes de Côte d'Ivoire.

Le patrimoine naturel et la connectivité permettent également de distin-
guer trois types de villes : les villes situées à des points d'accès internationaux, les villes situées dans les corridors de transport régionaux et les villes
situées le long d'axes routiers nationaux intégrateurs. Parmi ces 10 villes,
Abidjan, San-Pédro et Yamoussoukro présentent quelques caractéristiques
distinctives. Abidjan est la plus grande ville et la capitale économique ; elle
abrite l'aéroport international Félix Houphouët-Boigny et le port autonome d'Abidjan, qui comptent parmi les plus actifs en Afrique de l'Ouest
(voir carte O.2). Abidjan affiche aussi la plus forte concentration de population urbaine, d'emplois et d'entreprises privées. Yamoussoukro est la
capitale politique et abrite l'Institut national polytechnique dont les étu-
diants sont originaires de nombreux pays d'Afrique francophone, ainsi
qu'un aéroport international. San Pédro abrite le deuxième port du pays,
qui est un port en eau profonde. Ces trois villes disposent d'infrastructures
de base qui leur donnent un avantage sur les autres villes et leur confère un
rôle qui dépasse le cadre local ou régional, Abidjan ayant la meilleure

Graphique O.15 La Côte d'Ivoire a connu une croissance progressive de la population urbaine

In population 1975

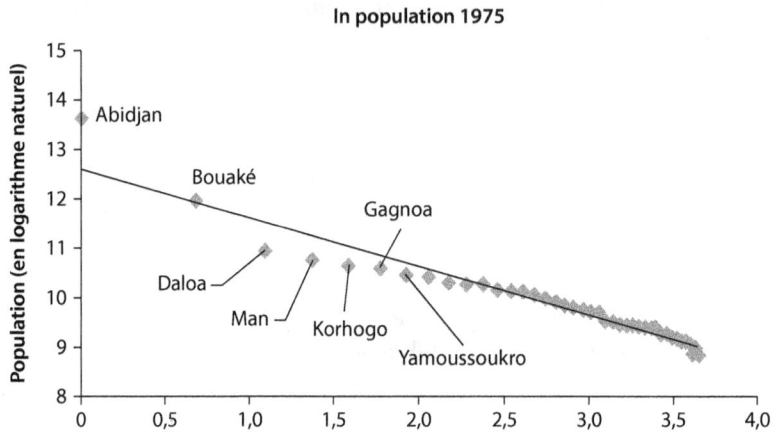

Source : Données du recensement de la population de 1975, Institut national de la statistique.

Graphique O.16 ...au cours des trois dernières décennies

In population 1998

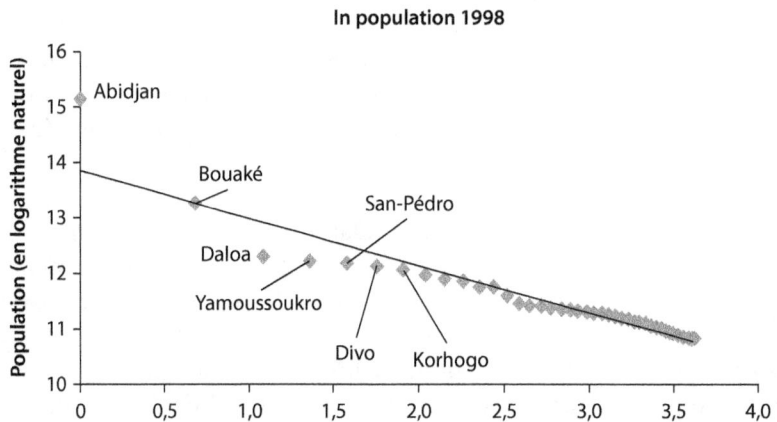

Source : Données du recensement de la population de 1998, Institut national de la statistique.
Remarque : Population des 10 plus grandes villes selon le recensement de 2014 : Abidjan, Bouaké, Daloa, Korhogo, Yamoussoukro, San-Pédro, Gagnoa, Man, Anyama et Divo.

chance de devenir une ville globale à l'avenir. Bouaké et Korhogo se trouvent dans le corridor régional nord-sud reliant Abidjan à Ouagadougou (capitale du Burkina Faso — voir carte O.2). Daloa et Man se situent le long du corridor régional ouest qui relie Abidjan à Conakry. Adzopé et Abengourou se situent dans le corridor est reliant la Côte d'Ivoire au Ghana. Les autres villes secondaires, en particulier celles qui se trouvent dans les zones les plus pauvres, sont toutes situées dans des régions ayant un potentiel pour la production vivrière qui leur permettra d'approvisionner d'autres centres urbains nationaux et régionaux en aliments à mesure que leur population augmente, outre certaines cultures de rente (voir carte O.3).

L'Urbanisation diversifiée • http://dx.doi.org/10.1596/978-1-4648-0869-2

Carte O.2 Côte d'Ivoire : Grandes zones de production

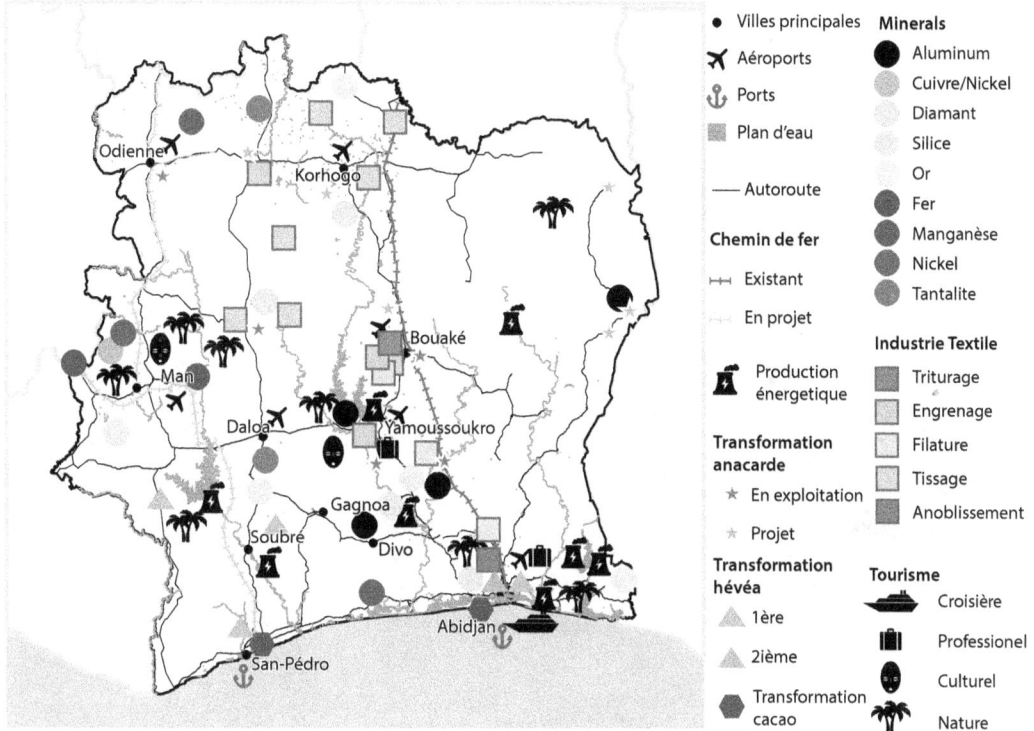

Source : Ministère de l'industrie et des mines.

La typologie distingue la contribution des villes à la croissance et à la création d'emplois sous l'effet des économies d'agglomération. Les connecteurs globaux génèrent les *économies d'urbanisation* nécessaires à l'innovation et à la compétitivité, les connecteurs régionaux, génèrent les *économies de localisation* nécessaires à des échanges et des transports régionaux efficients, et les *connecteurs locaux* génèrent les *économies de localisation* nécessaires à la libération du potentiel agricole[6]. Le carte O.4 illustre l'interaction spatiale de certaines villes ivoiriennes avec les marchés intérieurs (via des liaisons routières et ferroviaires internes), régionaux (via des voies terrestres vers les pays voisins) et mondiaux (via la mer). Quelques villes se distinguent en tant que pôles stratégiques (Abidjan, San-Pédro, Bouaké, Yamoussoukro, Man et Korhogo), mais la plupart d'entre elles sont des centres administratifs dont les économies ne fonctionnent qu'à travers les régions géographiques dont elles relèvent.

Connecteurs globaux

Abidjan, San-Pédro et Yamoussoukro sont les connecteurs globaux naturels de la Côte d'Ivoire. La région du Grand Abidjan domine le pays à tous points de vue, avec environ 20 % de la population, 80 % des emplois formels et 90 % des

L'Urbanisation diversifiée • http://dx.doi.org/10.1596/978-1-4648-0869-2

Carte O.3   Côte d'Ivoire : Zones de production de cultures vivrières de base

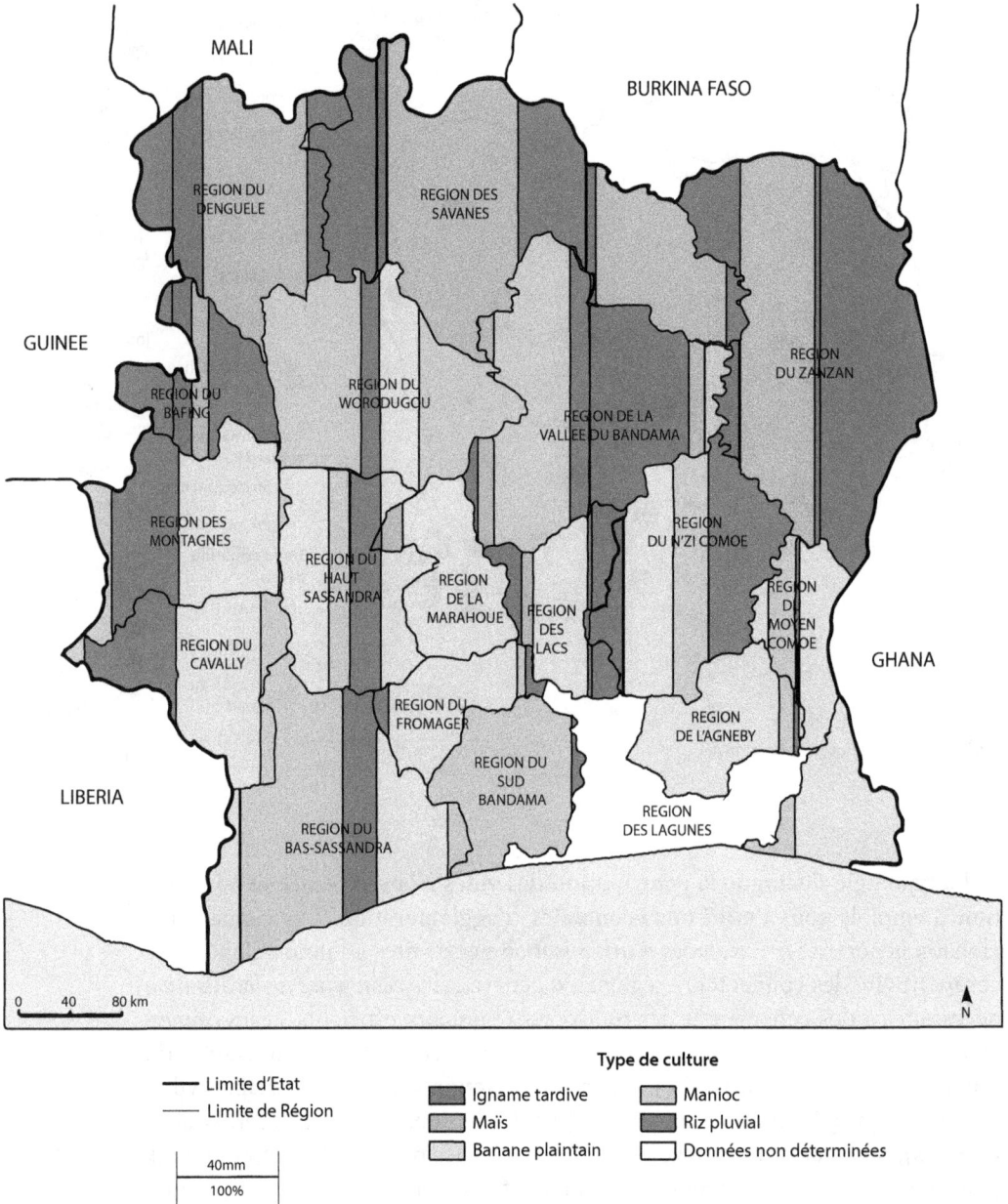

Source : INS, RGPH 1998.

entreprises formelles. C'est une zone urbaine avancée qui se heurte aux mêmes défis que les régions métropolitaines dans le monde. Le port de San-Pédro — entièrement construit dans le cadre du premier plan de développement — est la principale porte de sortie des produits agricoles destinés à l'exportation ; il était censé être relié par voie ferrée au centre de la zone minière de l'ouest

Carte O.4 Les villes ivoiriennes comme connecteurs globaux, régionaux et locaux

● Ville principale ——— Voie bitumée ▢ Limite d'Etat ▨ District autonome de Yamoussoukro

● Autre localité ┼┼┼┼ Chemin de fer existant ▢ Limite de District ▨ District autonome d'Abidjan

▨ Plan d'eau ▢ Limite de Région

Source : DGDCL, Ministère de l'intérieur et de la sécurité et AGEROUTE.
Remarque : Les connecteurs globaux sont entourés d'un cercle rouge. Les connecteurs régionaux longent les lignes de couleur orange.
Les connecteurs locaux se situent le long des lignes de couleur verte ou à l'intérieur de l'ovale vert.

(Man et ses environs). Yamoussoukro est la capitale du pays depuis les années 1980, bien que l'administration publique nationale soit encore basée à Abidjan. Le transfert d'au moins une partie de l'administration à Yamoussoukro stimulera l'économie locale de cette dernière et entraînera une transformation spatiale. La ville abrite également l'une des écoles polytechniques les plus réputées d'Afrique francophone, ce qui pourrait établir un pont entre des entreprises de technologies nationales et étrangères au cas où l'infrastructure des technologies de l'information et de la communication (TIC) serait portée à l'échelle des normes internationales.

Connecteurs régionaux

Les connecteurs régionaux de la Côte d'Ivoire sont reliés à la région de l'Afrique de l'Ouest par cinq corridors. Le corridor nord relie Abidjan à Ouagadougou par des liaisons routière et ferroviaire qui traversent Bouaké (deuxième ville du pays), Korhogo (capitale de la région septentrionale, comptant près de 200 000 habitants) et Ferkessédougou (ville secondaire de 75 000 habitants). À l'est, la Côte d'Ivoire est reliée à Lagos (Nigéria) par une route qui traverse Aboisso et Noé du côté ivoirien et trois capitales de l'Afrique de l'Ouest (Accra au Ghana, Lomé au Togo et Cotonou au Bénin). Toujours à l'est, une autre liaison avec le Ghana (traversant Koumassi et Tamale) traverse Adzopé, Abengourou et Bondoukou. Abidjan est reliée à Nzérékoré en Guinée par une route qui traverse Yamoussoukro, Daloa et Man, villes comptant chacune plus de 150 000 habitants, et qui se trouve dans une région riche en ressources agricoles, minérales et touristiques. À l'ouest, une autre liaison vers Monrovia au Libéria traverse Grand-Lahou, Sassandra, San-Pédro et Tabou le long du golfe de Guinée. S'il est tenu compte du seuil de 100 000 habitants, les villes secondaires ci-après situées le long de trois corridors régionaux constituent les principaux connecteurs régionaux : Adzopé et Abengourou (corridor de l'est), Bouaké et Korhogo (corridor du nord) et Daloa et Man (couloir de l'ouest).

Connecteurs locaux

Les petites villes et les villes de marché de Côte d'Ivoire pourraient être des pôles générateurs d'économies internes pour l'agro-industrie. Tandis que les régions du sud-ouest contribuent fortement à la production et à l'exportation de cultures de rente, les zones de savane peuvent aider à intensifier la production de vivres et de céréales pour approvisionner les centres urbains nationaux et régionaux (Yeo 2014). À long terme, avec le déplacement de la boucle du cacao des régions orientales et centrales vers le sud (avec le port de San-Pédro en point de mire), le changement climatique et la conjoncture économique internationale pourraient une fois de plus déplacer le centre de ces zones de production de cultures de rente. Compte tenu de l'accroissement des disparités régionales en Côte d'Ivoire, de bonnes connexions entre l'arrière-pays agricole des villes secondaires et les capitales régionales stratégiques peuvent aider les petits exploitants à se moderniser dans les filières agroindustrielles (voir carte O.4).

Les connecteurs locaux sont les suivants :

• La **banlieue de la métropole**, comprenant les autres villes secondaires dans les supra-régions de Goh-Djiboua (telles que Divo et Gagnoa) et Grands Ponts (telles que Agboville et Dabou) ;

- L'**intégrateur central**, comprenant les autres villes secondaires dans les supra-régions de Lacs (telles que Bongouanou, Daoukro, Dimbokro et Toumodi), Sassandra-Marahoué (telles que Bouaflé), Montagnes (telles que Duékoué et Guiglo), et Bas-sassandra (telles que Soubré) ;
- L'**intégrateur septentrional**, comprenant les autres villes secondaires restantes dans les supra-régions de Zanzan (telles que Bouna), Vallée du Bandama (Katiola), Savanes (telles que Boundiali), Woroba (telles que Mankono, Séguéla et Touba) et Denguélé (telles que Odienné et Minignan).

Repenser les villes ivoiriennes : améliorer la planification, les connexions, l'écologisation et le financement

Pour diversifier l'urbanisation, les décideurs ivoiriens doivent agir de toute urgence dans quatre domaines :

- *La planification* — Tracer la voie à suivre par les villes en définissant les conditions de l'urbanisation, en particulier les politiques d'affectation des terres urbaines, en favorisant le développement de marchés du logement, et en développant les équipements et services publics de base.
- *Les connexions* — Rendre les marchés d'une ville accessibles (main-d'œuvre, biens et services) à d'autres villes et à d'autres quartiers de la ville, ainsi qu'aux marchés d'exportation.
- *L'écologisation* — Améliorer la qualité de vie dans les villes en réduisant la pollution et les émissions, et en préservant les rares ressources environnementales et financières.
- *Le financement* — Trouver des sources de financement des grandes dépenses d'investissement nécessaires pour fournir les équipements et services requis à mesure que les villes croissent et que l'urbanisation se développe plus rapidement.

Ce cadre s'inspire des principes retenus par les parties prenantes des administrations nationales et infranationales et du secteur privé, ce qui a permis de formuler une vision commune de l'urbanisation en Côte d'Ivoire[7]. Ces intervenants estiment qu'une urbanisation réussie devrait déboucher sur des « villes planifiées, structurées, compétitives, attractives, inclusives et organisées autour de pôles de développement ».

Il faut au préalable une bonne structure de gouvernance pour que ce cadre fonctionne correctement. Les décideurs, à tous les niveaux de l'administration, devront travailler ensemble. Actuellement, c'est la fragmentation institutionnelle qui prévaut, avec une multiplicité d'institutions décisionnelles impliquées dans l'urbanisation qui se chevauchent, ont des missions peu claires et manquent de coordination. Le Ministère de la planification et du développement économique est un acteur clé, car il assure le contrôle des questions liées à la planification, à l'aménagement du territoire et à la population. Le Ministère de la construction, du logement, de l'assainissement et de l'urbanisme formule et met en œuvre les schémas directeurs d'urbanisation. Le Ministère de l'intérieur et de la sécurité abrite la Direction générale de la décentralisation et des collectivités locales (DGDCL) qui assure le contrôle des communes et des régions. Le Ministère des infrastructures économiques est responsable de la construction et de l'entretien des infrastructures reliant les centres économiques nationaux entre eux et avec les centres régionaux et mondiaux. Le Ministère des transports est en charge du transport intra-urbain et interurbain, ainsi que des transports internationaux. Les communes et les régions sont représentées par deux associations, à savoir l'Union des villes et communes de Côte d'Ivoire (UVICOCI) et l'Association des régions et districts de Côte d'Ivoire (ARDCI), qui sont des organismes de consultation ascendante des élus et des spécialistes du développement urbain et régional. Le secteur privé reste le principal moteur de croissance, d'où la nécessité d'impliquer toutes les associations patronales actives, ainsi que la Chambre de commerce et d'industrie de Côte d'Ivoire.

Planification

La planification est essentielle aux économies d'agglomération sur quatre plans. Premièrement, la planification de l'utilisation des terres nécessite des systèmes efficaces permettant d'évaluer les terres afin de les affecter aux usages les plus viables, ainsi qu'une bonne compréhension de la demande des différents segments du marché. Deuxièmement, la planification de l'utilisation des terres doit assurer l'intégration avec les infrastructures et surtout les équipements de transport. Troisièmement, un logement à coût abordable et bien situé réduit le risque d'arbitrages entre la densité urbaine et la qualité de vie. Quatrièmement, les services d'infrastructure les plus élémentaires — eau, énergie, assainissement et gestion des déchets solides — devraient être fournis à tous les résidents, urbains comme périurbains.

Le principal défi à relever est que la densification des villes ivoiriennes ne s'accompagne pas d'une amélioration de la qualité de vie. Les principaux problèmes incluent l'accès à des logements convenables et à coût abordable et la fourniture de services et infrastructures de base. Les ménages doivent faire un choix difficile entre le paiement de loyers élevés dans des zones bien desservies et des coûts de transport élevés dans des zones situées à la périphérie, et ils vivent souvent dans des conditions de surpeuplement pour éviter des déplacements onéreux depuis les zones périurbaines. Plus de la moitié des habitants d'Abidjan vivent dans des logements surpeuplés, partageant leur chambre avec deux personnes ou plus.

À la suite du retrait par l'État des opérations d'aménagement du territoire et de production de logements dans les années 1980, le pays a connu une crise du logement qui a été exacerbée par les crises sociopolitiques de la fin des années 1990 et des années 2000. D'après les estimations, le déficit total de logements se situe entre 400 000 et 600 000 unités, et il ne cesse de se creuser. Ce déficit est concentré dans les villes, dont Abidjan supporte la moitié. Mais le déficit de la qualité de vie est encore plus grave : le manque d'accès aux services de base et l'instabilité de la propriété foncière sapent souvent la confiance des ménages en l'avenir et les dissuade d'investir dans l'achat d'une maison, si bien qu'une grande partie du parc de logements n'a pas accès aux services de base et a été construite en matériaux provisoires. Environ deux tiers du parc de logements principaux ont des murs construits en matériaux définitifs, mais moins de 4 % sont équipés d'un toit en matériau définitif (Lozano-Gracia et Young 2014). L'investissement dans l'assainissement (principalement réalisé par les ménages) est également insuffisant : en 2008, 27 % seulement des ménages avaient accès à des latrines à chasse d'eau ou améliorées, ce qui représente un recul par rapport aux 35 % de 2002 (INS 2008). Le faible niveau d'investissements dans le logement trahit un problème fondamental, celui de l'accès à la terre, qui empêche une part importante des ménages urbains d'accéder à des logements de coût abordable.

Malgré les mesures introduites par la loi de 1998 sur le domaine foncier rural en vue de promouvoir des marchés fonciers transparents, l'immatriculation de terrains et l'obtention de titres fonciers restent problématiques. L'État continue de se heurter à des difficultés d'accès à la terre, et l'incertitude persiste quant à la délimitation entre les zones rurales et les zones urbaines (Legendre 2014). Il doit s'attaquer non seulement au système coutumier dominant de propriété et de régime fonciers avec un recours sporadique à la loi sur le domaine foncier rural, mais aussi au problème de la longueur, du coût élevé et des lourdeurs du processus d'immatriculation des terres et d'obtention de titres fonciers. Les coûts d'immatriculation — estimés à 10,8 % de la valeur de la propriété — sont élevés et au-dessus de la moyenne en Afrique subsaharienne (CAHF 2014), ce qui dissuade quiconque d'entreprendre de telles démarches. Les autres facteurs dissuasifs sont la probabilité d'un prélèvement de taxes sur les terrains immatriculés (USAID 2013). La demande de titres fonciers reste faible, et la valeur ajoutée — par rapport au processus de sécurisation foncière basé sur le consensus local — reste à démontrer[8]. Environ 98 % des terres du pays sont encore régies par les régimes coutumiers, en dépit de l'existence du système légal.

Les connecteurs régionaux et globaux pâtissent largement d'un manque de logements avec services de base, ce qui contribue à la pénurie de logements de qualité. Bien que presque 90 % de la population ait accès à l'électricité en milieu urbain, le raccordement au réseau d'adduction d'eau est de 72 %, une baisse de 7 points entre 1998 et 2011 (INS et ICF 2012), principalement dans les villes secondaires. Dans plusieurs villes, la proportion de quartiers formels/organisés[9] est importante, mais les logements sont cruellement sous-desservis et sous-entretenus et se détériorent. La proportion des quartiers organisés et desservis oscille entre 20 % pour les communes d'Abidjan et 50 % pour le secteur résidentiel à San-Pédro et à Bouaké. Dans les petites villes, la part des logements formels/desservis est généralement beaucoup plus faible, s'établissant à seulement 3 % à Korhogo, et se concentrant dans les habitations et bâtiments individuels du centre-ville.

Le logement informel dans des zones d'habitat irrégulier est en pleine expansion, en particulier dans les grandes villes (connecteurs globaux). Les zones d'habitat informel sont monnaie courante dans les zones urbaines et périurbaines de Côte d'Ivoire et sont généralement établies sur des terrains du domaine public. Ces quartiers n'obéissent à aucun principe d'urbanisme, manquent souvent de titres fonciers et de permis de construire, connaissent de graves problèmes d'assainissement et ont un accès très limité à d'autres services de base. La plupart des habitations sont construites en bois et en tôle et ressemblent à des cabanes. Les zones d'habitat irrégulier sont une caractéristique commune des zones urbaines des grandes villes, comme San-Pédro et Abidjan (Koumassi, Port-Bouët, Attécoubé et Yopougon). L'habitat informel représente plus de 6 % de l'ensemble des logements urbains en Côte d'Ivoire, abritant de 15 % à 17 % de la population urbaine. À Abidjan, de 15 % à 17 % des établissements sont estimés illégaux en raison de leur emplacement, de l'absence de services de base ou du non-respect des normes de construction (USAID 2013). Comme en témoignent les villes qui ont fait l'objet d'un audit, les quartiers informels ou irréguliers ne sont pas aussi nombreux que les quartiers formels non desservis à l'échelle nationale ; néanmoins, ils se développent à la périphérie des villes à cause de l'accroissement de la population urbaine qui a des difficultés à accéder à un logement formel abordable.

Le défi que représente la pénurie de logements urbains est exacerbé par une faible accessibilité et une mobilité limitée. Pour la région dans son ensemble, les dépenses de logement — relativement constantes parmi tous les quintiles à 17 % ou 18 % des dépenses totales — sont élevées : seuls trois pays d'Afrique subsaharienne (Malawi, Rwanda et Angola) sur un total de 20 pays affichent des taux moyens plus élevés. Lorsque les coûts de transport sont ajoutés toutefois, c'est à Abidjan que la proportion des dépenses est la plus élevée parmi toutes les zones urbaines de la région, soit 26,6 % (voir graphique O.17). Le transport représente plus d'un tiers de ces dépenses, et son coût est plus élevé dans les quintiles supérieurs de la population. Le marché de la location dans les quartiers du centre subit donc une forte pression, car l'important déficit de logements donne lieu à une spéculation sur les loyers. À Abidjan, le loyer mensuel d'un studio peut varier de 100 000 FCFA à 150 000 FCFA (de 189 dollars É.-U à 283 dollars), ce qui fait que moins de 20 % de la population peut se permettre un tel loyer, pour un ménage composé de trois membres (CAHF 2014)[10]. En outre, les obstacles à l'aménagement foncier dans les zones périurbaines (y compris les frais d'immatriculation foncière, l'aménagement et le régime foncier mal défini), ainsi que le manque de clarté sur les réserves urbaines, contribuent à la pénurie de terrains et à l'augmentation des prix dans les zones urbaines, ce qui rend les logements formels et décents onéreux et seulement disponibles aux couches de la population à revenu moyen ou élevé.

La mobilité et l'accès aux services sont entravés par l'insuffisance de voies urbaines. Un quadrillage de rues dense et bien agencé est essentiel à la connectivité, la productivité, la qualité de vie et l'inclusion sociale. Parce que les rues

Graphique O.17 Dépenses de logement et de transport par pays

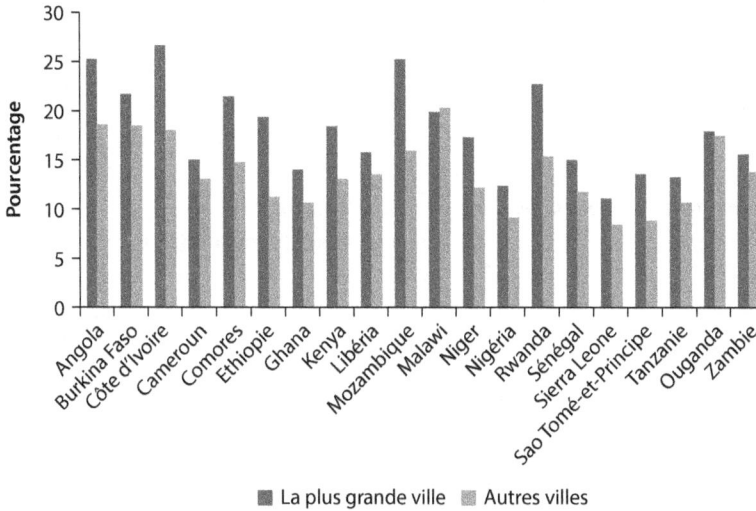

Source : Lozano-Gracia et Young 2014.

fonctionnent souvent comme un droit de passage public pour d'autres systèmes, leur couverture est aussi un indicateur de l'accès à des services de base comme l'eau et l'assainissement, la collecte des déchets solides et le drainage des eaux pluviales pour prévenir les inondations. Dans une étude mondiale, ONU-HABITAT a estimé que des villes vivables et compétitives sont celles qui sont dotées d'au moins 20 kilomètres de routes revêtues au kilomètre carré (ONU-HABITAT 2013a ; ONU-HABITAT 2013b). À l'inverse, les plus grandes villes de Côte d'Ivoire affichent des densités de rue comprises entre 2,1 et 10,5 kilomètres par kilomètre carré[11].

Déjà déficientes, les infrastructures dans les villes se sont considérablement dégradées et requièrent des investissements d'urgence. Les infrastructures physiques pour la plupart des services de base (eau potable, assainissement, collecte des déchets et électricité) ont été sérieusement endommagées pendant la guerre civile et n'ont pas été entretenues ni améliorées au cours des 10 à 15 dernières années. Ces pressions ont contribué à accélérer la détérioration des équipements. Dans les petites villes (connecteurs locaux) et communes de la zone métropolitaine d'Abidjan (connecteur global), ainsi que dans les villes régionales (connecteurs régionaux), la plupart des infrastructures ont été construites avant la crise politico-militaire et ont bénéficié de peu d'investissements en entretien depuis 2009. À Abidjan, par exemple, avant la rébellion de 2002, la couverture de l'alimentation en eau était estimée à 75 %. Après 2002, elle a baissé à 56 % alors que la ville tentait par tous les moyens de fournir des services de bases à un million d'Ivoiriens déplacés. Les réseaux d'électricité qui desservent jusqu'à la moitié de la population urbaine sont déficients, ce qui contraint les habitants à avoir recours à des raccordements informels et illégaux, mettant en péril la sécurité de leurs quartiers. À San-Pédro, la fourniture d'électricité couvre moins de la moitié des quartiers de la commune ; à Korhogo, l'éclairage public ne couvre qu'un quart de la ville. Dans les communes d'Abidjan, les déficits sont principalement liés au drainage et à l'assainissement. La gestion des déchets pâtit également de graves carences et de la médiocrité des performances d'une ville à l'autre.

Réformes prioritaires en matière de planification

Les problèmes mentionnés ci-dessus illustrent la nécessité d'un ensemble de réformes prioritaires. Les villes ivoiriennes ont besoin d'une planification urgente, et l'encadré O.1 préconise les premières mesures à prendre dans le cadre de ce vaste chantier.

Connexions

Les connexions — entre les villes et à l'intérieur des villes — bénéficient aux producteurs et aux consommateurs. Elles donnent aux producteurs l'accès aux marchés d'intrants (y compris la main-d'œuvre) et d'extrants. Elles offrent aux consommateurs des choix et, dans de nombreux cas, de meilleurs prix. En outre, les connexions ouvrent les villes à de nouvelles perspectives économiques. Les connexions entre les villes ivoiriennes et à l'intérieur de ces villes sont envisagées sous trois angles :

- Premièrement, une faible mobilité à l'intérieur des villes qui fragmente les marchés urbains du travail et crée un fossé entre les personnes et les emplois ;
- Deuxièmement, des coûts élevés de transport entre les villes qui sapent les gains économiques de l'accès aux marchés et de la spécialisation ;
- Troisièmement, le manque d'infrastructures intermodales qui est un autre facteur entravant la croissance économique.

D'une ville à l'autre, les gains économiques que la spécialisation et l'accès au marché peuvent apporter sont limités ; à l'intérieur des villes, les moyens de coordonner les compétences des demandeurs d'emploi avec les possibilités d'emploi sont également limités.

Mobilité urbaine : À Abidjan, plus de 50 % des déplacements liés au travail se font à pied ou à vélo. Peu d'Abidjanais utilisent les transports en commun, alors que le contraire serait attendu d'une si grande ville (voir graphique O.18). L'accès aux possibilités d'emploi pour les travailleurs est en conséquence limité. À Abidjan, les activités de travail et d'affaires sont concentrées dans le centre-ville, beaucoup moins d'emplois existant à la périphérie. La situation de la mobilité est pire encore pour les pauvres, qui n'ont accès qu'à une petite part du marché du travail limitée à un rayon de moins de 5 km en moyenne. Il en résulte qu'Abidjan perd les avantages potentiels de l'agglomération découlant d'un marché du travail unifié. L'expérience internationale démontre que, au fur et à mesure que le revenu augmente, les personnes se déplacent plus vite et plus loin, et que les modes de transport évoluent. Les autobus, les voitures,

---

Encadré O.1 L'urbanisme des villes ivoiriennes doit être mis en œuvre dès à présent

Améliorer la fluidité du marché foncier. Un marché foncier bridé limite l'investissement privé. L'amélioration de la fluidité du marché permettra d'accroître les investissements dans le développement industriel et résidentiel. Il faudra augmenter l'étendue de terres utilisables en trois étapes claires (le chapitre 1 apporte des détails à ce sujet) :

• Tout d'abord, la sécurité de la propriété foncière devrait être améliorée grâce à des procédures plus simples, plus courtes et moins onéreuses.

• Ensuite, les infrastructures principales devraient être disponibles en temps opportun, en particulier pour les nouvelles extensions urbaines non encore actives (notamment les routes, l'électricité et l'eau) et avant que celles-ci ne soient établies.

• Enfin, les terrains destinés à différentes activités d'investissement doivent également être recensés, aménagés et affectés de façon rationnelle pour pouvoir répondre à la demande croissante de terrains.

Élargir la couverture de la prestation de services. Outre la création de marchés fonciers qui fonctionnent effectivement, les décideurs doivent également veiller à ce que la majorité des services d'infrastructure de base parviennent à tous les citadins — urbains et périurbains — étant donné que les connecteurs globaux et régionaux existants continueront à croître et que de nouveaux connecteurs locaux exigeront des services de base. Pour investir dans les infrastructures, les autorités locales et nationales devront travailler ensemble à la hiérarchisation des besoins et à la conception de modèles de financement durable. Deux priorités essentielles se dégagent à cet effet :

• Premièrement, redoubler d'efforts pour aménager des espaces viabilisés.

• Deuxièmement, appliquer des modèles de prestation de services financièrement durables et renforcer la réglementation pour faciliter le recouvrement des coûts et, par conséquent, la couverture financière des investissements et des services.

Simplifier les règles d'urbanisme. Les plans d'utilisation des terres aident les autorités de la ville à appliquer les lignes directrices de planification et les codes du bâtiment, guident l'urbanisme en allouant des crédits budgétaires à des zones différentes, et établissent les règles de zonage. Ces plans peuvent faciliter des aménagements publics et privés harmonieux dans diverses zones et qui offrent également des possibilités d'activités économiques et résidentielles mixtes ainsi que des espaces verts et protégés. Trois enjeux majeurs à ce niveau sont à noter :

• Premièrement, améliorer la coordination dans le partage des responsabilités dans l'administration des zones urbaines. Par exemple, les décisions structurelles d'aménagement de la ville d'Abidjan (et d'autres villes) incombent au Ministère de la construction, du logement, de l'assainissement et de l'urbanisme (MCLAU), plutôt qu'aux maires et présidents des conseils régionaux. Mais ce sont ces derniers groupes qui, avec les collectivités territoriales décentralisées, ont la maîtrise des besoins de leurs communes, ainsi que l'expérience de la création d'installations et équipements, ainsi que de la prestation de services.

• Deuxièmement, aligner les politiques et normes d'urbanisme avec la disponibilité et la planification des infrastructures.

• Troisièmement, simplifier et assouplir la réglementation sur l'utilisation des terres et le zonage, pour rendre le logement plus facile d'accès.

Graphique O.18 La plupart des Abidjanais se déplacent à pied ou à vélo, ce qui limite les possibilités d'emploi

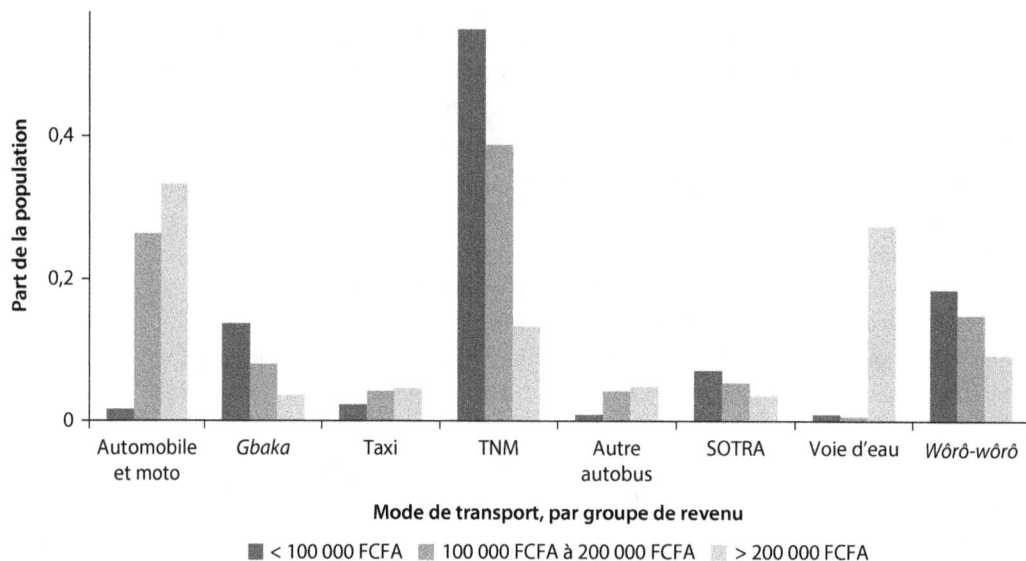

Source : JICA 2014.
Remarque : TNM = transport non-motorisé. SOTRA = Société des Transports Abidjanais.

les trains et les avions sont de plus en plus utilisés et ont la préférence sur la marche et le vélo, qui demeure le moyen de locomotion des pauvres (Schafer 1998 ; WBCSD, 2001). Il ressort de travaux de recherche menés à l'échelle internationale qu'il existe une forte corrélation entre la mortalité des enfants de moins de cinq ans (qui peut servir d'indicateur de revenu ou de pauvreté) et la proportion de personnes qui se rendent au travail à pied ou en vélo dans les villes d'Afrique.

Dans la région du Grand Abidjan, le secteur informel — *Gbaka*, taxis compteurs, *Woro-Woro* et taxis intercommunaux — est responsable de 85 % des déplacements en transports publics, et il a progressé au détriment du secteur formel. Des opérateurs non qualifiés exercent leur profession avec des véhicules vétustes qui posent des problèmes de sécurité, de fiabilité et de pollution. Les services d'autobus sont concentrés sur des itinéraires qui partent des banlieues vers plusieurs terminaux de la ville, tels qu'Adjamé ou le Plateau. Les modes de transport en commun ne sont pas diversifiés, en dépit de l'existence d'une lagune navigable, et ils ne sont pas à la hauteur d'une métropole de plus de 4 millions d'habitants.

Connectivité régionale : Quelle que soit la ville considérée, le coût du transport interurbain constitue un obstacle implicite au commerce. Des données probantes au niveau mondial indiquent que la réduction des coûts de transport grâce à d'importants progrès et investissements dans les infrastructures a contribué à renforcer l'intégration économique et la spécialisation à l'intérieur des pays.

Les principales villes ivoiriennes sont reliées par un vaste réseau routier, comprenant quatre axes principaux partant d'Abidjan.

Cependant, les coûts de transport à l'intérieur de la Côte d'Ivoire comptent parmi les plus élevés du monde. Une enquête sur les services de camionnage menée aux fins de la présente étude indique que le coût moyen du transport d'une tonne de marchandises est de 0,35 dollar É.-U. par km, montant beaucoup plus élevé que dans d'autres pays en développement comme le Vietnam et l'Inde, et considérablement plus élevé qu'aux États-Unis, où les coûts de main-d'œuvre et les frais généraux sont par ailleurs déjà élevés.

Les transporteurs qui desservent les connecteurs locaux sont exposés aux coûts de transport les plus élevés. Les coûts de transport (par tonne-kilomètre) sont plus élevés le long des axes qui relient les connecteurs régionaux et les connecteurs locaux (0,47 dollar É.-U. par tonne-kilomètre) et ceux reliant les connecteurs locaux aux connecteurs globaux (0,39 dollar É.-U. par tonne-kilomètre). À titre de comparaison, les coûts de transport à l'intérieur des connecteurs globaux correspondent davantage à la moyenne nationale (0,32 dollar É.-U. par tonne-kilomètre) et les axes reliant les connecteurs globaux et les connecteurs régionaux affichent les coûts de transport les plus faibles (0,17 dollar É.-U. par tonne-kilomètre).

Le niveau élevé des coûts de transport est préjudiciable à la croissance des villes secondaires et limite la connectivité pour les régions à faible rendement économique qui affichent une incidence plus élevée de pauvreté. Les axes reliant les connecteurs locaux et les connecteurs globaux transportent des quantités considérables de marchandises et servent de lien entre l'économie nationale et l'économie mondiale. En outre, les axes qui longent les connecteurs locaux et régionaux relient les zones à faible développement avec les marchés. Des coûts de liaison disproportionnellement élevés nuisent à la compétitivité économique nationale ainsi qu'au potentiel de développement des villes dans les régions qui accusent un retard de développement (voir graphique O.9).

Connectivité mondiale : Les infrastructures de transport et de TIC sont essentielles pour améliorer l'efficience économique des connecteurs globaux, régionaux et locaux. Les décideurs devraient envisager les villes comme un portefeuille interconnecté d'actifs qui se distinguent les uns des autres par la taille, l'emplacement, la densité de population et la fonction, et qui relient leur économie aux marchés locaux, régionaux et mondiaux. Des données concrètes à travers le monde soulignent que les entreprises et les individus peuvent exploiter les économies d'échelle et d'agglomération si les établissements urbains où ils sont situés remplissent les fonctions qui leur sont normalement assignées. Cette exploitation dépend en très grande partie des connexions qu'offre la ville — aux plans extérieur et intérieur. Les connectivités extérieures d'un pays passent par des villes-nœuds au niveau ou le long des infrastructures de communication et de transport internationaux : ports, aéroports, chemins de fer et ossature des TIC.

Abidjan et San-Pédro sont des ports d'envergure mondiale. Le port autonome d'Abidjan (avec un terminal à conteneurs et un autre terminal en construction), et le port en eau profonde de San-Pédro assurent le transport maritime pour la

Côte d'Ivoire et des pays enclavés comme le Burkina Faso, le Mali et le Niger. Le port d'Abidjan est le principal port du pays, accueillant 80 % du trafic maritime du pays. Abidjan gère des volumes de fret plus importants que la plupart des ports d'Afrique de l'Ouest et dispose d'une capacité d'environ 650 000 équivalent-vingt pieds (EVP) par an. Il était toutefois l'un des plus onéreux en 2009. Le manque de concurrence entre les acteurs opérant dans le port contribue aussi à maintenir les prix élevés. Le port de San-Pédro est principalement dédié au transport du bois et à une partie des exportations de produits agricoles (café, cacao).

L'exploitation du port d'Abidjan a été presque entièrement interrompue par les crises sociopolitiques qui ont sévi entre 1999 et 2011. À l'issue de la crise postélectorale de 2011, il a commencé à reprendre progressivement sa place parmi les ports les plus importants d'Afrique, bien que le transport de conteneurs y soit encore faible (environ 700 000 EVP en 2013) par rapport à l'Afrique du Sud (plus de 4 millions EVP en 2013). Le transport en transit vers les pays sans littoral a connu un regain d'activité (Burkina Faso, Mali) après la fin des crises sociopolitiques. En 2013, le volume du transport en transit vers l'intérieur a doublé par rapport à 2011 (1,76 million de tonnes contre 0,76 million de tonnes).

La connectivité par les TIC est relativement développée par rapport aux autres pays de la région. La couverture de la téléphonie mobile est supérieure à la moyenne de la Communauté économique des États de l'Afrique de l'Ouest (CEDEAO) — soit 95 % contre 78 %. À Abidjan, comme dans d'autres villes, la plupart des habitants ont accès à un réseau de téléphonie mobile de type 3G, et l'accès à Internet est relativement de bonne qualité grâce au wi-fi et à la téléphonie 3G. Par ailleurs, trois câbles importants de fibre optique passent par Abidjan : le système de câble ouest-africain (WACS), l'ACE (African Coast to Europe) et le SAT3/WASC (South Atlantic 3/West Africa Submarine Cable) (voir carte O.5). La concurrence est ainsi favorisée entre les trois principaux fournisseurs de services Internet (MTN, Orange et Côte d'Ivoire Telecom), ce qui a contribué à faire légèrement baisser les coûts de connexion à Internet, même si les frais de connexion restent élevés par rapport à ceux des pays comme le Ghana et l'Afrique du Sud, et l'accès en dehors des centres urbains est relativement faible. La technologie avancée 4G est également en cours d'introduction. Cela dit, de gros investissements sont encore nécessaires. L'Internet à haut débit fait généralement défaut. Selon l'édition 2014 de l'enquête des Nations Unies sur l'administration électronique (United Nations E-Government Survey), la Côte d'Ivoire se classe actuellement au 171e rang (sur 193 pays) dans le monde, proche de la moyenne des pays de la CEDEAO, mais loin derrière le Ghana (123e) et le Sri Lanka (174e). La couverture de la téléphonie mobile à large bande passante est également encore insuffisante, avec un taux de pénétration d'environ 6,8 % seulement (à la fin de 2013), qui est comparable à celui du Sénégal et du Nigéria, mais nettement inférieur à celui du Ghana (28,2 pour 100 habitants) et du Sri Lanka (15 pour 100 habitants).

L'Urbanisation diversifiée • http://dx.doi.org/10.1596/978-1-4648-0869-2

Carte 0.5　Câbles sous-marins parvenant à Abidjan

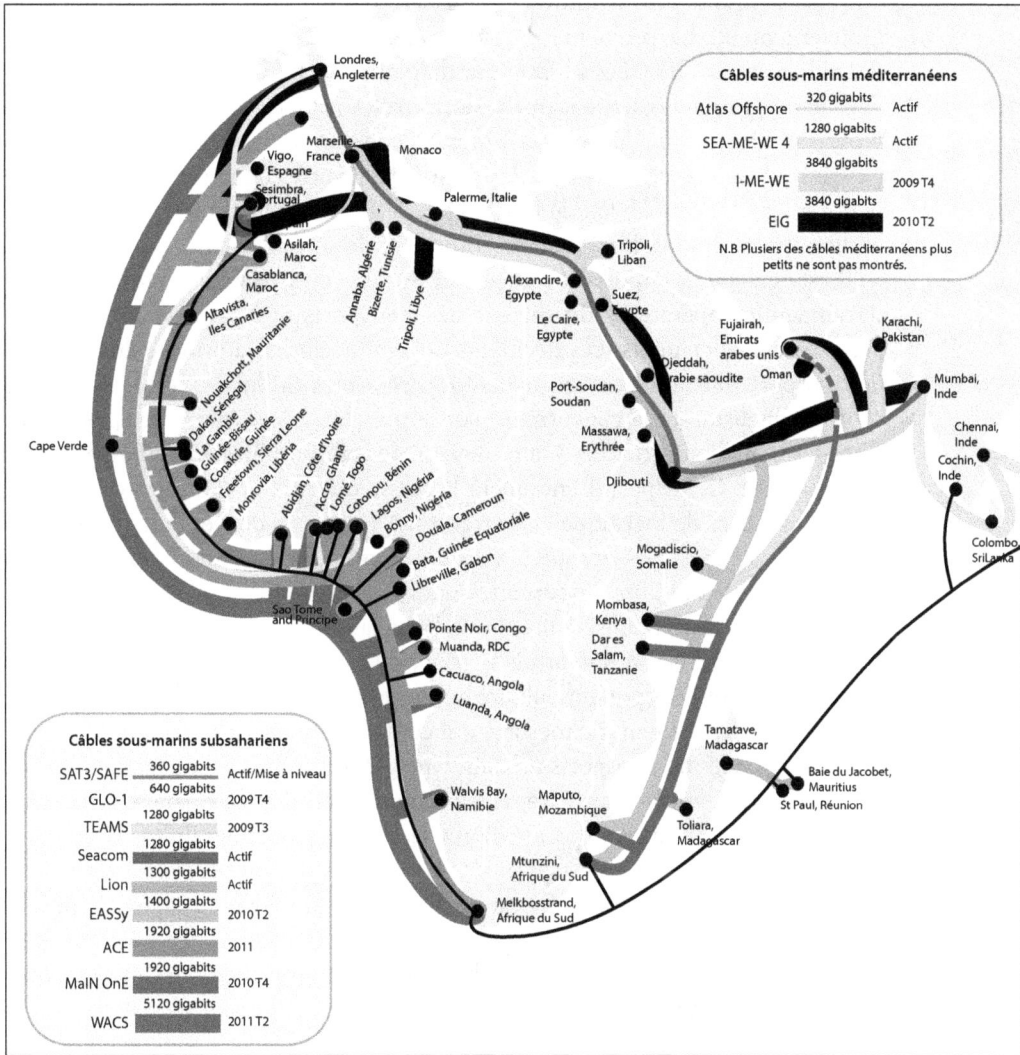

Câbles sous-marins méditerranéens

Atlas Offshore	320 gigabits	Actif
SEA-ME-WE 4	1280 gigabits	Actif
I-ME-WE	3840 gigabits	2009 T4
EIG	3840 gigabits	2010 T2

N.B Plusiers des câbles méditerranéens plus petits ne sont pas montrés.

Câbles sous-marins subsahariens

SAT3/SAFE	360 gigabits	Actif/Mise à niveau
GLO-1	640 gigabits	2009 T4
TEAMS	1280 gigabits	2009 T3
Seacom	1280 gigabits	Actif
Lion	1300 gigabits	Actif
EASSy	1400 gigabits	2010 T2
ACE	1920 gigabits	2011
MaIN OnE	1920 gigabits	2010 T4
WACS	5120 gigabits	2011 T2

Map city labels: Londres, Angleterre; Marseille, France; Monaco; Vigo, Espagne; Sesimbra, Portugal; Palerme, Italie; Asilah, Maroc; Casablanca, Maroc; Altavista, Iles Canaries; Annaba, Algérie; Bizerte, Tunisie; Tripoli, Libye; Tripoli, Liban; Alexandire, Egypte; Suez, Egypte; Le Caire, Egypte; Fujairah, Emirats arabes unis; Djeddah, Arabie saoudite; Oman; Karachi, Pakistan; Mumbai, Inde; Chennai, Inde; Cochin, Inde; Colombo, SriLanka; Port-Soudan, Soudan; Massawa, Erythrée; Djibouti; Mogadiscio, Somalie; Mombasa, Kenya; Dar es Salam, Tanzanie; Tamatave, Madagascar; Baie du Jacobet, Mauritius; St Paul, Réunion; Toliara, Madagascar; Cape Verde; Nouakchott, Mauritanie; Dakar, Sénégal; La Gambie; Guinée-Bissau; Conakrie, Guinée; Freetown, Sierra Leone; Monrovia, Libéria; Abidjan, Côte d'Ivoire; Accra, Ghana; Lomé, Togo; Cotonou, Bénin; Lagos, Nigéria; Bonny, Nigéria; Douala, Cameroun; Bata, Guinée Equatoriale; Libreville, Gabon; Sao Tome and Principe; Pointe Noir, Congo; Muanda, RDC; Cacuaco, Angola; Luanda, Angola; Walvis Bay, Namibie; Maputo, Mozambique; Mtunzini, Afrique du Sud; Melkbosstrand, Afrique du Sud

Source : Shuttleworth Foundation. Disponible sous une licence Creative Commons Attribution 2.0 Générique (CC BY 2.0), https://creativecommons .org/licenses/by/2.0/.

Réformes prioritaires pour améliorer la mobilité et la connectivité

Pour relever ces défis, les décideurs doivent coordonner l'utilisation des terres et les infrastructures afin d'améliorer la mobilité urbaine. Pour améliorer la mobilité à l'intérieur des villes, la planification de l'occupation des terres et des transports urbains doivent être mieux intégrées. Le transport et la mobilité sont mieux gérés dans le cadre d'une stratégie urbaine intégrée qui peut prendre en compte divers groupes d'usagers et anticiper les besoins à long terme. Les villes ivoiriennes ont besoin d'un schéma directeur des transports urbains qui favorise la mise en place d'un système de transport multimodal fiable, sûr, moderne, durable et accessible à tous les citadins. Il n'existe pas de schéma directeur national des transports[12], et le schéma directeur routier national doit être mis à jour pour prendre en compte la stratégie d'aménagement du territoire du Gouvernement. La problématique d'accessibilité et de mobilité dans la ville d'Abidjan et dans les villes à l'intérieur du pays est actuellement prise en compte dans le programme d'aménagement des carrefours (Solibra ; Orca Riviera ; Cap Nord ; Wiliamsville ; Yopougon Siporex, l'amélioration des voies principales (Boulevard de France redressé ; Boulevard Lagunaire ; Boulevard de Marseille), le bitumage des chefs-lieux de Districts et de Régions et l'équipement des voies en feux tricolores intelligents et en dispositifs de signalisation.

Il est également important d'accélérer les réformes visant à professionnaliser davantage les opérateurs du secteur des transports et à favoriser un meilleur accès aux financements. Les décideurs doivent accorder la priorité aux services de transport plus efficaces en menant des réformes profondes qui favorisent le professionnalisme et la concurrence sur le marché. À cet égard, l'établissement de critères qualitatifs d'accès à la profession de transporteur aura un impact positif significatif. Ce dispositif entraînera la baisse des prix et des gains d'efficacité dans les services de logistique et de transport. En ce qui concerne les services de transports urbains, des mesures visant à rendre les transports publics plus attrayants sont tout aussi importantes pour l'amélioration de l'efficacité globale du système. En fait, la mise à niveau de la signalisation routière, l'application de systèmes d'information sur la circulation, la gestion de la circulation sur les grands axes routiers et une meilleure application de la réglementation relative à la circulation sont autant de mesures qui contribueront sans aucun doute à améliorer les services de transports urbains. Une gestion restrictive du stationnement ainsi qu'un traitement prioritaire réservé aux transports publics sont des mesures pouvant être envisagées pour améliorer la mobilité urbaine. Enfin, la création d'un environnement permettant aux transporteurs d'avoir accès au crédit pour renouveler leur parc automobile est également essentielle pour libérer le potentiel de ce secteur.

Le secteur du transport de marchandises doit être mieux organisé et plus compétitif. En attendant l'entrée en vigueur du nouveau cadre législatif, l'accès au secteur des transports est assez facile, d'où l'existence d'un marché fragmenté dominé par de petits acteurs informels qui exploitent des camions et des véhicules vétustes. En conséquence, ils sont exposés à des paiements informels du fait que nombre d'entre eux ne se conforment pas à la réglementation. L'existence d'une multiplicité de syndicats locaux se traduit par des « pôles d'intérêts particuliers » qui fragmentent le marché et provoquent une distorsion des prix. En effet, des pratiques telles que la répartition du fret et le « tour de rôle » sapent la quantité, la qualité et le prix des services de transport. Pour assurer une plus grande efficacité de ceux-ci, il faudrait donc des mesures et des mécanismes nouveaux permettant d'améliorer la transparence des prix de transport. À cet égard, il convient de mettre en place sur le marché un système d'information qui soit solide et transparent.

La mise en place d'un système d'information sur le marché (MkIS) peut permettre de mieux rapprocher les clients des transporteurs. Tant pour le transport de marchandises que celui des personnes, la formule du « tour de rôle » et le comportement oligopolistique des syndicats et associations professionnelles constituent des pratiques appliquées depuis de longues années qui compromettent l'efficacité du marché. Promouvoir un MkIS peut aider à mieux coordonner l'offre et la demande de services de transport. Ce système constituerait une plateforme où l'information pourrait être formellement centralisée, analysée, traitée et rendue accessible à tous les acteurs du marché. Le MkIS pourrait se fonder sur les TIC et comporter deux branches : une bourse virtuelle du fret et des applications de gestion de la clientèle de passagers.

Les décideurs doivent également accroître les investissements dans les corridors stratégiques et formuler des plans d'appui au renforcement des agglomérations urbaines et au développement des villes. Pour le corridor régional Abidjan-Ouagadougou, la prolongation de l'autoroute au-delà de Yamoussoukro pour relier Bouaké et Korhogo devrait être un bon moyen de multiplier les avantages escomptés de l'opération portant sur la facilitation du commerce régional, qui vise à stimuler les échanges entre les deux pays et à rendre ces derniers plus compétitifs. En fait, cette initiative permettra à coup sûr d'accélérer les échanges et d'en accroître le volume (transport de marchandises et de passagers) entre quatre grandes villes qui représentent environ un quart de la population totale du pays. Cette prolongation permettra aussi d'ouvrir des possibilités de commerce et de transport pour la région frontalière de Sikasso-Korhogo-Bobodioulasso. Le développement du réseau autoroutier et le programme de renforcement des routes bitumées (Adzopé-Agnibilékro ; Yamoussoukro-Bouaflé-Duekoué-Guiglo-Bloléquin) contribueront à faire baisser les coûts de transport. La réalisation des infrastructures routières transversales (Boundiali-Odienné-Guinée ; Ferkéssédougou-Kong-Nassian ; l'ouvrage d'art de Bassawa) et les corridors sud-est – sud-ouest et sud-ouest – nord contribueront à raccourcir les distances pour gagner en densité économique (San-Pédro, Bouaké, Abidjan).

Pour soutenir la diversification de l'urbanisation, il est important de diversifier les corridors qui relient l'économie nationale aux marchés régionaux attractifs. Le corridor Abidjan-Lagos ouvre des perspectives d'un marché plus dense, et l'extension de l'axe Grand-Bassam-Aboisso jusqu'à la frontière avec le Ghana devrait être étudiée, car elle favoriserait une connexion sans encombre entre six grandes villes africaines le long de la côte du Golfe : Abidjan, Accra, Lomé, Cotonou et Lagos. Un autre corridor à l'est traverse Adzopé, Abengourou, Agnibilékro, Bondoukou pour rejoindre des villes secondaires à l'intérieur du Ghana telles que Koumassi et Tamale. Un troisième corridor vers l'ouest reliant Abidjan à Nzérékoré pourrait être envisagé, avec une autoroute qui relierait Yamoussoukro à Daloa et Man afin de débloquer le commerce intérieur et régional dans cette direction et de créer d'intéressantes opportunités commerciales régionales à Daloa et Man. À mesure que ces corridors régionaux se développent, l'accent devrait être mis sur la mise en place d'une logistique, d'infrastructures de distribution et d'institutions dans les villes qui sont des connecteurs régionaux.

Les villes devraient être connectées sur le plan spatial de manière à soutenir les économies d'agglomération qui leur sont propres. Les connecteurs globaux doivent disposer d'infrastructures de classe mondiale qui facilitent la connectivité internationale (ports, aéroports et TIC) et de solides infrastructures interurbaines pour relier les zones industrielles aux sources de matières premières à l'intérieur du pays. Ces objectifs cadrent avec l'ambition du pays de devenir une plaque tournante des transports en Afrique de l'Ouest. La qualité de vie dans ces villes est également essentielle, d'où le rôle central de transports en commun urbains efficaces. Les intrants les plus nécessaires aux connecteurs régionaux sont des systèmes d'échanges commerciaux et de transport qui relient de manière fluide l'économie nationale aux marchés régionaux, avec des coûts de transport plus bas. Du fait que la plupart des connecteurs locaux se trouvent dans des régions principalement agricoles ou tributaires de ressources naturelles avec une urbanisation naissante à faible densité économique, les forces d'agglomération devraient être renforcées par des autorités responsables du marché afin de réglementer l'occupation des terres et les transactions foncières, ainsi que la prestation des services de base.

Il est possible de faire de Yamoussoukro une plaque tournante de la technologie en Afrique de l'Ouest. Comme l'initiative de pôles de croissance pour Abidjan, Bouaké et San-Pédro fait partie intégrante de la stratégie de croissance et de l'emploi de l'État, il est important de la soutenir en établissant un pôle technologique à Yamoussoukro qui s'appuierait sur l'Institut national polytechnique. Les entreprises nationales de technologie (où qu'elles soient situées) et des partenaires privés externes pourraient former un pôle autour de l'Institut polytechnique afin de tirer parti des nombreux travailleurs qualifiés avec des salaires très compétitifs qui y font leurs études chaque année. Cela permettrait d'assurer la connectivité de TIC de classe mondiale pour les trois connecteurs globaux (Abidjan, San-Pédro et Yamoussoukro) et de profiter des innovations récentes en matière de TIC, telles que les MOOC (cours en ligne ouverts à tous), qui pourraient déboucher sur des partenariats avec des universités internationales de renom. Le réaménagement urbain axé sur les technologies, comme l'expérience entreprise actuellement par la ville de New York en coopération avec l'université Cornell pour stimuler la création d'entreprises à forte croissance, pourrait être considéré à Yamoussoukro. L'objectif de New York est d'accroître les chances afin que la prochaine entreprise du style Google, Amazon ou Facebook s'établisse dans cette ville (http://www.nycedc.com/project/applied-sciences-nyc).

Écologisation

Comme le soulignent les exposés ci-dessus sur la planification des villes et les connexions, les décisions relatives aux infrastructures déterminent la forme et le schéma de croissance des zones urbaines, mais leur coût environnemental est rarement pris en compte. Ces coûts peuvent être fort élevés : en Chine, par exemple, les coûts sanitaires de la pollution atmosphérique dans les villes ont été estimés à 3,8 % du PIB (Gill et Kharas 2007). Les autres coûts incluent l'effet domino que peut avoir une ville dans son ensemble sur le développement économique, du fait que les problèmes de santé minent la productivité des travailleurs, que la pollution rend une ville peu attrayante pour les familles, et que les phénomènes météorologiques extrêmes liés aux changements climatiques perturbent les entreprises et détruisent les infrastructures. L'effet d'une mauvaise gestion écologique sur les ouvrages d'infrastructures économiques est palpable. Les ouvrages réalisés sur la base des pluies décennales reçoivent des débits decadécennaux du fait du changement climatique. Les ouvrages de drainage fonctionnent mal parce qu'ils sont encombrés par les déchets.

Les effets environnementaux sont susceptibles d'être amplifiés au fur et à mesure que l'urbanisation prend de l'ampleur et que la richesse augmente. À mesure que les villes croissent, les effets négatifs de la congestion et de la pollution de l'air augmentent en conséquence et nuisent au bien-être et à l'environnement (Whitehead et al. 2010). En outre, au fur et à mesure que les villes ivoiriennes s'enrichissent, la consommation et les déchets associés à chaque résident urbain sont susceptibles d'augmenter et exercent une pression sur les services de gestion des déchets solides, augmentent la pollution et posent des risques sanitaires si cette gestion n'est pas effectuée correctement (Hoornweg et Bhada-Tata 2012). Rendre une ville plus verte exige de songer aux conséquences externes que les décisions d'urbanisme et de gestion peuvent induire. Ignorer ces enjeux pourrait compromettre les acquis difficilement obtenus concernant la qualité de vie.

Aujourd'hui cependant, les carences dans les infrastructures et dans la coordination de l'utilisation des terres exacerbent la pollution urbaine en Côte d'Ivoire et exposent davantage le pays aux catastrophes naturelles. Les villes souffrent sérieusement de services d'assainissement de base, de gestion des déchets solides et d'évacuation des eaux pluviales, si bien que les eaux non traitées provenant des industries et des ménages s'écoulent directement dans les plans d'eau urbains et dans l'océan Atlantique. Cet état de fait exacerbe les problèmes posés par les phénomènes météorologiques extrêmes et le drainage de polluants supplémentaires vers les lacs, les lagunes et l'océan. À Abidjan, plus de 20 personnes sont mortes à cause des inondations durant le seul mois de juin 2014. Une piètre coordination a donné lieu à une évolution de la mobilité urbaine qui tend vers un recours accru à des transports inefficaces du point de vue écologique (voir graphique O.19). Avec l'accroissement du nombre d'engins à moteur, les émissions augmenteront tandis que les espaces verts à l'intérieur et autour des villes, qui aident à filtrer les polluants et à absorber les eaux d'inondations, disparaîtront faute d'une bonne gestion écologique. Par ailleurs, la perturbation de la fréquence de la saison des pluies exige des structures de chaussées assurant une plus longue durée de vie de la route, même si ces structures sont plus onéreuses. Ce n'est malheureusement pas toujours le cas.

La pollution de l'air et de l'eau engendre des coûts élevés. Des infections des voies respiratoires basses, telles que l'asthme et la pneumonie[13], sont liées à la pollution atmosphérique et représentent 6 417 années de vie perdues pour 100 000 à cause d'une invalidité ou d'un décès[14]. La pollution de l'eau est associée à la propagation des maladies d'origine hydrique comme la diarrhée et le choléra, qui comptent parmi les maladies transmissibles causant plus de 50 % de décès chez les adultes et environ 80 % de décès chez les enfants de moins de cinq ans (OMS 2012). Le nombre d'années de vie

Graphique O.19 Consommation d'énergie et émissions de gaz polluants par passager à Abidjan (gramme/trajet)

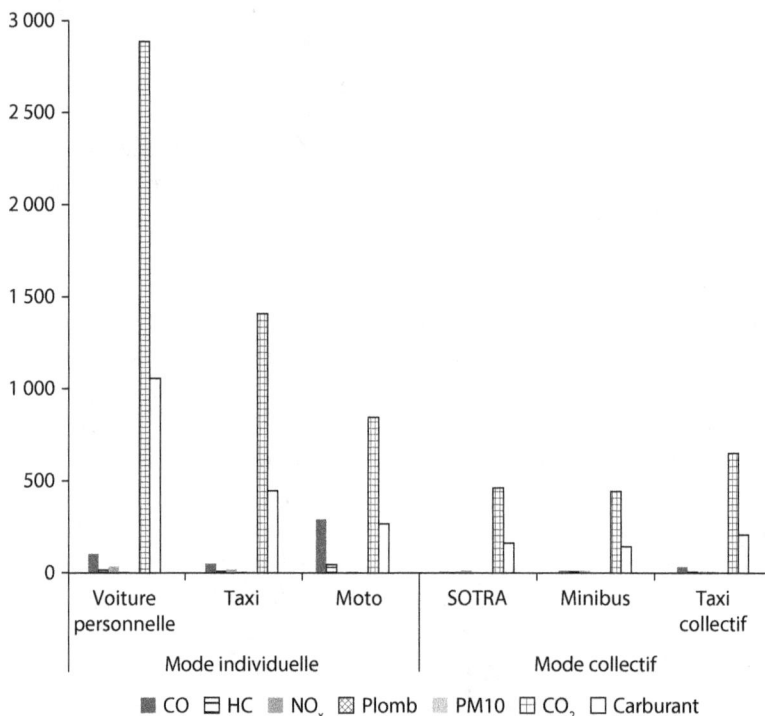

■ CO ⊟ HC ▦ NO$_x$ ▧ Plomb ▨ PM10 ⊞ CO$_2$ ☐ Carburant

Source : Certu (2002) cité dans ONU-HABITAT, Côte d'Ivoire : Profil urbain d'Abidjan.
Remarque : CO = monoxyde de carbone ; HC = hydrocarbure ; PM10 = matière particulaire de diamètre inférieur à 10 micromètres ; NOX = oxyde d'azote ; SOTRA = Société des Transports Abidjanais.

perdues relevant du facteur corrigé d'invalidité du fait de la seule diarrhée s'élève à 7 897 pour 100 000 habitants. Par ailleurs, la pollution peut également affecter la productivité et freiner l'activité économique. En effet, la pollution de l'eau compromet le tourisme, la valeur des propriétés, la pêche et d'autres secteurs qui sont dépendants d'une eau propre. En matière d'accès à l'eau potable, l'exploitation du sable lagunaire par dragage met en péril l'eau potable de la nappe phréatique d'Abidjan dont le dôme de sable protecteur peut éventuellement disparaître.

Réformes prioritaires en matière d'écologisation
Les effets de la pollution et de la dégradation de l'environnement peuvent être atténués grâce à des décisions coordonnées, tournées vers l'avenir et propres au contexte du pays. L'écologisation des villes ne nécessite pas un nouveau modèle. En Côte d'Ivoire, les initiatives d'écologisation prioritaire sont celles qui aident à relever les défis cruciaux du développement de l'ensemble du réseau de villes. Il s'agit d'initiatives qui aideront les villes, individuellement, à anticiper les coûts futurs des décisions prises dès à présent, et qui donneront lieu à des gains d'efficience en renforçant la résilience face aux risques environnementaux. D'autre part,

l'amélioration des prestations de service en matière d'accès à l'eau potable et d'hydraulique villageoise s'impose avec la mise en œuvre du programme d'urgence d'alimentation en eau potable de la ville d'Abidjan (Bonoua ; Songon) et des villes de l'intérieur (Man ; Bouaké ; Bondoukou ; Korhogo ; Gagnoa ; Daloa ; Odienné) ainsi que des zones rurales (réparation et création de pompes villageoises).

Pour les villes qui sont des connecteurs globaux, le virage écologique peut contribuer à améliorer la compétitivité et la productivité de celles-ci. L'économie d'Abidjan et d'autres connecteurs globaux repose sur le commerce international, l'innovation et la productivité. Des taux élevés de pollution menacent la qualité de vie dans ces villes, les rendant peu attrayantes pour les travailleurs qualifiés et leurs familles, et minant la productivité et la qualité de vie. Bien qu'il n'existe pas d'estimations pour les villes ivoiriennes, la Banque mondiale étudie les coûts de la dégradation de l'environnement, qui sont élevés au Nigéria (environ 9 % du PIB) et au Ghana (environ 10 % du PIB) (Bromhead 2012). Les villes côtières sont aussi particulièrement exposées aux catastrophes naturelles, comme les inondations associées à l'élévation du niveau de la mer. Les deux tiers du littoral de la Côte d'Ivoire sont exposés à l'érosion, les données indiquant un recul des sols d'un à deux mètres par an, voire jusqu'à 20 mètres parfois. Des initiatives d'écologisation offrent potentiellement un grand nombre de solutions à ces problèmes. La planification intégrée visant à moderniser les infrastructures de base dans les 144 quartiers d'habitat précaires d'Abidjan peut entraîner un triple gain social, économique et écologique. La protection des espaces verts et ouverts le long du front de mer peut rendre la ville plus attrayante et habitable, tout en constituant une barrière cruciale contre les risques liés aux changements climatiques. En outre, des efforts coordonnés visant à mettre en place un système de transport collectif permettent d'endiguer la congestion et la pollution atmosphérique croissantes, tout en procurant un large éventail d'avantages sociaux et économiques.

Pour les connecteurs régionaux, les politiques écologiques peuvent être menées de concert avec la priorité majeure qui est de soutenir la croissance par les échanges commerciaux et les transports régionaux. L'économie des connecteurs régionaux est fondée sur le commerce régional lié aux industries extractives et aux petites entreprises manufacturières. Mieux cerner l'ampleur des coûts environnementaux et les arbitrages associés à ces activités est déterminant pour utiliser plus efficacement les ressources, et ainsi aider les villes à mettre en œuvre leur planification. Ce processus aidera aussi les villes à économiser sur le long terme en renforçant, à travers des investissements dans les infrastructures, la résilience face aux risques environnementaux : par exemple, les routes devraient être conçues pour résister aux glissements de terrain, à l'érosion côtière et aux fortes pluies, afin d'éviter le gaspillage des deniers publics.

L'expérience internationale démontre qu'il est possible de réduire l'empreinte écologique et d'améliorer l'efficience économique de la petite industrie manufacturière, souvent dans des zones industrielles où des économies d'échelle peuvent être réalisées dans des ouvrages de traitement de la pollution. L'État a déjà recensé les gains économiques et sociaux d'une meilleure réglementation et de la modernisation du transport de marchandises, ce qui pourrait aider à réduire

les coûts écologiques du camionnage. La beauté naturelle et la particularité écologique de régions telles que Man présentent des opportunités économiques qui
sont sous-exploitées, dans un contexte où l'écotourisme est le domaine de l'industrie touristique (TEEB 2010) qui enregistre la plus forte croissance et constitue une importante source d'emplois verts (OCDE 2013).

**En ce qui concerne les villes qui sont des connecteurs locaux, l'adoption d'un
modèle de croissance plus verte dopera les économies de localisation.** Les villes
qui représentent des connecteurs locaux sont importantes dans le système des
villes et dans l'économie nationale, car elles relient les intrants et extrants agricoles
aux marchés. Ces villes doivent rapidement mettre en place les services de base
nécessaires pour soutenir des modèles de croissance durables. La planification
peut aider à considérablement réduire les coûts à long terme du développement
urbain en posant les fondements des infrastructures des services de base tels que
les systèmes d'égout et les routes (voir chapitre 1). Cela permet d'épargner aux
petites villes des coûts futurs inutiles, tels que ceux que subissent à présent des
grandes villes comme Abidjan où, en raison de l'agencement de la ville, les
camions de collecte de déchets solides n'ont pas accès à 40 % des habitations. Les
villes connecteurs locaux peuvent également explorer de nouvelles technologies
pour réduire les coûts des services de base, comme le font de petites villes au
Kenya, en recourant à l'énergie photovoltaïque hors réseau pour l'éclairage public.

**L'État a également un rôle essentiel à jouer pour permettre un développe-
ment écologiquement viable des villes, car les municipalités ne peuvent à elles
seules assumer une telle tâche.** Les autorités centrales peuvent fournir des informations, adopter des mesures d'incitation au changement de comportement et
soutenir un développement plus efficient et durable. Les décideurs et les
consommateurs ont besoin d'informations correctes concernant les coûts écologiques de leurs décisions. L'État peut veiller à ce que ces informations soient
recueillies et diffusées, par exemple en définissant des normes d'établissement de
rapports pour les entreprises, en contrôlant les données nationales sur la qualité
de l'eau et de l'air, et en aidant les villes à mesurer des indicateurs urbains qui
permettent aux ménages, aux entreprises et aux décideurs de prendre conscience
des coûts et des conséquences de leurs décisions. Il peut également assurer la
sensibilisation par le biais des établissements scolaires. Il peut fournir des incitations en créant des réglementations et en utilisant des instruments de prix pour
susciter un changement de comportement dans les entreprises et les ménages.
Bien que l'effet de ces mesures soit difficile à prédire, l'expérience internationale
concernant les normes de carburant et les programmes d'amélioration des véhicules laisse supposer que d'importantes transformations peuvent se produire
grâce à un système intégré bien conçu.

Financement
**Les décideurs ivoiriens devront mobiliser des fonds pour financer les grandes
dépenses d'investissement nécessaires pour fournir les équipements et services
requis à mesure que les villes croissent et que l'urbanisation s'amplifie.** La Côte
d'Ivoire s'est engagée en faveur d'un plan ambitieux de décentralisation suite à

l'adoption de la loi sur la décentralisation de 2012, traduisant la volonté de l'État de placer les communes à l'avant-garde du développement économique local et de la fourniture de services locaux et urbains. La mise en œuvre des réformes se fait néanmoins lentement. Si le cadre juridique actuel prévoit des règles régissant le financement et la gestion financière des collectivités territoriales, les options de financement de ces dernières et les organismes de surveillance de la gestion financière, plusieurs lacunes importantes demeurent, notamment le fait que de nombreuses lois clés n'ont pas encore été adoptées, y compris les décrets d'application relatifs aux fonctions décentralisées et au financement, ni l'établissement d'un cadre de base fiable pour la dotation des collectivités locales en personnel. En général, les lois ne sont pas non plus respectées.

L'autonomie budgétaire des communes ivoiriennes est minée par des incohérences dans le régime de recettes, ce qui affecte à la fois la prévisibilité et le volume des ressources. Au cours de la dernière décennie, les fonds publics transférés aux collectivités territoriales ont décliné et les critères d'allocation des ressources provenant des transferts centraux et de revenus partagés ne sont pas appliqués de manière cohérente. Ces transferts arrivent à n'importe quel moment indu et sont imprévisibles pour la plupart, ce qui réduit la capacité des communes à préparer et à exécuter leurs budgets.

Le fait que les ressources financières ne sont pas transférées en totalité entraîne un financement limité des dépenses d'investissement et de fonctionnement, et une mobilisation insuffisante des ressources propres, même dans les grandes villes. Les collectivités territoriales restent fortement tributaires des revenus partagés et des subventions et transferts de l'État. Leur budget d'investissement pour le développement reste trop faible pour répondre à leurs besoins, et les villes qui sont des connecteurs globaux ou régionaux en souffrent. Par exemple, les revenus directement alloués aux 197 communes entre 2007 et 2013 ont totalisé 374,6 milliards de francs CFA (environ 750 millions de dollars É.-U., voir graphique O.20), soit une moyenne de seulement 0,44 % du PIB (au Ghana, le revenu total a représenté environ 0,9 % du PIB en 2012).

Les financements accordés par l'administration centrale aux communes ont diminué et la dotation en personnel de ces dernières a décru, ce qui rend très difficiles la gestion et l'exécution des fonctions essentielles de la majorité de ces communes selon la loi. En 2014, il existait seulement 348 fonctionnaires réguliers affectés au service de 197 communes du pays, et la part du budget alloué par l'État aux collectivités territoriales a été réduite de moitié, passant de 3,6 % en 2003 à 1,27 % en 2014. La majorité des communes est incapable d'assurer la gestion de base de la programmation générale, de la budgétisation et du processus global d'exécution du budget.

Les ressources financières des communes sont insuffisantes pour permettre l'investissement. L'un des principaux obstacles au financement de l'investissement est la difficulté à mobiliser des fonds propres ou des ressources de l'État et le niveau élevé de l'allocation destinée aux dépenses de fonctionnement. Pour chaque dollar É.-U. de dépenses municipales réalisées entre 2007 et 2013, indépendamment de l'emplacement, 82 cents ont été affectés au

Graphique O.20 Revenus des collectivités territoriales, 2007-2013 (en millions de FCFA)

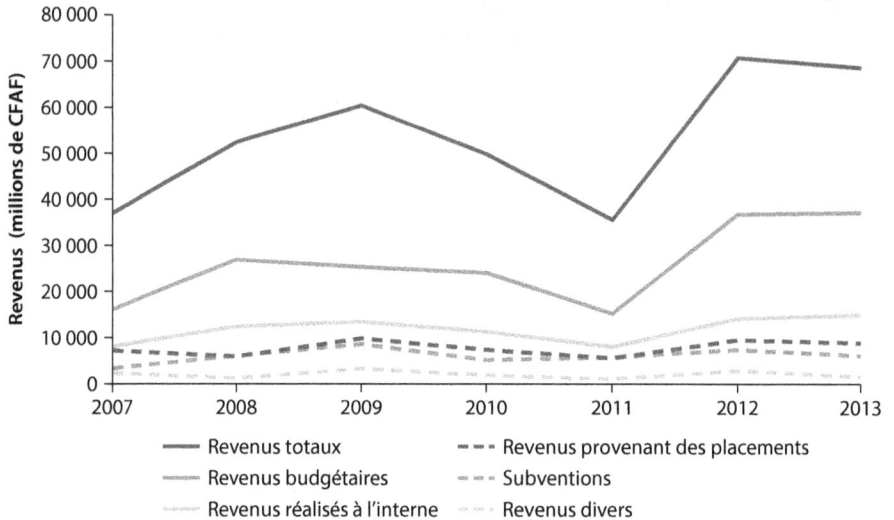

Source : Direction de la Comptabilité Parapublique.

fonctionnement — dont environ 40 cents ont été consacrés aux dépenses de personnel, et seulement 18 cents à l'investissement. Les dépenses de fonctionnement couvrent également les installations, les fournitures et les charges financières. Fait étonnant, les connecteurs locaux et régionaux dépensent davantage en infrastructures que les communes d'Abidjan couvertes par l'enquête. Entre 2007 et 2013, les dépenses de fonctionnement et d'investissement ont été estimées à 83 % pour les communes qui sont des connecteurs régionaux et à 17 % pour celles qui sont des connecteurs locaux, contre 94 % et 6 % pour les communes d'Abidjan, ce qui compromet le rôle de connecteur global de cette ville. Le taux moyen de recouvrement des revenus des investissements est de 71,7 %. La difficulté à mobiliser des ressources est l'une des raisons de l'écart entre les projections et les réalisations sur le plan du développement des infrastructures. L'aide des bailleurs de fonds contribue à combler le déficit. Après des années de crise et de pénurie de financements publics, l'État cherche à présent à mobiliser des ressources extérieures pour financer les infrastructures locales, y compris des dons et prêts concessionnels.

Réformes prioritaires en matière de financement
Les incohérences dans le cadre juridique et institutionnel et dans son application — notamment en ce qui concerne la politique de décentralisation de 2003 — doivent être corrigées d'urgence. La dévolution des compétences ne s'est pas accompagnée d'un transfert de ressources financières et humaines. La loi n° 2003-208 du 7 juillet 2003, portant transfert et répartition des compétences de l'État aux collectivités territoriales, signale 16 domaines de compétence à transférer. Cette répartition des compétences est cependant fondée sur l'ancienne organisation

de l'administration locale avec cinq niveaux de décentralisation. Un autre obstacle est que la mise en œuvre du transfert de compétences conduit parfois à des conflits de compétences entre les entités décentralisées et d'autres organismes publics.

Des lacunes systémiques dans le financement des connecteurs globaux, régionaux et locaux demandent une attention immédiate pour remédier aux problèmes liés au cadre législatif, ainsi qu'au volume et à la prévisibilité des financements. Les finances des collectivités locales et la gestion des finances publiques doivent être améliorées pour que les villes puissent répondre à leurs besoins croissants en matière de financement des infrastructures et des services.

Trois mesures publiques sont à prendre en même temps :

- Tout d'abord, corriger l'inadéquation entre le transfert des compétences et celui des ressources afin que les fonctions déléguées cadrent avec les capacités financières et humaines minimales existantes.
- Deuxièmement, renforcer le système de financement des collectivités locales et revoir les systèmes de transferts budgétaires dans des domaines clés, en réduisant le nombre de transferts et en favorisant l'élargissement et l'amélioration du recouvrement des recettes propres ainsi que l'amélioration de la gestion des finances publiques. Cela implique l'enregistrement de tous les contribuables, l'élargissement de la couverture de l'adressage et des mesures essentielles de consolidation de l'assiette fiscale, la modernisation des registres cadastraux, et la révision des clés de répartition des recettes partagées.
- Troisièmement, promouvoir la collaboration entre les régions, les communes et les entreprises de service public afin de générer des économies d'échelle dans la prestation de services d'infrastructures.

Pour compléter ces interventions, l'État devrait procéder à l'évaluation de l'efficacité des programmes de transfert actuels, consolider la décentralisation administrative afin de permettre une amélioration des performances au niveau des communes, et envisager d'introduire de nouvelles mesures d'incitation à la performance. Ces mesures pourraient inclure : i) l'évaluation de la performance de la Dotation globale financière (DGF) et l'efficacité à absorber et utiliser ces ressources ; ii) l'introduction d'autres subventions au développement ciblées pour les zones urbaines en privilégiant l'introduction de conditions liées au rendement (par exemple dans le recouvrement des recettes, la budgétisation, la planification et la mise en œuvre, la gestion d'actifs et la gestion financière) ; iii) l'application d'un pourcentage fixe du budget national ou des recettes nationales comme ressources à allouer aux communes par le biais de la DGF, dans l'optique d'assurer la prévisibilité des financements ; iv) l'examen de la performance du Fonds de prêts aux collectivités locales et sa pertinence pour le financement des collectivités locales à l'avenir, y compris le règlement des problèmes des dettes municipales existantes ; et v) l'introduction de normes minimales dans toutes les communes en mettant l'accent sur les grandes zones urbaines.

Sur le moyen terme et le long terme, l'État pourrait étudier la viabilité de nouvelles sources de financement supplémentaires pour les connecteurs

globaux et les connecteurs régionaux et locaux solvables. Cela inclut : i) évaluer la viabilité du régime actuel d'emprunt par les communes et déterminer s'il constitue ou non un instrument crédible compte tenu des taux de remboursement actuels qui sont bas ; ii) rechercher dans quelle mesure les communes à Abidjan pourraient devenir suffisamment solvables pour prétendre à des financements infranationaux de la Société financière internationale ; iii) étudier la possibilité de modifier et d'actualiser la législation sur les partenariats public-privé (PPP) afin de permettre aux communes de continuer à participer à des PPP[15] ; iv) enquêter sur les possibilités de financement foncier ; et v) élargir, approfondir et institutionnaliser les mécanismes existants de collaboration intercommunale. Parmi ces nouvelles sources potentielles, les options iii) et v) seraient les plus prometteuses à court et à moyen termes.

Ces instruments de financement innovants exigent une politique budgétaire saine au niveau central afin d'atténuer les risques. L'endettement, par exemple, s'accompagne d'un risque d'insolvabilité, il convient donc de renforcer la gestion du risque financier du pays avant d'aller de l'avant avec ces instruments. De même, des règles budgétaires applicables aux emprunts des administrations infranationales aideraient à ce que les emprunts financent les dépenses en capital et que la capacité de remboursement soit suffisante pour assurer le service de la dette. Et, fait plus important, les villes ont besoin d'assainir leurs finances et d'intégrer les principes de base dès à présent avant d'entreprendre toute action.

Notes

1. À l'exclusion des petits États insulaires.
2. Résultats préliminaires du recensement de la population en 2014.
3. Ades et Glaeser (1995) proposent une analyse empirique qui indique que le niveau élevé des droits de douane et des coûts du commerce intérieur ainsi que le faible niveau des échanges internationaux contribuent à augmenter le degré de concentration urbaine. Le degré d'instabilité favorise aussi généralement la primauté urbaine. La variable politique permet d'expliquer ce phénomène : en effet, les pays sous dictature ont des villes centrales qui sont, en moyenne, 50 % plus étendues que les mêmes villes des pays démocratiques. Cette donnée concrète laisse supposer que la relation de cause à effet va des facteurs politiques à la concentration urbaine et non dans le sens inverse. Dans le cas de la Côte d'Ivoire, le niveau élevé des coûts du commerce intérieur et l'instabilité politique qui est apparue au milieu des années 1990 pourraient expliquer la primauté d'Abidjan.
4. En économie urbaine, la loi de Zipf veut que la taille d'une ville soit inversement proportionnelle à son rang.
5. Les lois n° 80-1180 de 1980 relative à l'organisation municipale, n° 80-1181 portant régime électoral municipal et n° 80-1182 portant statut de la ville d'Abidjan, ainsi que les lois ultérieures ont officiellement provoqué la décentralisation, dont les communes seraient les principaux acteurs.
6. Il sera peut-être plus aisé pour le lecteur de visualiser ce système géographique à l'aide des trois éléments suivants : les *points* (les trois villes d'Abidjan, de San-Pédro et de Yamoussoukro) ; les *lignes* (les trois corridors reliant certaines villes à des marchés

régionaux au nord, à l'est et à l'ouest) ; et les *polygones* (les super-régions qui sont des pôles de développement constituant un réseau de villes secondaires où se trouve la production de cultures vivrières et de rente).

7. Un séminaire technique basé sur le processus d'alignement des équipes s'est tenu les 28 et 29 juin 2014 avec pour objectif de recenser les obstacles et les solutions à un développement urbain intégré. Les participants à ce séminaire étaient des fonctionnaires du rang de directeur au sein de tous les départements ministériels intervenant dans l'urbanisation, des représentants des présidents des associations de communes et régions, des représentants des principales associations du secteur privé, ainsi que des représentants du Parlement et du Conseil économique et social.

8. Aide-mémoire de mission, Banque mondiale 2014.

9. Contrairement aux zones d'habitat informel ou spontané, comme les bidonvilles.

10. Le taux d'accès est calculé sur la base du revenu quotidien national par personne et en considérant un ménage de trois personnes dans un studio. Avec un loyer de 189 dollars É.-U. (de la tranche la plus basse) et une dépense maximale de 40 %, seule une petite proportion du sommet de la pyramide gagnant plus de 4 dollars É.-U. par jour peut se permettre de tels frais de loyer.

11. Calculs des auteurs fondés sur OpenStreetMap et Commission européenne, *Global Human Settlements Layer*. Voir www.openstreetmap.org, Seules les rues revêtues ont été prises en compte, selon la classification d'OpenStreetMap.

12. Bien que la JICA aide l'État à formuler le schéma directeur des transports pour la région du Grand Abidjan.

13. Tel que mesuré par la Global Burden of Disease Study, un projet de collaboration réunissant près de 500 chercheurs travaillant dans 50 pays, sous la houlette de l'Institut de métrologie et d'évaluation sanitaires de l'Université de Washington.

14. Le nombre d'années de vie corrigées du facteur invalidité (AVCI) combine les années de vie perdues pour cause d'invalidité avec les années de vie perdues en raison de décès pour causes précises.

15. Les collectivités territoriales se tournent davantage vers des formules de construction-exploitation-transfert pour pallier l'insuffisance du financement des infrastructures génératrices de revenus. Ce système a été appliqué à la construction de marchés, d'étals et de kiosques. À Adjamé, un marché de 12 milliards de francs CFA a été construit et financé entièrement par la Société ivoirienne de concept et de gestion, qui exploitera le marché pendant 25 ans pour ensuite le rétrocéder à la commune. Des opérations similaires sont menées à Treichville, Sinfra et Daloa.

Références

Ades, A., et E. Glaeser, 1995. « Trade and circuses: explaining urban giants ». *Quarterly Journal of Economics* 110: 195 – 228.

Banque mondiale. 2009. *World Development Report 2009: Reshaping Economic Geography*. Washington, DC : Banque mondiale.

———. 2015. « Program Information Document, Appraisal Stage : Regional Trade Facilitation and Competitiveness DPO, Republic of Burkina Faso and Republic of Côte d'Ivoire ». Rapport No. 95668-AFR AB7721. Banque mondiale, Washington, DC.

Bromhead, Marjory-Anne, 2012. *Enhancing competitiveness and resilience in Africa: an action plan for improved natural resource and environment management*. Washington : Banque mondiale.

CAHF (Centre for Affordable Housing Finance in Africa). 2014. *Housing Finance in Africa Yearbook 2014*. Parkville, Afrique du Sud : CAHF.

Coulibaly, Souleymane, Jacques Esso, Charles Fe Doukoure, et Desire Kanga. 2014. « Revue de l'urbanisation : analyse économique ». Document de référence pour la présente étude.

Dobbs, Richard, Jaana Remes, James Manyika, Charles Roxburgh, Sven Smit, et Fabian Schaer. 2012. *Urban World: Cities and the Rise of the Consuming Class*. Rapport de McKinsey Global Institute, McKinsey & Company.

ENSEA (École Nationale Supérieure de Statistique et d'Économie Appliquée d'Abidjan). 2014. « Repositioning Cities Based on their Comparative Advantage ». Document de référence pour la présente étude.

Gill, Indermit, et Homi Kharas. 2007. *An East Asian Renaissance: Ideas for Economic Growth*. Washington, DC : Banque mondiale.

Glaeser, Edward L., Jed Kolko et Albert Saiz, 2001, « Consumer City », *Journal of Economic Geography* 1 (2001), pp. 27 – 50.

Hoornweg, D., et P. Bhada-Tata. 2012. *What a Waste: A Global Review of Solid Waste Management*. Banque mondial, série de développement no. 15. Washington, DC : Banque mondiale.

INS (Institut National de la Statistique). 1998. *Recensement Général de la Population et de l'Habitation*. Abidjan : Institut National de la Statistique.

———. 2002. *Enquête sur le Niveau de Vie des Ménages de Côte d'Ivoire*. Abidjan : Institut National de la Statistique.

———. 2008. *Enquête sur le Niveau de Vie des Ménages*. Abidjan : Institut National de la Statistique.

INS (Institut National de la Statistique) et ICF International. 2012. Enquête Démographic et de Santé et à Indicateurs Multiples de Côte d'Ivoire 2011–2012. Calverton, MD : INS et ICF International.

Jedwab, Remi. 2013. "Urbanization without Structural Transformation: Evidence from Consumption Cities in Africa." mimeo, George Washington University.

JICA (Japan International Cooperation Agency). 2014. Document de référence pour le Schéma Directeur du Grand Abidjan. JICA.

Lasset, Biko Nick, 1987. « La crise de logement à Abidjan ». Rapport.

Legendre, R. 2014. *Recommandations pour l'Optimisation des Modes Opératoires de Délimitation de Territoires Villageois et de Certification Foncière*. Rapport final phase 1. Washington, DC : Banque mondiale.

Liu, L., et Pradelli. 2012. « Financing Infrastructure and Monitoring Fiscal Risks at the Subnational Level ». Document de travail de recherche sur les politiques de la Banque mondiale n° WPS60692. Banque mondiale, Washington, DC.

Loba, Binde Fernand, 2011. « La problématique des quartiers précaires dans la ville d'Abidjan ». Mémoire de Master à l'INPHB (Institut national polytechnique Félix Houphouët-Boigny), Yamoussoukro.

Lozano-Gracia, Nancy, et Cheryl Young. 2014. "Housing Consumption and Urbanization." Document de travail de recherche sur les politiques de la Banque mondiale no. 7112, Banque mondiale, Washington, DC.

Ministère du plan et du développement, 2006. « Pré-bilan de l'aménagement du territoire ». Étude réalisée par la Direction Générale du Développement Économique Régional, Abidjan.

Nations Unies. 2011. *World Urbanization Prospects: The 2011 Revision.* New York: Nations Unies.

OCDE (Organisation de coopération et de développement économiques), 2013. « Future Flood Losses in Major Coastal Cities », *Nature Climate Change Magazine.*

OMS (Organisation mondiale de la santé). 2012. « Health Indicators of Sustainable Cities. » Premières conclusions d'une consultation des expert d'OMS du 17 au 18 mai. http://www.who.int/hia/green_economy/indicators_cities.pdf.

ONU-Habitat (Programme des Nations Unies pour les établissements humains). 2012. *Côte d'Ivoire: Profil Urbain d'Abidjan.* ONU-Habitat.

———. 2013a. *The Relevance of Street Patterns and Public Space in Urban Areas.* Document de travail. ONU-Habitat.

———. 2013b. *Streets as Public Spaces and Drivers of Urban Prosperity.* ONU-Habitat.

Peterson, G. E., et O. Kaganova. 2010. « Integrating Land Financing into Subnational Fiscal Management ». Document de travail de recherche sur les politiques de la Banque mondiale n° WPS5409. Banque mondiale, Washington, DC.

Schäfer, A. 1998. « The Global Demand for Motorized Mobility. » *Transportation Research A* 32 (6) : 455 – 77.

TEEB (The Economics of Ecosystems & Biodiversity), 2010. « L'économie des écosystèmes et de la biodiversité: Intégration de l'économie de la nature: Une synthèse ». Genève : TEEB.

USAID (United States Agency for International Development). 2013. « Land Tenure Côte d'Ivoire Profile. » USAID Land Tenure and Property Rights Portal (consulté le 3 séptembre 2014), http://usaidlandtenure.net/cote-divoire.

WBCSD (World Business Council for Sustainable Development). 2001. *Mobility 2001: World Mobility at the End of the 20th Century and Its Sustainability.* Geneva: WBCSD.

Whitehead, Christine, Rebecca L. H. Chiu, Sasha Tsenkova, et Bengt Turner. 2010. « Land Use Regulation: Transferring Lessons from Developed Economies. » Dans *Urban Land Markets: Improving Land Management for Successful Urbanization*, edité par S. Lall, M. Freire, B. Yuen, R. Rajack, et J. Helluin, 51–70. Dordrecht, Pays-Bas : Springer, Banque mondiale.

Yeo, Homiegnon. 2014. « Étude des axes intégrateurs ». Document de référence pour la présente étude.

CHAPITRE 1

Planifier les villes

Alexandra Le Courtois, Dina Ranarifidy, Andrea Betancourt,
et Annie Bidgood

Introduction

La planification urbaine devrait être fondée sur une vision claire et bien formulée des ambitions de développement urbain du pays et de certaines localités. Le dialogue sur la politique d'urbanisation devrait s'inscrire dans la vision du développement du pays au sens large, car le développement se réalise dans des lieux bien précis et non dans l'abstrait. Il est donc nécessaire de mener un large débat public sur les buts et objectifs de l'urbanisation nationale, régionale et locale avant d'élaborer et d'appliquer des instruments de mise en œuvre. Pour répondre en partie à cet impératif, la présente étude a engagé un dialogue tripartite sur les politiques (pouvoirs publics, administrations infranationales et secteur privé) afin d'aider à formuler une vision commune de l'urbanisation en Côte d'Ivoire[1]. Ces interlocuteurs estiment qu'une urbanisation réussie devrait déboucher sur des « villes planifiées, structurées, compétitives, attractives, inclusives et organisées autour de pôles de développement ». Cette vision suppose que pour soutenir la croissance et la création d'emplois, les décideurs aux niveaux central, régional et municipal doivent coordonner leurs actions afin de promouvoir une urbanisation diversifiée grâce à une meilleure planification, à de meilleures connexions, à une prise de conscience écologique, et à des solutions de financement des besoins croissants pour le développement de ces villes.

L'urbanisme et la gestion de l'espace ont une grande incidence sur les coûts et la disponibilité des terres à des fins commerciales et résidentielles, ainsi que sur la qualité de vie en milieu urbain. Des marchés immobiliers compétitifs sont essentiels au développement socioéconomique local et à la productivité urbaine. Un urbanisme réussi permet aux marchés immobiliers d'évaluer le risque d'investissement, réduit les incertitudes en fixant des règles transparentes et égales pour tous les acteurs concernés, et donne aux pouvoirs publics la possibilité de protéger l'intérêt public sans décourager l'investissement privé. Une gestion efficace de l'espace par les collectivités locales est un outil qui permet de mettre en œuvre une planification urbaine judicieuse en assurant une allocation efficiente des terrains urbains qui favorise aussi des externalités positives et les biens publics (par exemple, les espaces verts), et limite les externalités négatives (comme la congestion). L'urbanisme et la gestion de l'espace exigent tous deux que l'administration centrale établisse un cadre législatif favorable, et délèguent les compétences voulues aux collectivités locales, tout en veillant à ce que celles-ci aient des capacités de mise en œuvre suffisantes.

Les problèmes d'urbanisme et de gestion de l'espace en Côte d'Ivoire proviennent de la croissance et de l'extension informelle des villes qui de surcroît sont dépourvues d'infrastructures et de services de base. Face à la croissance démographique et après une décennie de conflit interne, l'État devrait investir dans les infrastructures. Il devrait également élargir la couverture de ses services avec l'aide des autorités compétentes de la ville, faire correspondre la prestation de services à l'extension urbaine, améliorer les quartiers denses et moderniser les structures existantes, et continuer à travailler sur les programmes de logement tout en maintenant les connexions vers les centres économiques. La planification et l'amélioration des services publics, ainsi que la promotion de l'accès au logement pour les populations à faible revenu, passeront par une coordination politique entre différents échelons de l'administration. Des autorités locales plus fortes peuvent faire appliquer les réglementations d'urbanisme et cibler les besoins de leurs populations.

État actuel du développement urbain en Côte d'Ivoire

Les villes ivoiriennes croissent rapidement, ce qui compromet la qualité de vie des habitants et la productivité de ces zones urbaines. Elles croissent et s'étendent, mais se développent aussi de manière informelle, sans raccordement aux infrastructures et services de base, pour deux raisons principales : en premier lieu parce que les terrains sont peu disponibles en raison de la complexité du régime foncier ; en second lieu parce que la croissance des villes n'est pas en adéquation avec la fourniture de services de base et l'accès aux logements à loyer modeste. La mauvaise planification est exacerbée par plusieurs facteurs : l'absence de règles d'urbanisme actualisées (et leur application) ; le manque d'informations largement diffusées nécessaires à la prise de décision ; une coordination institutionnelle insuffisante et une gouvernance qui laisse à désirer, en particulier au niveau local. La planification est nécessaire pour garantir que l'utilisation du sol soit coordonnée avec la fourniture d'infrastructures répondant aux besoins actuels et projetés.

Croissance démographique

Le taux de croissance de la population urbaine en Côte d'Ivoire est équivalent à celui d'autres pays de la région. Selon les estimations de la Banque mondiale, le taux de croissance de la population urbaine était de 3,8 % (Banque mondiale 2015) en 2013, ce qui suppose que la population urbaine totale doublera tous les 19 ans. Ce taux de croissance est supérieur ou égal à celui de nombreux pays d'Afrique de l'Ouest, dont la Guinée (3,8 %), le Bénin (3,7 %), le Cameroun (3,6 %), le Sénégal (3,6 %), le Ghana (3,4 %) et le Libéria (3,2 %). C'est également le cas de la plus grande ville de Côte d'Ivoire, Abidjan. Selon l'Organisation des Nations Unies (ONU), Abidjan atteindra 7,8 millions d'habitants d'ici 2030, soit un doublement de la population en moins de 25 ans (voir graphique 1.1 ci-après).

Dans l'ensemble, la croissance des plus grandes villes de la Côte d'Ivoire a quelque peu ralenti depuis les années 1970, mais à des degrés divers (INS 2014). La croissance annuelle moyenne du Grand Abidjan (y compris Anyama) a été de 5,6 % entre 1975 et 1988, mais de seulement 2,7 % de 1999 à 2014 (voir graphique 1.2). En ce qui concerne les connecteurs régionaux, les taux de croissance de Daloa ont chuté d'environ 5,5 % par an (de 1975 à 1988) à 2,8 % (de 1998 à 2014), tandis que Korhogo a inversé la tendance : sa croissance est passée de 7 % entre 1975 et 1988, à 2,6 % entre 1988 et 1998, puis à 3,5 % de 1998 à 2014. Les autres connecteurs globaux (Yamoussoukro et San-Pédro) et régionaux (Bouaké et Man), qui comptent chacun plus de 100 000 habitants, croissent tous actuellement au rythme de 1 % et 1,8 % par an, ce qui signifie qu'il leur faudra plus de 40 ans pour doubler leur population.

Contrairement à la croissance démographique, les superficies totales bâties de ces villes stagnent ou n'augmentent que légèrement, d'où leurs densités plus élevées. Ce n'est que dans les villes de Bouaké et de Man que les taux d'extension spatiale ont dépassé les taux de croissance démographique[2]. En effet, dans toutes les villes à l'exception de Man, le taux d'extension était inférieur à 2 % durant la période 2000–2014. En ce qui concerne le Grand Abidjan, dont le taux d'extension

Graphique 1.1 Abidjan affiche un rythme de croissance qui dépasse celui des villes comparables d'Afrique de l'Ouest

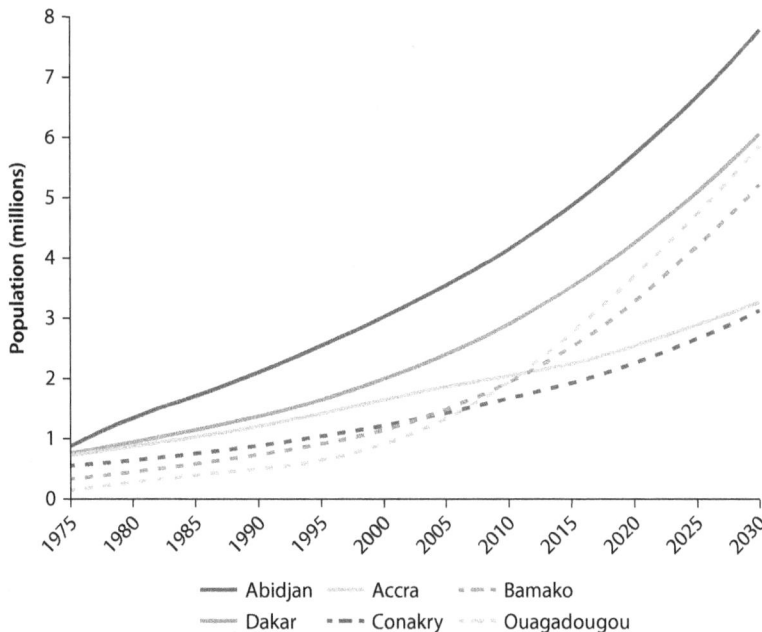

Source : Division de la population de l'Organisation des Nations Unies.

L'Urbanisation diversifiée • http://dx.doi.org/10.1596/978-1-4648-0869-2

Graphique 1.2 Dans la plupart des grandes villes, la croissance annuelle de
la population dépasse l'extension de superficie des terres, ce qui entraîne la
densification

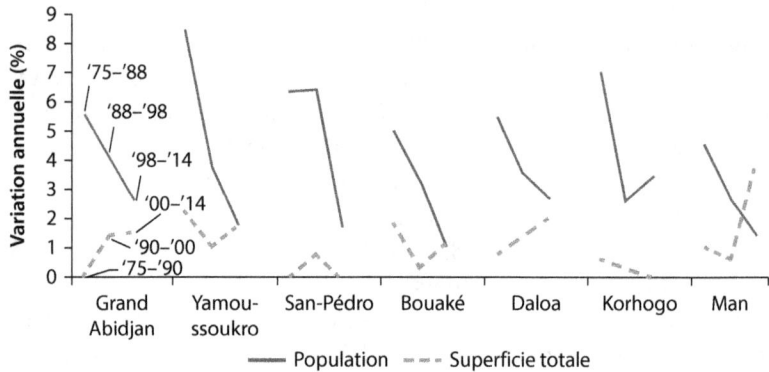

Source : INS (2014) ; Calculs des auteurs fondés sur Pesaresi et al. 2012.
Remarque : La ville de Gagnoa a été omise faute de données.

est de 1,6 % par an, il faudrait 45 ans pour doubler la superficie bâtie. Le
graphique 1.2 ci-dessus compare la croissance de la population et l'extension
des zones bâties pour les périodes suivantes : 1975–1990, 1990–2000 et
2000–2014. Comme la croissance démographique continue de dépasser l'extension spatiale, ces villes verront leur densité augmenter, ce qui posera des défis de
disponibilité de logements convenables et de mobilité. Les villes ne sont certes
pas toutes tentaculaires, mais tout nouvel aménagement se fait souvent de façon
informelle et sans raccordement aux infrastructures et services de base.

**La densité seule ne suffit pas à récolter les fruits de l'urbanisation, parmi
lesquels les économies d'agglomération, une baisse des coûts du transport et
une productivité plus élevée, pour ne citer que ceux-ci.** La densité sans qualité
de vie peut en réalité contribuer à des « dés-économies » d'échelle, telles que la
surpopulation, la congestion, le coût de vie élevé, l'insuffisance des services
urbains et la dégradation de l'environnement. Une comparaison entre Singapour
et Lagos fait ressortir un contraste marqué entre la densité et la condition de vie.
Ces deux villes sont de taille et de densité de population similaire, mais elles
se trouvent aux antipodes du spectre de la condition de vie (voir graphique 1.3)
(Centre for Liveable Cities and Urban Land Institute 2013). À Lagos, le logement formel élémentaire est largement inabordable et les deux tiers de la
population vivent dans des bidonvilles. Ces ménages sont en outre davantage
exposés aux inondations qui touchent fréquemment de larges étendues de la
ville. Les infrastructures existantes se dégradent faute d'entretien, et les besoins
d'investissement actuels dépassent de loin les capacités budgétaires de la ville. À
l'inverse, Singapour a réussi à convertir sa densité en condition de vie correcte et
en prospérité économique, grâce à une planification intégrée, bien coordonnée et
s'inscrivant sur le long terme. Dans les décennies qui ont suivi l'indépendance, la
ville a jugulé une grave crise du logement, réaménagé son front de mer et attiré

Graphique 1.3 Les villes denses ne sont pas toutes habitables

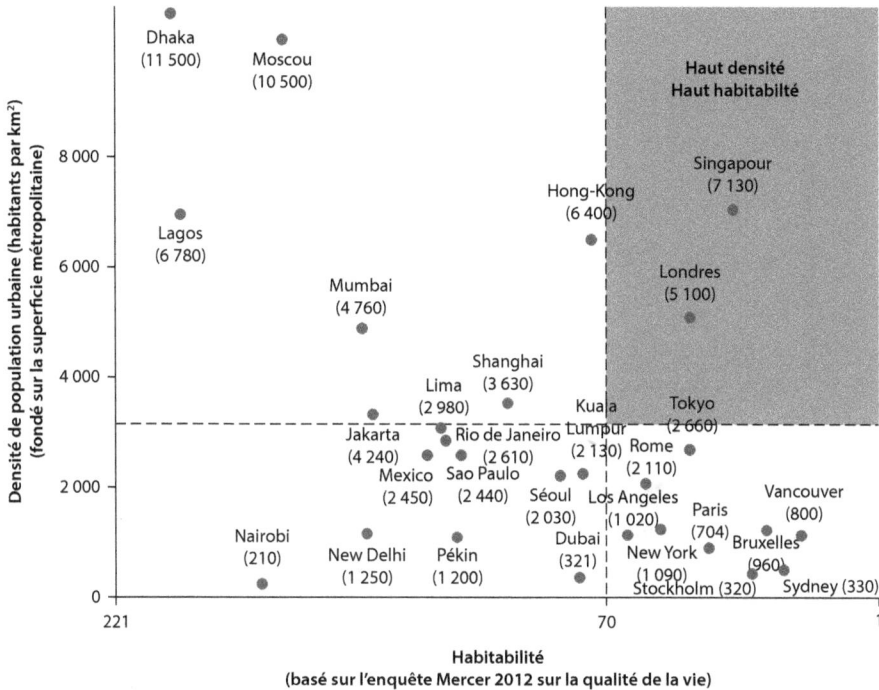

Source : Centre for Liveable Cities and Urban Land Institute (2013).
Remarque : CLC = Centre for Liveable Cities.

les investissements privés vers un centre commercial moderne et dynamique. Aujourd'hui, la moitié de la superficie de Singapour est affectée à des espaces verts et publics. Les autorités investissent régulièrement dans l'amélioration des infrastructures et réservent de grandes parcelles de terrain à des projets futurs tels que les transports publics. Pour ces raisons notamment, Singapour se place régulièrement en tête des classements des enquêtes mondiales sur les conditions de vie, alors qu'en Côte d'Ivoire, l'accès aux infrastructures urbaines comme l'assainissement amélioré diminue dans les zones urbaines, ce qui freine davantage l'investissement privé dans le logement (voir graphique 1.4).

Infrastructures urbaines et accès aux services essentiels
La croissance et la densification des villes ivoiriennes ne s'accompagnent pas d'une amélioration du niveau de vie. Au fur et à mesure que les villes de Côte d'Ivoire croissent et augmentent en densité, beaucoup d'entre elles se trouvent aux prises avec les principaux aspects des conditions de vie, notamment la fourniture de services de base et l'accès à des logements convenables et abordables. Les ménages dans les zones urbaines doivent faire un choix cornélien entre, d'une part, des conditions de vie onéreuses dans des quartiers surpeuplés du centre-ville où les services existent et, d'autre part, les quartiers de la périphérie urbaine (souvent informels) non viabilisés et où de surcroît le coût du transport est exorbitant.

Graphique 1.4 Accès à des services d'assainissement amélioré, Côte d'Ivoire

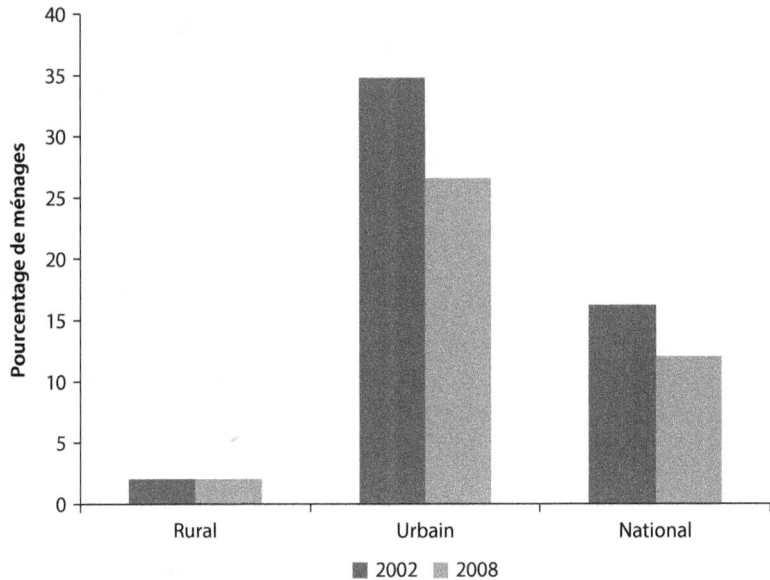

Source : INS 2002 et 2008.

La mobilité et l'accès aux services sont entravés par l'insuffisance de voies urbaines. Un quadrillage de rues dense et bien agencé est essentiel à la connectivité, à la productivité, à la qualité de vie et à l'inclusion sociale. Parce que les rues fonctionnent souvent comme un droit de passage public pour d'autres systèmes, leur couverture est aussi un indicateur de l'accès à des services de base comme l'eau et l'assainissement, la collecte des déchets solides et le drainage approprié des eaux pluviales pour prévenir les inondations. Dans une étude mondiale, ONU-HABITAT a estimé que des villes vivables et compétitives sont celles qui sont dotées d'au moins 20 kilomètres de routes revêtues au kilomètre carré (ONU-HABITAT 2013a ; ONU-HABITAT 2013b). À l'inverse, les plus grandes villes de Côte d'Ivoire affichent des densités de rue comprises entre 2,1 km et 10,5 km par kilomètre carré. Certaines villes se classent un peu mieux sur le plan de la densité de la voirie par rapport à la population : il en existe jusqu'à 824 mètres pour 1 000 habitants dans le Grand Abidjan. Cet indicateur d'accès est supérieur à celui de la plupart des grandes villes africaines (300 mètres pour 1 000 habitants en moyenne), mais il reste inférieur à celui de villes d'Asie et d'Amérique latine et des Caraïbes (généralement plus de 1 000 mètres pour 1 000 habitants). L'un des avantages de la densité croissante des villes ivoiriennes tient au fait que la voirie y est généralement mieux connectée que dans les « villes modernes urbanisées » à faible densité comme Brasilia. Le Grand Abidjan, Yamoussoukro et Bouaké comptent tous plus de 100 intersections au kilomètre carré, soit le seuil recommandé par ONU-HABITAT. Le graphique 1.5 établit une comparaison des connecteurs globaux et des connecteurs régionaux au plan de la couverture de la voirie.

Graphique 1.5 De nombreuses grandes villes disposent d'une voirie insuffisante

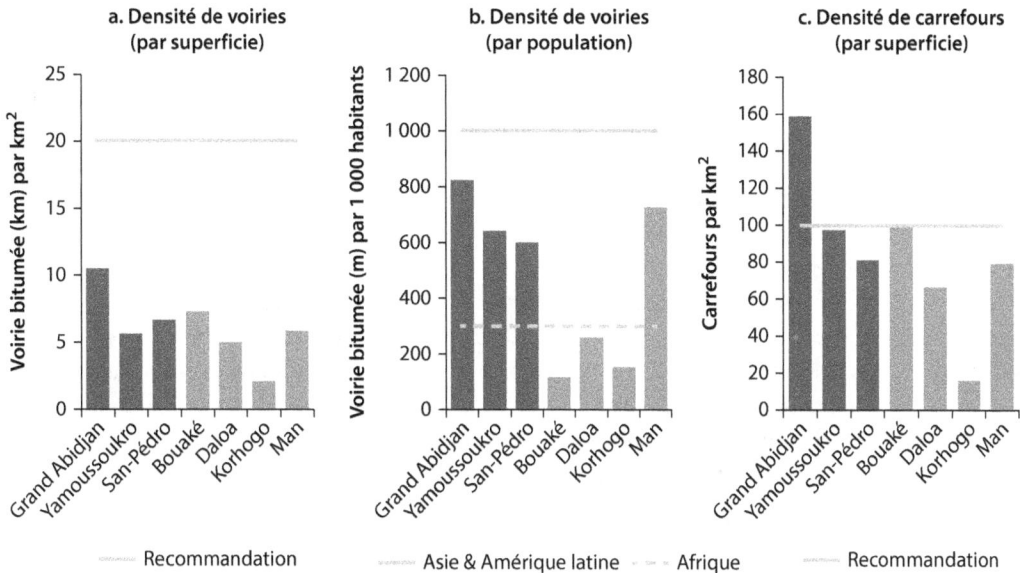

a. Densité de voiries (par superficie)

b. Densité de voiries (par population)

c. Densité de carrefours (par superficie)

Recommandation   Asie & Amérique latine - - - Afrique   Recommandation

Source : Calculs des auteurs fondés sur OpenStreetMap 2015 et Pesaresi et al. 2012, ONU 2013a, 2013b.
Remarque : km = kilomètre ; m = mètre.

La pression accrue exercée sur l'alimentation en eau potable expose davantage les citadins pauvres à la vulnérabilité. Bouaké, par exemple, accuse un déficit de production journalière d'eau potable (à partir d'une seule source) de 3 000 m^3, ainsi qu'un déficit de couverture de la fourniture d'électricité. La plupart des fontaines étant en panne dans les zones urbaines, de nombreux habitants sont contraints d'acheter de l'eau potable à des vendeurs informels, ce qui les expose à la flambée des prix et à la consommation d'une eau insalubre ou obtenue illégalement. En effet, la Société de distribution d'eau de Côte d'Ivoire (SODECI) a accusé les vendeurs d'eau informels de siphonner l'eau de ses conduites la nuit (Kouassi, 2011 et 2012).

Les infrastructures et les services de base sont inégalement répartis dans les villes. Il ressort des audits urbains réalisés dans les villes ivoiriennes en 2013 que les centres-villes et les quartiers formels sont suffisamment dotés d'infrastructures et de services publics, à l'opposé des quartiers périurbains et informels (voir encadré 1.1). Ces audits ont également noté que la croissance des zones périurbaines a été marquée par l'absence d'infrastructures de base. À San-Pédro par exemple, 31,5 % du paysage urbain de la ville est occupé par des quartiers informels (logement) qui ont un accès limité aux services de base. À Bouaké, les quartiers périurbains s'agrandissent sans avoir accès à l'eau et à l'électricité (même si dans les quartiers formels/le centre-ville, les infrastructures se dégradent aussi). Dans les communes d'Abidjan couvertes par les audits (notamment Yopougon, la plus grande des communes), plus de la moitié des quartiers résidentiels bénéficient d'un accès limité aux infrastructures et services publics.

Encadré 1.1   Audits urbain, financier et organisationnel de 10 communes en Côte d'Ivoire

En 2013, la Banque mondiale a aidé le Ministère des infrastructures économiques à réaliser les audits de 10 villes pour évaluer l'état urbain, financier et organisationnel des communes et les besoins en infrastructures, en fourniture de services de base et en équipements sociaux et récréatifs (éducation, santé et sports). Les communes ayant fait l'objet de ces audits sont : San-Pédro, Bouaké, Kohogo, Divo, Yopougon, Port-Bouët, Koumassi, Adjamé et Abobo (les cinq dernières étant des communes du district d'Abidjan).

Ces audits avaient pour objet d'étudier le fonctionnement des communes et de recenser leurs points forts et leurs possibilités de développement, mais aussi de mettre en évidence les points faibles et les principaux dysfonctionnements. Chacun de ces audits très détaillés comprenait trois grands volets : urbain, organisationnel et financier. Le volet urbain porte sur les caractéristiques démographiques, l'emploi et la croissance économique, les modèles d'aménagement du territoire, l'accès aux infrastructures et aux services de base, ainsi que les investissements récents et prévus. Le deuxième volet est consacré à l'organisation de la collectivité locale, au cadre juridique en place, aux conséquences de la déconcentration et de la décentralisation, et aux capacités techniques de prestation de services. Le dernier volet présente une analyse de la situation financière de la collectivité locale, couvrant notamment les ressources financières, les dépenses, les grands investissements, la capacité à exécuter les budgets et le degré de transparence.

Source : Audits urbains, 2013.[a]

a. Les audits urbains sont une série de rapports qui a été le produit du projet PUIUR (Projet d'Urgence des Infrastructures Urbaines, P110020) en Côte d'Ivoire.

Les crises sociopolitiques survenues depuis le coup d'État militaire de 1999 ont affecté la fourniture et la qualité des services de base. À Abidjan, par exemple, avant la rébellion de 2002, la couverture de l'alimentation en eau était estimée à 75 %. Après 2002, elle a baissé à 56 % alors que la ville se démenait pour fournir des services de bases à un million d'Ivoiriens déplacés. Ces pressions ont contribué à accélérer la détérioration des équipements. Depuis 2002, la gestion des déchets dans les villes s'est considérablement dégradée : la production journalière de déchets solides dans les villes a augmenté, passant de 2 500 tonnes en 2002 à 3 600 tonnes en 2014, mais les taux de collecte ont fortement chuté (Banque mondiale, Analyse environnementale pays (CEA)), ce qui donne lieu à un trop-plein dans les centres de collecte, à la prolifération de décharges à ciel ouvert et à l'aggravation des risques pour la santé et la sécurité publiques. Il est difficile d'accéder à plus de 40 % des ménages désormais en raison de la dégradation de l'état des routes, ce qui ramène le taux de collecte global dans le district d'Abidjan à 70 % (Banque mondiale, Analyse environnementale pays (CEA)). Dans d'autres villes comme Bouaké, les services de pré-collecte sont bien organisés et financés par le paiement de factures mensuelles ; cependant, les infrastructures existantes sont insuffisantes et inadaptées à la collecte de toutes les ordures produites. La décharge d'Akouédo, qui reçoit plus de 1,2 million de tonnes de déchets par an, n'est pas conforme aux normes internationales et est devenue trop petite pour enfouir les déchets solides d'Abidjan, ce qui augmente les risques pour la santé publique et l'environnement (Banque mondiale, Analyse environnementale pays (CEA), à paraître ; BURGEAP 2009). Le système de gestion des déchets du pays repose actuellement sur l'appui des pouvoirs publics et les paiements effectués par les habitants d'Abidjan.

Déjà déficientes, les infrastructures dans les villes se sont considérablement dégradées et requièrent des investissements d'urgence. Les infrastructures physiques pour la plupart des services de base (eau potable, assainissement, collecte des déchets et électricité) ont été sérieusement endommagées pendant la crise politico-militaire et n'ont pas été entretenues ou améliorées au cours des 10 à 15 dernières années. Dans les petites villes (connecteurs locaux) et communes de la zone métropolitaine d'Abidjan (connecteur global) ainsi que dans les villes régionales (connecteurs régionaux), la plupart des infrastructures (routes, électricité, adduction d'eau potable, systèmes de drainage et réseau d'assainissement) ont été construites avant la crise et ont bénéficié de peu d'investissements en entretien depuis 2009. Les réseaux d'électricité qui desservent jusqu'à la moitié de la population urbaine sont déficients, ce qui contraint les habitants à avoir recours à des raccordements informels et illégaux, mettant en péril la sécurité de leurs quartiers. À San-Pédro, la fourniture d'électricité couvre moins de la moitié des quartiers de la commune ; à Korhogo, l'éclairage public ne couvre qu'un quart de la ville. Dans les communes d'Abidjan, les déficits sont principalement liés au drainage et à l'assainissement. La gestion des déchets pâtit également de graves carences et de la médiocrité des performances d'une ville à l'autre.

Le défi du logement

Après le retrait de l'État des opérations d'aménagement du territoire et de construction de logements dans les années 1980, le pays a connu une grave crise du logement qui a été exacerbée par les crises sociopolitiques de la fin des années 1990 et des années 2000. La crise du logement se traduit par la prolifération de zones d'habitat informel, des loyers élevés, et le non-respect des normes d'aménagement et de construction en milieu urbain. Le cadre de vie dans les villes de la Côte d'Ivoire, en particulier Abidjan, s'est détérioré au cours des crises en raison du manque d'investissements dans les infrastructures urbaines et de l'augmentation de la pauvreté. Le marché du logement à Abidjan ne répond pas aux besoins de la population et a atteint un point critique. Les prix, en particulier dans le secteur de la location (ce qui concerne les trois quarts de la population) augmentent rapidement, rendant le logement moins abordable, ce qui est symptomatique d'un déficit de logements dans des zones bien situées.

Selon les sources, le déficit total de logements se situerait entre 400 000[3] et 600 000 unités (CAHF 2014) — et il ne cesse d'augmenter. Ce déficit est concentré dans les villes, dont la moitié s'applique à Abidjan. Au regard de la surpopulation à Abidjan, le déficit quantitatif y est très élevé. Mais le déficit qualitatif est encore plus important : le manque d'accès aux services de base et le peu de sécurité de la propriété foncière sapent souvent la confiance des ménages en l'avenir et les dissuade d'investir dans une maison, si bien qu'une grande partie du parc de logements n'est pas reliée aux services de base et est construite en matériaux provisoires. Les deux tiers environ du parc de logements principaux ont des murs construits en matériaux définitifs, mais moins de 4 % d'entre eux sont équipés d'un toit en matériau définitif (Nancy Lozano-Gracia et Cheryl Young 2014). L'investissement dans l'assainissement (principalement réalisé par les ménages) est également insuffisant : en 2008, 27 % seulement des ménages avaient accès à des latrines à chasse d'eau ou améliorées, affichant un recul par rapport à 2002 (INS 2008) où ce chiffre s'élevait à 35 %.

Les connecteurs régionaux et globaux pâtissent d'un manque de logements avec services de base, ce qui contribue à la pénurie de logements de qualité. Bien que pratiquement 90 % de la population ait accès à l'électricité en milieu urbain, le raccordement au réseau d'adduction d'eau est de 72 %, une baisse de 7 points entre 1998 et 2011 (INS et ICF 2012), principalement dans les villes secondaires. Dans plusieurs villes, la proportion de quartiers formels/organisés est importante, mais les logements sont cruellement sous-desservis et sous-entretenus et se détériorent en conséquence. La proportion des quartiers organisés et desservis oscille entre 20 % pour les communes d'Abidjan et 50 % pour le secteur résidentiel à San-Pédro et à Bouaké (voir tableau 1.1 et encadré 1.2 ci-après)[4]. Ces quartiers sont également dotés de la majorité des routes et ouvrages d'infrastructure importants de la ville. Dans les petites villes, la part des logements formels/desservis est généralement beaucoup plus faible, s'élevant à seulement 3 % à Korhogo, et est concentrée dans les habitations et bâtiments individuels du centre-ville. Les petites villes manquent de bons promoteurs, et la mission du logement est remplie par les communes ou des promoteurs informels qui ne fournissent que le minimum. Quelques autres quartiers dans les grandes villes sont assez bien structurés, mais l'accès aux équipements de base et aux services sociaux y est très limité. Fait plus préoccupant, les zones sous-desservies ou les quartiers de type bidonvilles (bâtis sur des terrains abandonnés ou coutumiers) abritent déjà une proportion importante de la population urbaine, jusqu'à un tiers dans les grandes villes, et croissent plus rapidement sous l'effet de la pression démographique due à l'urbanisation. Ces zones manquent de structuration urbaine et sont presque totalement privées de routes et d'accès aux équipements et services de base. Ce type de logement se trouve en majorité à la périphérie urbaine ou dans les plaines.

Tableau 1.1 Répartition des logements par type dans les grandes villes ivoiriennes

Nature	San-Pédro	Korhogo	Bouaké	Koumassi (Abidjan)	Port-Bouët (Abidjan)
Formels bien desservis	50	3	50	23,5	18,5
Formels assez bien desservis			32		
Formels peu desservis	18	96	18	39	47,5
Habitats informels	32	1		37,5	34

Source : Informations tirées de *Urban Audits* (2013).

Encadré 1.2 Différents types de logement dans les grandes villes ivoiriennes

Il existe trois grands types de logement dans les villes ivoiriennes, à savoir :

1) Les anciens appartements et villas confortables, se trouvant principalement dans les quartiers de Cocody et Marcory à Abidjan, où vit la population à revenu élevé.

2) Les logements sociaux modernes, notamment les maisons en rangées aux clôtures basses, appartenant collectivement à des agences immobilières publiques ou mixtes qui en assurent la gestion. La plupart de ces habitations ont été construites par l'État pour loger les fonctionnaires dans les années 1970 et 1980, et ont ensuite été achetées par leurs locataires d'origine. Des habitations similaires plus récentes destinées aux populations à revenu intermédiaire ont été construites par des promoteurs privés après 1994. Les types 1) et 2) sont disponibles en quantité limitée et sont souvent bien équipés et desservis.

3) Le troisième type de logement — le plus courant — est une structure urbaine formée par un groupe d'habitations construites autour d'une cour commune centrale. Ce type de logement se trouve le plus souvent dans les quartiers à faible revenu d'Abidjan, comme Abobo (85 % du total), Attécoubé, Treichville et Yopougon. L'environnement urbain dans ces domaines est généralement très dégradé et de mauvaise qualité, ce qui rend les logements peu attrayants aux promoteurs privés.

Source : Terrabo, BEPU, et PWC 2013.

Le logement informel dans des zones d'habitat irrégulier est en pleine expansion, en particulier dans les grandes villes (connecteurs globaux). Les zones d'habitat informel sont monnaie courante dans les zones urbaines et périurbaines de Côte d'Ivoire et sont généralement établies sur des terrains du domaine public. Ces quartiers n'obéissent à aucun principe d'urbanisme, manquent souvent de titres fonciers et de permis de construire, connaissent de graves problèmes d'assainissement et ont un accès très limité aux autres services de base. La plupart des habitations sont construites en bois et en tôle et ressemblent à des cabanes. Les zones d'habitat irrégulier sont nombreuses dans les communes urbaines des grandes villes, comme San-Pédro et Abidjan (Koumassi, Port-Bouët, Attécoubé et Yopougon). L'habitat informel représente plus de 6 % de l'ensemble des logements urbains en Côte d'Ivoire, abritant de 15 % à 17 % de la population urbaine. À Abidjan, on estime à près de 15 % à 17 % les établissements illégaux en raison de leur emplacement, de l'absence de services de base ou du non-respect des normes de construction (Gulyani et Connors, 2002). Comme en témoignent les villes qui ont fait l'objet d'un audit (Urban Audits, 2013), les quartiers informels ou irréguliers ne sont pas aussi nombreux que les quartiers formels non desservis à l'échelle nationale ; néanmoins, ils se développent à la périphérie des villes à cause de l'accroissement de la population urbaine et ses difficultés à accéder à un logement formel abordable.

En 2013, les pouvoirs publics ont tenté plusieurs initiatives pour réinstaller les populations vivant dans les zones à risque dans de nouveaux logements construits à la périphérie urbaine. Selon les autorités nationales et les urbanistes[5], ces projets de réinstallation se sont soldés par un échec lorsque les populations vivant dans des habitats informels ont été déplacées du centre vers les zones résidentielles périphériques tout en bénéficiant d'une indemnisation. Nombre d'entre eux sont retournés dans leur zone d'habitat initial peu de temps après, les principales raisons étant la situation centrale de leur zone (assez bien reliée aux centres économiques) et le caractère familier de leur environnement.

Le défi de la pénurie de logements urbains est exacerbé par une faible accessibilité et une mobilité limitée. Les ménages doivent faire un choix difficile entre le paiement de loyers élevés dans des quartiers bien desservis et des coûts de transport élevés dans des zones situées à la périphérie, et ils vivent souvent dans des conditions de surpeuplement pour éviter des déplacements onéreux depuis les zones périurbaines. Pour la région dans son ensemble, les dépenses de logement — relativement constantes pour tous les quintiles à 17 %-18 % — sont élevées, et seuls trois pays d'Afrique subsaharienne (Malawi, Rwanda et Angola) sur un échantillon de 20 pays affichent des taux moyens plus élevés (voir graphique 1.6 ci-après). Lorsque les coûts de transport sont ajoutés toutefois, c'est à Abidjan que la proportion des dépenses est la plus élevée parmi toutes les zones urbaines de la région, soit 26,6 % (voir graphique 1.7). Le transport représente plus d'un tiers de ces dépenses, et son coût est plus élevé dans les quintiles supérieurs de la population. Le marché de la location dans les quartiers du centre subit donc une forte pression, car l'important déficit de logements donne lieu à une spéculation sur les loyers. À Abidjan, le loyer mensuel d'un studio peut varier de 100 000 FCFA à 150 000 FCFA (de 189 dollars É.-U.

Graphique 1.6 Dépenses de logement par pays et par quintile, par ordre croissant du PIB par habitant (zones urbaines)

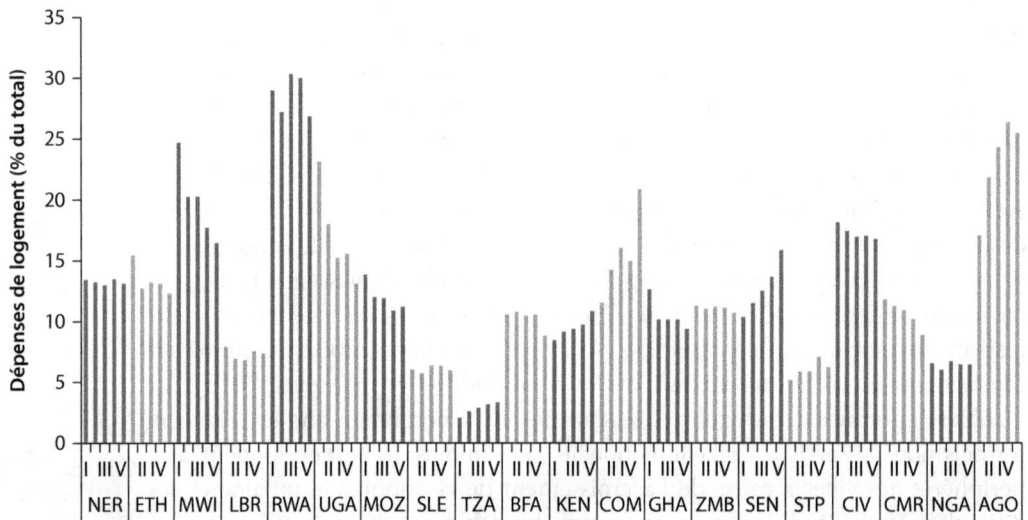

Graphique 1.7 Dépenses de logement et de transport par pays et par quintile, par ordre croissant du PIB par habitant

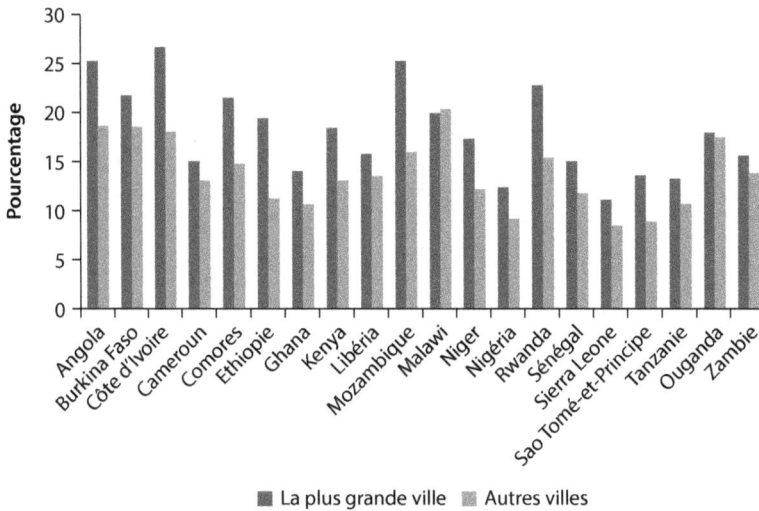

La plus grande ville   Autres villes

Source : Lozano-Gracia et Young 2014.

à 283 dollars É.-U.), et n'est accessible qu'à moins de 20 % de la population, pour un ménage composé de trois personnes[6]. En outre, les obstacles à l'aménagement foncier dans les zones périurbaines (y compris les frais d'immatriculation foncière, l'aménagement et le régime foncier mal défini), ainsi que le manque de clarté sur les réserves urbaines contribuent à la pénurie de terrains et à l'augmentation des prix dans les zones urbaines, ce qui rend les logements formels et décents onéreux et les réserve aux couches de la population à revenu moyen ou élevé.

À cause du manque d'accessibilité, les unités de logement à Abidjan sont surpeuplées, plus de la moitié d'entre elles abritant plus de trois personnes par chambre. Si le surpeuplement a été réduit dans les années 1990, la tendance s'est inversée pendant la crise politico-militaire, et le surpeuplement a progressé par rapport aux 45 % enregistrés une décennie plus tôt. D'autres villes sont moins touchées par le surpeuplement (14 points de pourcentage en moins) et l'impact de la crise y a été moindre, le taux étant resté stable (voir graphique 1.8). Pourtant, alors que la taille des ménages dans les villes de Côte d'Ivoire (hors Abidjan) est plus faible que dans les zones rurales (4,7 contre 5,1 personnes), elle est plus grande à Abidjan, s'élevant à 5,3 personnes par ménage (INS et ICF 2012). Cette tendance est à l'opposé de ce qui est observé dans de nombreux autres pays en développement, où la taille des ménages diminue à mesure que les villes prennent de l'envergure, généralement en raison des faibles taux de natalité et d'autres facteurs tels que la mobilité de la main-d'œuvre qui pousse un seul membre de la famille à s'installer en ville en quête d'opportunités économiques pour subvenir aux besoins des autres membres de la famille qui vivent ailleurs. Avec la difficulté d'obtenir un logement et les coûts de transport élevés à Abidjan, les membres du ménage ont tendance à

Graphique 1.8 Une à deux personnes par chambre à coucher en Côte d'Ivoire

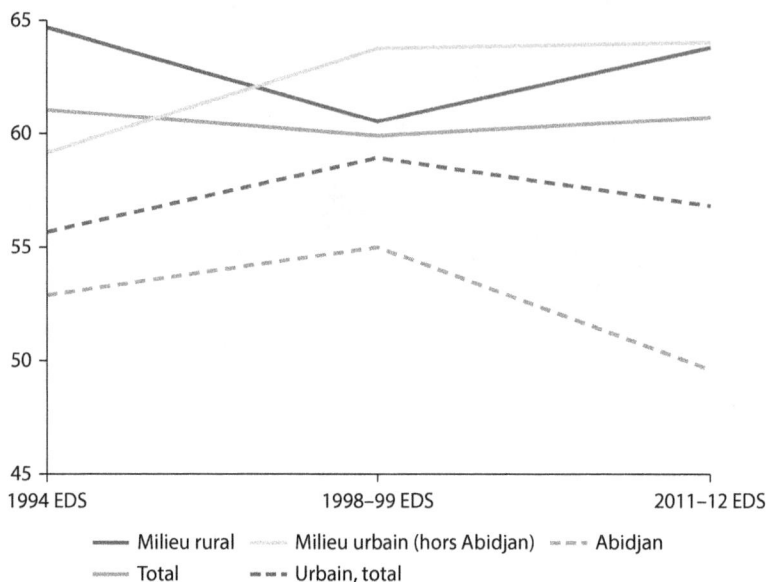

Source : ICF International (2015).
Remarque : EDS = Étude démographique et de santé.

vivre plus longtemps en famille (par exemple, les jeunes adultes tardent à quitter le foyer pour habiter indépendamment).

Les taux d'accès à la propriété sont très faibles dans les villes ivoiriennes. Même si un marché locatif est un facteur essentiel de mobilité de la main-d'œuvre, la propriété quant à elle permet d'accroître la résilience des ménages pauvres face aux chocs économiques. Par conséquent, il faudrait trouver un équilibre entre la possibilité de louer un logement et l'accessibilité à la propriété du logement pour accroître la résilience économique des citadins. Le taux de propriété dans les villes ivoiriennes, qui se situe à 47,4 %, est le plus bas de la région (sur un échantillon de 20 pays) (voir graphique 1.9), ce taux ayant baissé de 7 points de pourcentage entre 2002 et 2007 dans les zones urbaines, ce qui a affecté 40 % des plus pauvres et 20 % des plus riches de la population. Ce quintile des plus riches, qui affiche généralement le taux d'accès à la propriété le plus élevé, a enregistré le recul le plus important, soit 14 points de pourcentage (voir graphique 1.10). Avec la pauvreté endémique qui a sévi durant les crises, les ménages les plus pauvres qui se déplacent vers les villes ne peuvent plus accéder à la propriété et recherchent plutôt des solutions de logement sur le marché locatif. Il faudrait donc en priorité rendre le marché du logement locatif abordable afin d'aider les citadins à court terme, tout en recherchant des solutions à long terme d'accès au financement d'un logement abordable.

L'accès à la propriété nécessite des efforts financiers différents des solutions de location. Les investissements initiaux à réaliser pour accéder à la propriété sont pesants — pour acheter le terrain et construire la première partie de l'habitation où la famille passera l'essentiel du temps, avant de réaliser des

Graphique 1.9 Taux d'accession à la propriété en Côte d'Ivoire et dans d'autres pays d'Afrique subsaharienne

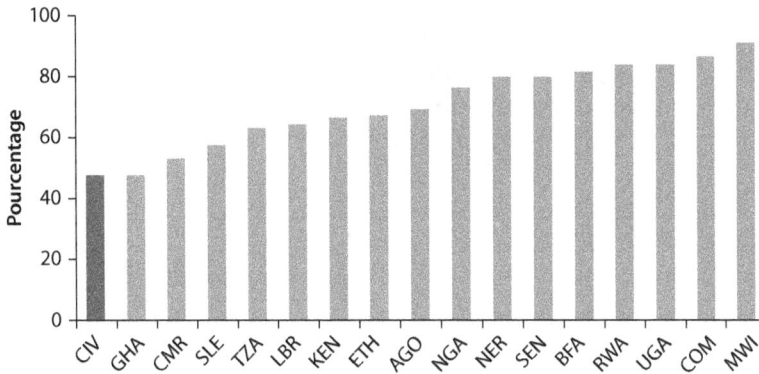

Source : Lozano-Gracia et Young 2014.
Remarque : AGO = Angola; BFA = Burkina Faso; CIV = Côte d'Ivoire; CMR = Cameroun; COM = Comoros; ETH = Ethiopie; GHA = Ghana; KEN = Kenya; LBR = Libéria; MWI = Malawi; NER = Niger; NGA = Nigéria; RWA = Rwanda; SEN = Sénégal; SLE = Sierra Leone; TZA = Tanzanie; UGA = Ouganda.

Graphique 1.10 Occupation des logements par leur propriétaire par quintile en Côte d'Ivoire

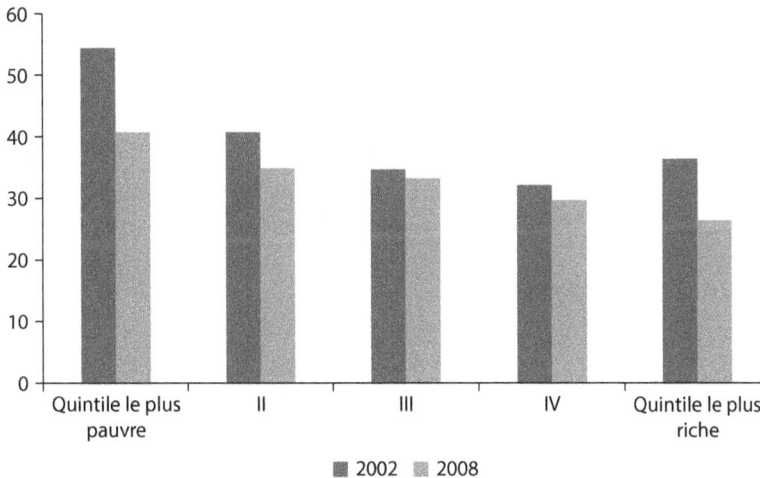

Source : INS 2002, 2008.

investissements supplémentaires — alors que les dépenses seront faibles ou pratiquement nulles plus tard (hormis pour l'eau, l'électricité et le gaz). L'accès à la propriété, en particulier pour les ménages pauvres, oblige donc à réaliser une épargne importante. En l'absence d'une telle épargne ou si celle-ci est utilisée à d'autres fins (en raison par exemple d'une crise politique), le marché locatif offre plus de souplesse. À Abidjan, où la croissance urbaine est forte, trahissant en grande partie l'exode rural, l'accès à la propriété est plus difficile pour les nouveaux ménages, et le marché de la location concerne environ les trois quarts de la population de la ville.

L'État est bien conscient des difficultés rencontrées par les couches pauvres en particulier, et il a fait de ce secteur une priorité. Il y a quelques années, il a lancé un programme national de construction de 60 000 nouvelles unités de logement, a mis sur pied des groupes de travail chargés de réviser la réglementation foncière, et a rédigé une nouvelle loi pour le secteur de la location ; toutefois, un bon nombre de ces mesures reste encore à mettre en œuvre. La part des « dépenses publiques en faveur des pauvres » n'a cessé de fluctuer, avec une tendance à la hausse : en 2013, elle était de 9,3 % du PIB, et a permis de soutenir une politique de modernisation urbaine visant à réduire les écarts d'accès aux services de base (CAHF 2014). Des mesures ont aussi été prises pour l'allongement du crédit acquéreur pour faciliter l'accès au logement pour tous en offrant des crédits de maturité de 20 ans et plus.

Principales causes des problèmes d'urbanisation

Les défis de l'urbanisation rapide en Côte d'Ivoire proviennent des goulets d'étranglement qui entravent le processus de planification et de développement. Le pays manque de politique générale d'urbanisme pour orienter tout nouvel aménagement. Les règles d'urbanisme actuelles sont désuètes, inappliquées ou sont tout simplement inexistantes pour les petites villes. L'accès à des terrains viabilisés est entravé par la complexité et l'incertitude des procédures, étant donné que les pratiques coutumières priment sur les mesures prises par l'État pour promouvoir l'immatriculation foncière et l'obtention de titres fonciers. Les villes s'efforcent de lotir des terrains à la périphérie en vue d'une extension future. Enfin, les collectivités locales manquent de capacités financières et techniques pour élargir la couverture des services de base aux lotissements existants et nouveaux, ou pour améliorer l'accès à des logements abordables.

Règles d'urbanisme obsolètes
À l'accession à l'indépendance, la politique d'urbanisme visait la modernisation. Contrairement aux petites villes placées sous les autorités locales, la construction d'Abidjan a été mue par des objectifs d'urbanisme inscrits dans toutes les politiques urbaines publiques. Les plans ont permis aux pouvoirs publics de contrôler la répartition des principales activités le long de l'axe zones industrielles–ports, ont aidé à mettre en place des infrastructures et ont permis de définir les lotissements de logements sociaux. Outre les tentatives d'expropriation de tous les terrains vacants (ou terrains soumis au régime des droits coutumiers), l'État a assujetti les droits de propriété à des normes de lotissement approprié afin de maîtriser l'extension de la ville (Rakodi 1997). Cependant, les différents plans d'aménagement de la ville établis dans les années 1980 n'ont pas été en mesure d'éviter la ségrégation sociale, ce qui a aggravé les problèmes de transport et d'inégalité entre les régions du centre et celles de la périphérie.

Aujourd'hui, la Côte d'Ivoire ne possède pas de politique générale d'aménagement urbain qui régisse, réglemente et fournisse des informations claires sur l'occupation et la disponibilité des terres. En 2012, l'État s'est engagé à adopter un code urbain (en instance). Le résultat est que les problèmes de gestion des terrains urbains restent sans solution et l'extension des villes est débridée et fragmentaire, alors qu'il y a lieu de recueillir des informations sur les découpages et bornages des terrains et sur l'occupation de l'espace afin de mieux coordonner l'offre foncière aux fins de l'extension urbaine. Ce manque de planification urbaine complique l'obtention en temps opportun d'information sur les transactions foncières.

La Côte d'Ivoire dispose de plusieurs plans d'urbanisme, mais peu de villes les ont adoptés ou tenus à jour. Ces plans incluent le schéma directeur du Grand Abidjan (voir carte 1.1 ci-après), le plan directeur d'urbanisme pour les connecteurs régionaux et locaux, le plan d'urbanisme de détail et le plan-programme à court terme. Bien qu'elles en aient reçu le mandat, la plupart des villes n'ont pas été en mesure de formuler ou d'exécuter ces plans et lorsque ceux-ci existent, ils sont mal appliqués, généralement méconnus des autorités locales (présidents de régions, gouverneurs de districts, maires) ou peu financés. Au cours des deux dernières années, cependant, l'État a pris des mesures pour élaborer ou mettre à jour les schémas directeurs pour Abidjan, Bouaké et Yamoussoukro[7].

Dans le cas du Grand Abidjan, le schéma directeur de 2000 reste en vigueur et pertinent, car aucun grand projet urbain n'est venu le modifier. Une contribution importante du schéma directeur du Grand Abidjan est l'information sur l'occupation actuelle et future de l'espace, qui aide à prendre les décisions

Carte 1.1 Schéma directeur du Grand Abidjan

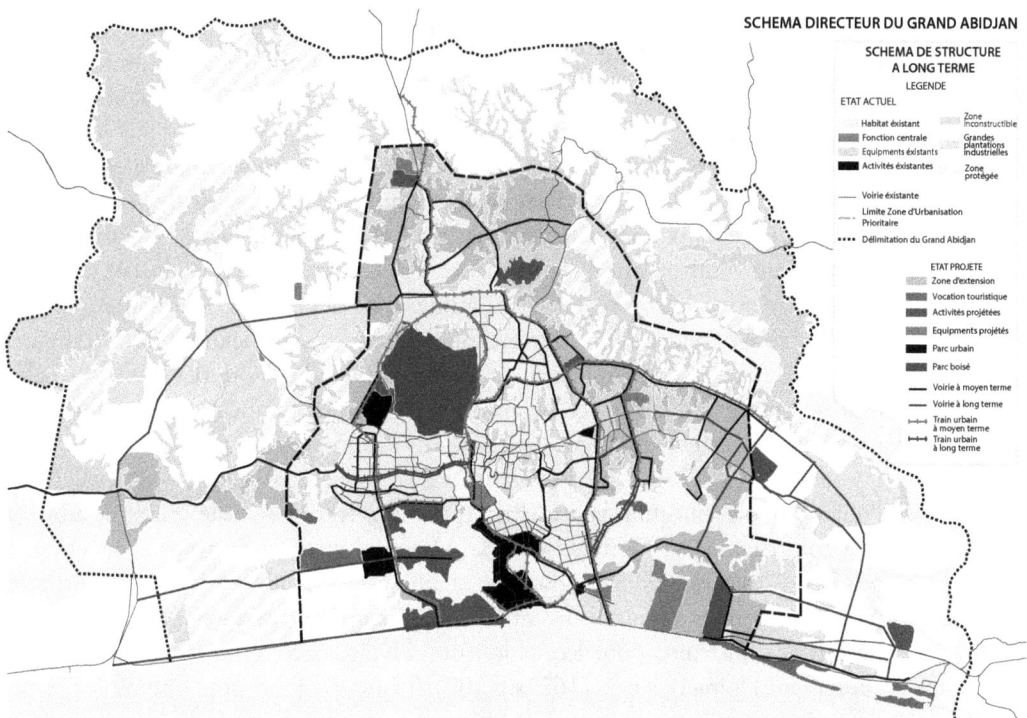

Source : Bureau National d'Etude Technique et de Développement.

L'Urbanisation diversifiée • http://dx.doi.org/10.1596/978-1-4648-0869-2

relatives à la croissance urbaine en ce qui concerne la fourniture d'infrastructures et de services. La cartographie de l'occupation actuelle de l'espace indique une quantité concentrée de zones résidentielles à densité variable autour du principal centre urbain, où sont concentrées les activités de l'administration publique, des industries et du port.

Ces outils de planification urbaine doivent s'accorder avec le nouveau cadre de politique d'aménagement du territoire du pays, que le Gouvernement a adopté en 2006. Ce cadre de politique s'articule autour de cinq mesures clés : l'adoption d'une loi d'aménagement du territoire définissant le cadre juridique des interventions du gouvernement central et des collectivités territoriales décentralisées ; la mise sur pied d'un comité interministériel chargé de veiller à la cohérence entre les plans nationaux, urbains et sectoriels de développement des infrastructures ; la création de conseils régionaux chargés de promouvoir un processus de développement participatif au niveau régional ; le rattachement des objectifs nationaux de développement aux plans régionaux de développement ; et la création d'un observatoire national des dynamiques spatiales au sein du Ministère du plan et du développement chargé de collecter, d'analyser et de diffuser les informations spatiales (MEMPD 2006). Mais la loi d'orientation sur l'aménagement du territoire est toujours à l'état de projet, or c'est cette loi qui prévoit l'élaboration et l'adoption d'un schéma directeur d'urbanisme visant à donner une orientation générale aux plans d'urbanisme des villes. Il résulte de ce manque de logique chronologique dans la démarche législative que des textes législatifs de plus grande portée sont absents tandis que des textes de moindre portée sont élaborés, mais de manière désarticulée, ce qui entraînera des coûts plus élevés et moins d'efficacité. Les pouvoirs publics doivent donner des orientations claires concernant la priorité à accorder aux documents de planification et agir en conséquence et rapidement afin de régler tout problème d'incohérence.

Les lignes directrices relatives à la construction des connecteurs globaux sont obsolètes, mal appliquées et fastidieuses, tandis que la plupart des connecteurs locaux et régionaux n'en disposent pas du tout. Certaines lignes directrices vont à l'encontre d'un urbanisme plus dense. Par exemple, le code du bâtiment de 1952 exige que la distance entre les bâtiments ne dépasse pas leur hauteur et que dans les zones résidentielles, l'immeuble bâti couvre au maximum 60 % du terrain, ce qui peut donner lieu à une construction de faible densité. Les règles d'urbanisme et de construction, qui doivent être appliquées par des fonctionnaires du Ministère de la construction, du logement, de l'assainissement et de l'urbanisme (MCLAU) et des agents de la collectivité locale, font également l'objet d'une application laxiste. Bien qu'une collectivité locale puisse approuver une construction, le MCLAU peut la rejeter, et vice versa. Après avoir été aux prises avec des documents obsolètes et une bureaucratie tatillonne, les promoteurs immobiliers urbains doivent subir de longues procédures pour obtenir un permis de construire, pour lequel la Côte d'Ivoire occupe un faible rang dans le classement Doing Business (162e sur 189). Il faut 364 jours pour obtenir le permis de construire d'un entrepôt. Ces obstacles peuvent pousser les promoteurs à obtenir l'approbation d'une seule entité publique, voire à contourner totalement le processus formel et à construire de façon informelle. Les coûts élevés du système formel (voir encadré 1.3 ci-après) freinent également l'entrée des petites et moyennes entreprises sur le marché et limitent ainsi la concurrence, rendent les logements inabordables et encouragent le système informel. Ces problèmes sont toutefois communs à de nombreux pays (voir encadré 1.4 ci-après).

Encadré 1.3 Processus d'obtention de droits de propriété foncière formels en Côte d'Ivoire

Le Ministère de la construction, du logement, de l'assainissement et de l'urbanisme (MCLAU) contrôle et gère les terrains vacants de l'État à Abidjan et dans les autres grandes villes de la Côte d'Ivoire. Il est responsable de la distribution des parcelles urbaines. L'obtention de droits formels de propriété foncière en vertu de la loi de 1998 est un processus en deux étapes :

1) La demande d'un certificat foncier, qui est un titre de propriété provisoire. Le demandeur doit apporter la preuve d'un « constat d'existence continue et paisible de droits coutumiers qui implique l'ouverture d'une enquête officielle au niveau sous-préfectoral ». Un commissaire enquêteur est chargé de juger de la véracité des documents, et dans l'affirmative, un certificat foncier est signé par le préfet, enregistré par le représentant local du Ministère de l'agriculture et publié au Journal officiel de la préfecture ;
2) Le titulaire du certificat peut demander à obtenir soit un titre de propriété, soit un bail emphytéotique. Bien que le certificat foncier puisse être délivré à toute personne physique ou morale, la loi prévoit que seuls l'État, les entités publiques ou les ressortissants ivoiriens peuvent devenir propriétaires.

Tous les coûts liés à l'enregistrement des droits fonciers, y compris l'arpentage du terrain et la certification des droits de propriétaire, sont pris en charge par le requérant. Ces coûts, ajoutés à un prélèvement probable de taxe foncière sur la parcelle enregistrée, découragent l'immatriculation.

Source : USAID 2013.

Encadré 1.4 Des règles de construction inadaptées entravent l'accessibilité

Les règles d'utilisation des terres, le zonage et les règles de construction sont quelques-uns des outils les plus importants dont disposent les pouvoirs publics et sur lesquels ils s'appuient pour assurer l'aménagement des villes et en promouvoir les conditions de vie. Malheureusement, certaines interventions sur les marchés fonciers urbains peuvent influer négativement sur le caractère abordable et l'accessibilité des terrains viabilisés, s'il n'est pas tenu compte des moyens d'acquisition dont dispose la population locale. Des données concrètes recueillies à travers le monde indiquent que des normes minimales inadaptées favorisent en fait le lotissement informel, même sur des terrains faisant l'objet d'un titre officiel.

encadré continue page suivante

Encadré 1.4 Des règles de construction inadaptées entravent l'accessibilité *(continue)*

Graphique E1.4.1 Respect des règles relatives à la taille minimale des bâtiments à Dar es-Salaam

Distribution des bâtiments par distance du centre-ville

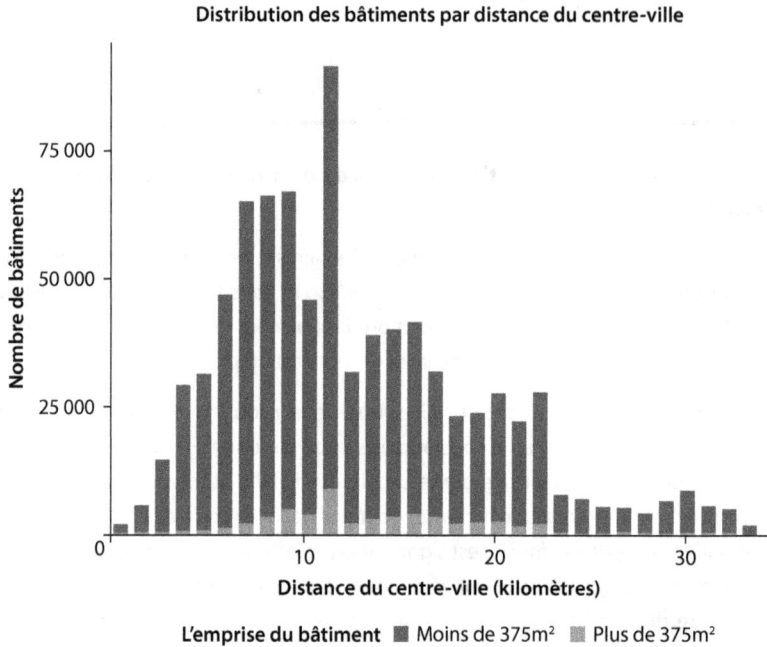

L'emprise du bâtiment ■ Moins de 375m² ▨ Plus de 375m²

Sources : Buckley et Kalarickal 2006 ; Banque mondiale, à paraître.

De nombreuses villes en Inde ont imposé des limites strictes pour la hauteur des bâtiments. À Bangalore, cette politique a entraîné une extension horizontale de faible densité des surfaces bâties, et a augmenté les coûts de logement de 3 % à 6 % du revenu moyen des ménages. À Mumbai, dont la topographie environnante limite les possibilités, l'impact a été encore plus prononcé. La hauteur des bâtiments a été limitée à moins d'un dixième de celle autorisée dans d'autres villes d'Asie, et selon Buckley et Kalarickal (2006), cette restriction est à l'origine d'une augmentation du prix des logements. Selon les estimations, cette augmentation représente de 15 % à 20 % des revenus.

De même, à Dar es-Salaam, des réglementations inadaptées relatives à la hauteur des bâtiments font de la majorité de ces derniers des constructions de facto illégales, indépendamment du titre foncier officiel ou de la qualité de la structure (voir graphique E1.4.1). Ces bâtiments, qui sont en marge de la conformité (superficie de construction inférieure à 375 m²), sont condamnés à la non-planification et exclus des services d'eau et d'assainissement, ce qui fait qu'il est extrêmement coûteux et difficile de réaménager les espaces concernés ultérieurement, dans le respect de la loi. Une approche plus efficace serait de rationaliser les normes d'aménagement en se fondant sur le rendement des bâtiments (par exemple, l'intégrité des structures) et le caractère abordable pour la population locale.

Les conseils municipaux ont très peu de responsabilités en matière d'urbanisme, de gestion de l'espace et de règles de construction. L'administration centrale — par le biais du MCLAU — est entièrement chargée de la délivrance des permis de bâtir, des certificats d'urbanisme, des permis de démolition et des certificats de conformité. Les autorités métropolitaines et locales sont plus proches des populations, en particulier dans les villages périurbains, et sont consultées lors de la phase de traitement des demandes de titres de propriété ou d'aménagement. Ceci dit, leurs décisions et politiques ne sont pas toujours alignées sur celles du MCLAU ; Il n'est pas rare que des particuliers reçoivent une autorisation de mise en valeur ou de construction au niveau local qui est ensuite rejetée par ce ministère. Ce manque de coordination décourage l'immatriculation et l'aménagement formels.

Régimes fonciers parallèles

La propriété et le régime fonciers en Côte d'Ivoire sont très informels et précaires, et ce depuis des décennies. En 1998, la loi sur le régime foncier rural visait à moderniser les droits de propriété et à mettre en place un cadre juridique réglementaire pour la promotion des marchés fonciers. L'État espérait, à travers cette loi, garantir les droits de propriété des populations autochtones et les droits d'usage des étrangers (USAID 2013). Mais les populations, dont la plupart étaient ignorants de cette loi, ont largement recours aux pratiques coutumières.

Les droits des étrangers à la terre sont à l'origine du conflit sociopolitique. Jusqu'en 2007, les conflits fonciers étaient monnaie courante en Côte d'Ivoire, en particulier dans le sud, où un grand nombre de migrants nationaux et étrangers se sont déplacés pour travailler dans les plantations de café et de cacao. Cette région a été le lieu de transactions monétaires de plus en plus fréquentes portant sur les terres (Stamm 2007). Néanmoins, l'apparente contradiction entre le respect des pratiques foncières locales et leur modernisation introduite dans la loi relative au domaine foncier de 1998 a engendré des conflits entre ressortissants ivoiriens et étrangers.

Aujourd'hui encore, le marché foncier du pays se caractérise par des transactions informelles et incertaines. Moins de 2 % des terres font l'objet d'un titre de propriété et les transactions foncières sont rarement enregistrées. En raison des crises politiques qui ont duré une décennie et de la complexité de la loi relative au domaine foncier rural (conjuguées au manque de ressources pour la mise en application de la loi), seuls 1 172 titres et 339 baux emphytéotiques (conférant des droits fonciers héréditaires et aliénables sur des périodes variables) ont été délivrés sur l'ensemble du territoire (USAID 2013). À la fin de 2013, les zones urbaines ont enregistré environ 1 million de parcelles, pour moins de 250 000 titres traités par l'administration publique pour des terrains urbains et ruraux.

Malgré les mesures introduites dans la loi de 1998 sur le domaine foncier rural en vue de promouvoir des marchés fonciers transparents, l'immatriculation de terrains et l'obtention de titres fonciers restent problématiques. L'État continue de se heurter à des difficultés d'accès à la terre, et l'incertitude persiste quant à la délimitation entre les zones rurales et zones urbaines (Legendre 2014). Il doit confronter non seulement la question d'un système coutumier dominant de propriété et de régime fonciers avec un recours sporadique à la loi sur le domaine foncier rural, mais aussi le problème de la longueur, du coût élevé et des lourdeurs du processus d'immatriculation des terres et d'obtention de titres fonciers. Les coûts d'immatriculation — estimés à 10,8 % de la valeur de la propriété — sont élevés et au-dessus de la moyenne de l'Afrique subsaharienne (CAFH 2014), ce qui dissuade quiconque d'entreprendre ces démarches. Les autres facteurs dissuasifs sont la probabilité d'un prélèvement de taxes sur les terrains immatriculés (USAID 2013). La demande de titres fonciers reste faible, et sa valeur ajoutée — par rapport au processus de sécurisation foncière basé sur le consensus local — reste à démontrer[8]. Environ 98 % des terres du pays sont encore régies par des régimes coutumiers, en dépit de l'existence du système légal (voir encadré 1.5 ci-après).

Dans la plupart des pays d'Afrique subsaharienne, tels que la Côte d'Ivoire, un terrain est cédé et bâti dans un cadre complexe, qui fait intervenir plusieurs acteurs. La propriété et le régime fonciers sont réglementés par plusieurs institutions, étatiques et non étatiques, formelles et informelles, et sont définis par des codes constitutionnels et des traditions sociales qui évoluent au fil du temps (Crook et al. 2007). Des questions se posent fréquemment quant à la légitimité

Encadré 1.5 Système foncier légal

Le système légal n'entre en jeu que lorsque le terrain est immatriculé. Le régime foncier légal réduit les marges de manœuvre, la capacité à répondre aux besoins de la population et décourage le recours au système légal, car il ne reconnaît que trois types de droits fonciers :

1) Tout d'abord les certificats fonciers délivrés en vertu de la loi relative au domaine foncier – des documents qui reconnaissent une forme de propriété provisoire. Les détenteurs ivoiriens d'un certificat foncier doivent déposer une requête d'immatriculation définitive dans un délai de trois ans. Dans l'intervalle, les droits conférés par ce certificat peuvent être vendus ou loués, comme l'indique Chauveau (2007).

2) Vient ensuite l'immatriculation définitive, qui confère des droits de pleine propriété. Les personnes détenant un titre foncier sur une parcelle de terrain jouissent de droits de pleine propriété. Seul l'État, des entités publiques et les particuliers ivoiriens peuvent accéder à la propriété foncière rurale. Un titre foncier peut être vendu aux Ivoiriens ou cédé à des héritiers, et la propriété peut être louée, mais non vendue, à des étrangers ou à des entreprises privées.

3) Enfin, il y a le bail emphytéotique, qui confère des droits fonciers héréditaires et aliénables pour des périodes allant de 18 ans à 99 ans. Si les locataires ne possèdent pas le terrain, ils sont quand même propriétaires de tout ce qui y est construit et qui en est produit. C'est la forme de propriété foncière la plus sûre pour les non-Ivoiriens, comme l'écrit Chauveau (2007).

Source : Chauveau (2007).

du vendeur, au contenu des droits cédés et aux obligations de l'acheteur vis-à-vis du vendeur. Malgré l'augmentation de la demande de terrains dans tout le pays, laquelle est favorisée par la progression constante des cultures de rente et la croissance urbaine, le processus de cession de droits fonciers, même dans les zones urbaines, obéit presque toujours aux usages coutumiers plutôt qu'à la loi (USAID 2013). Même si l'État ne reconnaît et ne soutient que les codes légaux, les formes traditionnelles ou coutumières de droits fonciers sont largement invoquées dans les pratiques de gestion foncière (Crook et al. 2007 ; USAID 2013).

Récemment, les pouvoirs publics ont tenté d'accélérer le processus d'immatriculation et d'encourager la population à formaliser la propriété foncière. En 2013, ils ont introduit un document unique — équivalent à un titre foncier —, l'arrêté de concession définitive, pour raccourcir et simplifier le processus d'immatriculation et d'obtention du titre foncier, en contournant deux étapes intermédiaires (l'arrêté de concession provisoire et le certificat foncier, qui ont été supprimés). Le décret en question prévoit la pleine propriété et confirme que la parcelle visée n'est plus propriété de l'État, mais qu'elle est régie par les règles de propriété privée. Afin de rationaliser la procédure d'immatriculation foncière, l'État a créé 31 bureaux régionaux décentralisés où des requêtes déposées en vertu du décret peuvent être traitées, et il prévoit de créer 14 bureaux supplémentaires[9]. Ces efforts semblent porter leurs fruits, car la Côte d'Ivoire se classe maintenant au 127e rang sur 189 pays pour ce qui est de l'immatriculation foncière selon les indicateurs Doing Business, soit un gain de 25 places par rapport à 2013.

Terrains non bâtis : ressource publique ou privée ?

Les règles de conversion d'un terrain rural en terrain urbain sont défavorables aux populations rurales qui préfèrent l'aménagement informel. En principe, l'État doit acquérir des terrains auprès de collectivités villageoises et les affecter à l'urbanisation. En échange, il indemnise les villageois suivant une grille prévue à cet effet. L'État procède au lotissement des terrains acquis, et après quelques investissements réalisés dans les infrastructures primaires, les lots sont vendus à des promoteurs privés. Si les prix d'achat des terrains par l'État auprès des populations locales sont régis par la loi, les prix de vente aux promoteurs quant à eux sont libres et peuvent être assez élevés, même si les parcelles concernées manquent encore d'infrastructures urbaines de base, de services et de connexions vers les centres urbains. La plupart des détenteurs de droits fonciers villageois considèrent que l'indemnité versée par l'État est sous-évaluée et ne compense pas la perte des terres arables existantes. Dans la pratique, les propriétaires fonciers villageois traitent directement avec les sociétés immobilières et avec les particuliers qui sont disposés à payer des prix plus élevés que ceux fixés par l'État. Une fois la parcelle acquise, certains promoteurs se tournent vers les autorités locales pour demander des infrastructures de base, puisque ces dernières ne sont pas incluses dans le lotissement ni dans le processus d'acquisition.

Les communautés sont plus susceptibles de se plier à la loi lorsque la transaction a pour but l'usage public. Dans la pratique usuelle, les institutions publiques ne justifient pas l'utilisation des terrains lorsqu'elles les achètent auprès des communautés, bien que dans le récent programme de construction de logements sociaux, l'État a pu obtenir 500 ha de terrains auprès des communautés. La transaction était librement consentie et l'argument du caractère public du programme de logements sociaux a fortement encouragé les communautés à coopérer. Cela n'aurait pas été le cas pour de nombreux autres projets, en particulier ceux qui ciblent les couches à plus haut revenu, comme les projets réalisés par des promoteurs immobiliers, y compris des promoteurs publics tels que la SICOGI pour ce qui est du logement ou l'Agence de gestion foncière (AGEF) pour ce qui est des parcelles viabilisées.

La réglementation régissant la conversion de terrains ruraux en terrains urbains place les institutions publiques au cœur de l'aménagement de l'espace urbain et de la fourniture de services urbains, mais elle est dépourvue d'instruments appropriés pour mettre en œuvre l'urbanisation. Cela provoque un décalage entre les principes énoncés dans la réglementation et la réalité. En principe, comme déjà indiqué, les institutions publiques doivent assurer le contrôle total des terres — en s'appropriant totalement les terrains destinés à l'urbanisation — et convertir ces terrains de zones rurales en terrains urbains viabilisés par un promoteur immobilier. Elles acquièrent des terrains auprès des collectivités rurales ou d'autres propriétaires privés, fournissent les infrastructures primaires et, à terme, des infrastructures secondaires et procèdent au lotissement et à la vente à des promoteurs. Dans la réalité, les institutions publiques ne peuvent répondre qu'à une petite partie des besoins. Les autorités municipales et régionales doivent être associées à la décision de convertir des terrains ruraux en terrains urbains, de même que les propriétaires fonciers villageois et l'administration centrale, pour déterminer en amont la responsabilité de chaque acteur public, avant d'associer les promoteurs privés au processus. En effet, le secteur privé, parfois bénéficiaire de projets d'aménagement de terrains menés par des institutions publiques, est également actif dans le secteur informel, fournissant d'autres solutions de logement, ce qui ajoute à la complexité de la situation.

Préparation de terrains destinés à l'usage urbain

Les terrains situés à la périphérie de villes en pleine croissance comme Abidjan sont régis par la loi sur le domaine foncier rural, partant du principe qu'ils seront regroupés pour constituer des réserves foncières pour la croissance urbaine future. Cette loi est assortie de décrets[10] portant sur le lotissement des terres communautaires à des fins d'extension urbaine. Mais dans la pratique, la conversion de terres villageoises en terrains urbains obéit à des procédures coutumières et informelles. Dans le cadre du schéma directeur du Grand Abidjan, l'État a créé une zone d'aménagement différée afin de constituer des réserves foncières pour le district d'Abidjan, y compris les communes de Dabou, Grand-Bassam et toute la bande côtière, qui fait partie de Jacqueville. Ces réserves foncières urbaines sont régies par l'État. Plus largement, la gestion des terrains urbains dans la ville relève de l'autorité de plusieurs organismes publics, parmi lesquels le Cadastre (au sein du BNETD), le Direction du domaine urbain (au sein du MCLAU) et le Service du guichet unique du foncier et de l'habitat.

Ce large éventail d'activités que la réglementation assigne à des institutions publiques dépasse de loin leurs capacités réelles. Pour la seule ville d'Abidjan, le besoin annuel pour le secteur résidentiel est à peu près de 400 ha pour 25 000 nouveaux ménages[11]. Pour l'ensemble des villes de Côte d'Ivoire, d'énormes efforts sont nécessaires pour financer les investissements initiaux (et les capacités techniques), que le seul promoteur immobilier public, l'AGEF, ne peut assumer. Les partenariats privés avec transfert de responsabilités ont également fait l'objet d'une expérimentation, avec l'autorisation en 1998 d'une concession de 80 ha accordée à la Société d'aménagement de terrains Côte d'Ivoire (SATCI), mais depuis lors, la parcelle concédée n'a pas encore été entièrement mise en valeur. La durée du cycle d'aménagement des terrains par un seul opérateur est trop longue. En outre, les règles de vente de terrains ruraux à des institutions publiques ne sont pas adaptées au rôle de réserves foncières. Si la conversion des terrains ruraux en terrains urbains est appelée à être coordonnée par les institutions publiques, dans la pratique, le marché informel est très actif, comme indiqué plus haut. En fait, la vente de terrains ruraux par les collectivités villageoises n'est pas obligatoire (ce qui reviendrait en quelque sorte à l'expropriation), mais seulement librement consentie. Ainsi se trouve soulevée la question de l'utilisation des terrains alloués par ces collectivités et les instruments réels auxquels l'État peut avoir recours pour acquérir des terrains non bâtis et les convertir en usage urbain. Dans la pratique, il s'agit d'un marché libre où les institutions publiques sont en concurrence avec les promoteurs privés. Mais les institutions publiques ne sont pas organisées pour établir des soumissions pour des terrains. Les promoteurs privés ont des exigences urbaines différentes et peuvent généralement obtenir un montant plus élevé pour le terrain, même avec un prix d'achat plus élevé. Associer les élus locaux (conseillers municipaux et régionaux) au processus de prise de décision pourrait aider à concilier les motivations conflictuelles des propriétaires fonciers ruraux, des promoteurs privés et de l'État.

Dans le passé, les pouvoirs publics avaient essayé de fournir les capacités techniques nécessaires. En 1998, avec l'appui de la Banque mondiale, l'État a adopté le Programme d'appui institutionnel à la politique de l'habitat, qui comportait une définition des terrains à bâtir. En vertu de ce programme, l'AGEF a été créée afin de guider, de réglementer et de soutenir la mise en valeur de terrains, et de mobiliser le secteur privé. Comme les villes du pays, notamment Abidjan, étaient sous pression pour étendre leurs limites, l'AGEF a été chargée de constituer des réserves foncières à des fins publiques, de définir le cahier des charges pour les contrats d'aménagement urbain, et d'attribuer des concessions à des promoteurs privés.

Cela dit, l'AGEF se heurte à des défis majeurs pour constituer les réserves foncières urbaines et préparer les terrains pour une nouvelle croissance urbaine. Tout d'abord, l'absence de directives actualisées d'urbanisme empêche l'AGEF d'identifier des terrains propices à l'extension urbaine. Ensuite, l'État n'a pas les moyens financiers d'acheter des terrains à des propriétaires privés (ou à des villageois titulaires de droits coutumiers). Enfin, en raison de son assise financière limitée, l'AGEF ne fait pas le poids avec les promoteurs privés qui peuvent se permettre d'acheter des terrains plus élevés, et qui choisissent de négocier directement avec les propriétaires, les villageois et les chefs de village, en contournant les processus de transactions foncières formelles (selon un entretien avec un directeur de l'AGEF). Ayant les mains liées, l'AGEF se contente désormais de transactions foncières formelles et d'aménagements destinés aux personnes à revenu élevé et aux entreprises, ce qui, bien entendu, va à l'encontre de l'objectif social qui justifierait le bas prix des terrains ruraux achetés auprès des collectivités.

Prestation de services urbains

Au milieu des années 1980, la réforme administrative a conféré de nouvelles compétences aux autorités locales qui sont ainsi devenues les principaux administrateurs de la ville. À cette époque-là, la Côte d'Ivoire affichait la volonté politique de mettre en œuvre la décentralisation de l'administration publique et de donner plus de poids aux élus locaux. Les collectivités locales acquéraient de l'expérience dans la planification de leurs villes et dans l'identification des besoins de leurs populations. Elles participaient à la coordination et à la fourniture d'infrastructures de services essentiels et d'équipements collectifs à leurs villes, avant le coup d'État militaire de 1999 et ses conséquences.

À présent, **les actions des collectivités locales sont minées par l'insuffisance de financements et par la structure inefficace des services municipaux (BERGEC ; GERAD, 2013a, 2013b).** Les autorités locales semblent s'affairer pour faire face au problème des infrastructures, des services et des installations, pour les hiérarchiser et pour réaliser les investissements connexes ou pour coordonner l'extension urbaine. En raison du ralentissement économique durant le conflit armé, les capacités des collectivités locales à gérer et à fournir des services et des infrastructures se sont affaiblies, le financement et l'investissement en ont beaucoup pâti, alors que les besoins de la population urbaine croissante ne cessaient d'augmenter. Dans les connecteurs régionaux comme Korhogo et Bouaké, et dans les connecteurs globaux tels que San-Pédro ou Abidjan, les collectivités locales ont connu une pénurie de financement pour l'entretien des infrastructures. Les ressources techniques et humaines dans les municipalités sont insuffisantes (en termes de formation, de compétences et d'organisation). Le savoir-faire technique dans les domaines liés aux routes et au drainage fait défaut. Et la gestion des services laisse à désirer. Plus particulièrement, l'administration centrale a pris le relais des services de collecte de déchets. En outre, la non-application des décrets de transfert des compétences et des responsabilités aux collectivités locales depuis 2003 a encore réduit leur faible niveau de responsabilisation (BERGEC ; GERAD, 2013a, 2013b).

Ces défis minent la capacité des collectivités locales d'une part, à coordonner l'extension urbaine et à fournir des services au sein de leurs communes et, d'autre part, à assurer cette coordination avec les autres échelons de l'administration. Les communes s'étendent et leurs populations font face à l'inégalité d'accès aux services et aux équipements (écoles, dispensaires, centres sportifs), d'où la nécessité évidente de poursuivre l'extension des infrastructures socioéconomiques. Bien que les collectivités locales reçoivent un appui public, international et non gouvernemental pour la mise en œuvre de projets d'aménagement, leurs besoins en investissements restent élevés. Pour ces raisons, les autorités locales ne sont pas aptes, financièrement et techniquement, à mener des projets de développement urbain, et à coordonner l'extension urbaine et la fourniture d'infrastructures et de services. Il faudrait régler cette situation de toute urgence pour éviter que l'administration centrale surexploite ses capacités et devienne de ce fait, moins efficace.

Aux niveaux national et local, les principaux acteurs n'ont pas été en mesure d'appliquer les réglementations. L'investissement dans l'accès à l'eau potable est resté extrêmement bas au cours de la décennie écoulée, se situant en moyenne à 0,3 % des budgets d'investissement des communes. Cette situation a été en partie favorisée par le retrait des investissements des partenaires au développement (dans le sillage de la crise de 2002). L'incapacité de l'État à mettre en application des réglementations, actualisées et claires relatives à la fourniture d'eau potable a ralenti le développement urbain. En 2006, le secteur de l'eau a fait l'objet d'une réforme institutionnelle qui est restée inachevée, et un bon nombre d'amendements qu'il était proposé d'apporter au Code de l'eau de 1998, au Code de l'environnement et au transfert des compétences aux collectivités locales n'ont pas été réalisés.

La multitude d'acteurs et la fragmentation des activités ont conduit à une approche décousue dans la plupart des secteurs. Plusieurs institutions notamment participent au système de gestion de l'eau, ce qui brouille les responsabilités et entraîne un manque d'efficacité dans la conduite des réformes. En 1996, l'État a créé le Haut-Commissariat à l'hydraulique (HCH) chargé de diriger la réforme et la coordination de la politique de l'eau. En juin 2012, le HCH a approuvé le Plan national d'action pour la gestion intégrée des ressources en eau (PLANGIRE), qui vise à réformer plus en profondeur le cadre institutionnel de gestion de l'eau. Cette structure s'est avérée inefficace jusqu'à présent ; il se peut que le processus de mise en œuvre ait également été ralenti par les coûts financiers de l'application du Code de l'eau, estimés à 20 milliards de FCFA (USAID 2013).

Les difficultés financières font également obstacle au bon fonctionnement des services urbains de base. Les coûts de la fourniture de l'eau potable et d'électricité ont augmenté au cours de la décennie écoulée, mais les tarifs n'ont pas été ajustés en conséquence, d'où les déficits financiers accusés par l'exploitant. Par exemple, le déficit du secteur de l'eau a été estimé à 41 milliards de francs CFA (environ 82 millions de dollars É.-U.) à la fin de 2008, et les pertes d'exploitation en raison des faibles tarifs pratiqués dans les zones urbaines se chiffreraient à environ 5 milliards de francs CFA (10 millions de dollars É.-U.) chaque année. De même, le bon fonctionnement du secteur des déchets a considérablement pâti de l'incapacité des communes à s'acquitter de leurs factures d'électricité auprès de la Compagnie ivoirienne d'électricité, ce qui a empêché cl secteur des déchets de recevoir sa quote-part de la taxe d'enlèvement des ordures ménagères.

Fourniture de logements de prix abordables

Le secteur public a entrepris de construire des logements subventionnés comme première étape vers la modernisation. Entre 1960 et 1975, l'État a mis l'accent sur la modernisation d'Abidjan en créant un mécanisme de construction de logements sociaux subventionnés, en partenariat avec la SOGEFIHA (société étatique) et la SICOGI (société parapublique), à travers un mécanisme de financement (le Fonds pour le logement), et un mécanisme de développement urbain avec la SETU, société d'État chargée de construire des routes et d'autres infrastructures en vue de la construction de logements à faible coût. Dans le même temps, les quartiers existants, où des logements de l'État ont été construits pendant la période coloniale, ou comportant des espaces non bâtis, ont été rénovés et des logements pour ménages à faible revenu ont été construits à la périphérie de la ville. Malgré ces efforts considérables, le modèle de développement urbain du secteur public n'est parvenu à loger qu'un cinquième des habitants d'Abidjan en 1985.

Plus tard, l'État a adopté une nouvelle approche de développement du secteur privé en confiant à celui-ci la fourniture de logements. À la fin des années 1980, les « logements modernes » (villas et immeubles) occupaient 47 % des terrains résidentiels. Néanmoins, l'accès à un logement moderne pour les populations à faible revenu était un problème, auquel venaient s'ajouter les écarts entre les fonds destinés aux logements sociaux et l'afflux massif de migrants. Au début des années 1990, alors que l'État délaissait la construction de logements au profit de la fourniture de services et de la gestion, les institutions représentant l'ossature de ses interventions — la SOGEFIHA et la SETU — ont été dissoutes et les sociétés de construction de logements sociaux ont été privatisées. Des efforts ont été déployés pour faciliter l'accès des locataires à la propriété, ce qui bénéficiait généralement aux locataires à revenu élevé (Rakodi 1997). L'ouverture du marché a eu un impact positif avec la création de nombreuses sociétés civiles immobilières. Mais, fait plus important, Abidjan est restée une ville de logements construits par des particuliers, où seulement 19 % des ménages étaient propriétaires de leur logement. Que ce soit légalement ou illégalement, les terrains étaient souvent occupés et les habitations étaient construites avec très peu d'investissement et sans raccordement aux services (Rakodi 1997). La création de la Banque de l'Habitat en 1993 était une autre étape vers la privatisation de la construction de logements, qui a aidé à développer le marché hypothécaire ciblant les particuliers.

Mais les constructions formelles d'aujourd'hui, publiques ou privées, ne bénéficient pas aux citadins pauvres. L'AGEF aménage des parcelles de terrain pour la construction de logements individuels, mais les terrains proposés — parcelles de 300 m² à 600 m² à Abidjan et de 1 000 m² à 1 200 m² à Yamoussoukro — ne sont accessibles qu'aux segments de la population à revenus moyens et élevés. La SICOGI construit des villas et des immeubles d'habitation dont l'unité coûte au minimum 30 000 dollars É.-U. Le programme de logements sociaux de 2013 prévoyant 60 000 unités vendra l'unité de logement entre 7 000 dollars

É.-U. et 15 000 dollars É.- U., ce qui représentera un énorme effort (en bénéficiant d'une forte subvention grâce au prix d'acquisition du bien foncier rural auprès des collectivités qui ont choisi de participer au programme) pour aider les ménages à faible revenu. Ceci dit, vu le rythme de progression du programme et la demande annuelle de 25 000 logements pour la seule ville d'Abidjan, la demande sera loin d'être entièrement satisfaite. Il faudrait redoubler d'efforts pour accroître les lotissements viabilisés afin d'aider à combler le déficit.

Perspectives d'avenir : mesures prioritaires

Il est peu probable que les villes fonctionnent efficacement si elles ne sont pas correctement gérées et réglementées. Si certains coûts générés par la densité urbaine sont internalisés par les ménages et les entreprises (y compris les coûts de construction), d'autres coûts (dont ceux de la pollution de l'air et de la congestion) et avantages (économies d'agglomération pour les entreprises et multiplication des perspectives d'emploi) y échappent. Donc s'il demeure débridé, le développement urbain sera probablement défaillant. Il est indispensable de prévenir une densité de population déséquilibrée grâce à des politiques coordonnées relatives à l'occupation de l'espace et aux infrastructures, étant donné que les structures physiques d'une ville, une fois mises en place, peuvent durer un siècle ou plus. Une plus grande densité doit être soutenue par des infrastructures primaires, par des services de police, et l'élimination des déchets ainsi que d'autres services et équipements sociaux doivent également fonctionner. Les politiques visant à gérer la densité doivent donc être coordonnées avec celles qui déterminent les investissements dans les infrastructures et l'emplacement de ces dernières.

Amélioration de la fluidité du marché foncier

Un marché foncier bridé est un marché foncier qui limite les investissements privés. L'amélioration de la fluidité du marché permettra d'accroître les investissements dans les divers volets du développement urbain, sur les plans industriel et résidentiel. Faire en sorte que le marché foncier fonctionne de manière plus efficace apportera de meilleurs rendements à des villes dynamiques et productives en Côte d'Ivoire. Il est toujours fait mention du fait que trop peu de terrains sont disponibles. En réalité, il existe des terrains partout ; toutefois, ils sont ou bien inadaptés à un usage urbain car ils sont destinés à des activités rurales, ou bien ils tombent sous le coup d'un régime de propriété précaire, ou encore ils ne sont pas viabilisés. Pour accroître la disponibilité de terrains utilisables, il faudrait améliorer l'environnement à trois niveaux. Tout d'abord, la sécurité de la propriété foncière devrait être améliorée grâce à des procédures plus simples, plus courtes et moins onéreuses. Ensuite, les infrastructures structurelles devraient être mises à disposition en temps opportun, en particulier pour les nouvelles extensions urbaines non encore viabilisées (notamment les routes, l'électricité et l'eau). Troisièmement, les terrains doivent être viabilisés afin d'encourager les investissements par des entités privées.

Régler la question des droits de propriété et de sécurité de l'occupation rendra le marché foncier plus fluide. Une définition inclusive des droits de propriété est nécessaire pour résoudre les conflits entre droits légaux et droits coutumiers. Une immatriculation restrictive et onéreuse, des coûts de transaction élevés et une méconnaissance des procédures (de la part des citoyens et des autorités locales) peuvent fortement décourager le développement urbain formel et planifié. Des outils de collecte et de communication des informations sur les biens immobiliers sont également essentiels.

Des régimes et droits fonciers clairement définis sont la première condition de mise en place de systèmes d'évaluation foncière solides et transparents. La réponse à cet impératif donnera également aux urbanistes les outils et les informations nécessaires pour planifier l'extension urbaine future. L'adaptation des cadres juridiques et l'élargissement des définitions officiellement reconnues des droits de propriété sont des mesures essentielles à la gestion et à la planification de l'espace. En Côte d'Ivoire, l'absence de définition inclusive des droits de propriété et la situation des régimes fonciers limitent l'occupation de l'espace et sont à l'origine de l'insécurité et de conflits fonciers qu'a connus le pays. Le fait que les pratiques coutumières (urbaines et rurales) sont plus largement appliquées que la loi appelle à une définition plus inclusive des droits de propriété. D'autres pays appliquant divers types de régimes fonciers ont adopté des approches similaires, permettant à des groupes laissés pour compte d'investir et, à terme, d'accéder à des financements grâce aux terrains. Une évaluation claire et transparente des terrains permet aux marchés fonciers de fonctionner de manière efficace. Des méthodes d'évaluation solides qui prennent en compte les prix du marché et des institutions qui recueillent systématiquement ces informations sont essentielles. La République de Corée et les Philippines ont évolué dans ce sens (voir encadré 1.6).

Pour que les méthodes d'évaluation reflètent mieux les prix du marché, il faudrait promouvoir la collecte de données et les institutions chargées de les diffuser. Les outils d'extension urbaine et de réaménagement sont généralement performants lorsque des systèmes robustes d'évaluation foncière sont en place. En l'absence d'informations précises, les administrateurs des villes seront incapables de planifier l'avenir ou de prendre des mesures coordonnées entre les institutions. Et lorsque les villes ne peuvent pas évaluer leurs terrains de façon précise et cerner les marchés fonciers existants, elles ne sont pas en mesure de récupérer une partie de la valeur des terrains, ce qui constitue une perte de revenus importante pour les communes et limite la capacité de la commune à accroître le financement des infrastructures et des services urbains destiné aux zones en voie d'urbanisation. À Hong Kong (Chine), par exemple, un outil d'imposition des plus-values immobilières a permis aux autorités de la ville de générer un financement durable, dépassant le tiers du budget annuel de l'agence de transports en commun. Les villes ivoiriennes pourraient tirer parti de la valeur des terrains grâce à un recouvrement amélioré de l'impôt (voir chapitre 4).

Les coûts de transaction élevés, des institutions qui ne coordonnent pas leurs interventions et une gestion mal définie de l'occupation de l'espace limitent

Encadré 1.6 Expérience internationale en matière de coexistence de plusieurs régimes de propriété et d'évaluation foncière

Au Mexique, les propriétés sociales/collectives sont reconnues en vertu de la loi foncière et les collectivités qui possèdent des terres peuvent procéder à leur lotissement puis les vendre, les louer ou conserver la gestion collective des parcelles. De nombreuses parcelles collectives sont situées dans les zones périurbaines et sont soumises à des fortes pressions d'aménagement. Mais du fait que ces terrains sont régis par un cadre juridique, des mesures d'incitation ont été adoptées au niveau national pour encourager le respect des procédures légales. Le Pérou a intégré différents types de régimes fonciers dans une seule loi nationale (n° 29415/2010), ce qui a permis à des groupes de populations établies sur des propriétés laissées à l'abandon depuis longtemps ou contestées, de réclamer des droits d'occupation officiels, ainsi que le transfert de titres de propriété foncière à des fiducies collectives.

Comme ces exemples l'indiquent, un cadre juridique inclusif permettant aux pouvoirs publics de mieux cerner la dynamique de la propriété foncière traditionnelle favoriserait l'immatriculation d'une grande partie des terrains périurbains, ce qui pourrait conduire à un développement plus formel permettant aux autorités de planifier toute extension future et de mener des interventions coordonnées avec les promoteurs.

Les économies développées et émergentes ont recherché et appliqué avec succès des méthodes innovantes de valorisation de la terre. Dans de nombreux pays développés, les méthodes d'évaluation foncière s'appuient sur plusieurs formes de données et types d'institutions pour évaluer les prix des terrains. Les sources de données incluent les données du marché sur les transactions, des informations sur les caractéristiques des propriétés, des informations sur les revenus potentiels et les coûts des intrants pour la construction. En outre, des institutions indépendantes aident à préserver la transparence et l'accessibilité des données. En République de Corée, l'État exige que les terrains et les bâtiments soient évalués par des experts privés agréés plutôt que par des agents publics, et pour assurer la transparence du processus, deux évaluations au moins doivent être entreprises. En cas d'un écart supérieur à 10 % entre les deux évaluations, une troisième évaluation est exigée. La valeur finale représente la moyenne des estimations du secteur privé.

Des systèmes nationaux permettant une évaluation foncière fiable sont rares dans les économies émergentes. Mais certains pays, comme les Philippines, ont amélioré leur système d'évaluation. Les évaluations du secteur public étaient rarement effectuées et ne tenaient pas compte de la valeur du marché. En 2006, des collectivités locales ont commencé à utiliser des évaluations fondées sur le marché et, trois ans plus tard, l'État a adopté une version modifiée des Normes internationales d'évaluation pour les estimations du secteur privé. Le pays est en passe d'adopter une loi sur la réforme de l'évaluation foncière, qui permettra de mettre en place une base de données sur les transactions nationales et de renforcer la surveillance centralisée des évaluations des collectivités locales, des réévaluations et des évaluateurs.

l'offre de terrains. Une façon de lutter contre l'inefficacité consiste à augmenter les immatriculations foncières en fournissant des informations claires et facilement accessibles sur les procédures existantes, tout en réduisant les délais et les coûts de ces procédures. La loi relative au domaine foncier rural de 1998 est rarement appliquée, faute d'informations. Pour la mettre en œuvre, les pouvoirs publics devraient veiller à ce que l'information correcte parvienne aux individus (propriétaires fonciers). Et bien que l'arrêté de concession définitive ait permis de réduire les délais d'obtention d'un titre foncier, il convient de mieux faire connaître à la population la procédure et le Service de guichet unique du foncier et de l'habitat. L'État doit également prévoir de former des agents qui seront en mesure de faire face à une demande plus élevée de documents d'immatriculations foncières et de propriété, et de maintenir un service efficace.

La simplification des procédures peut aider à réduire les obstacles à l'aménagement formel de terrains. L'amélioration du taux d'immatriculation de terrains ruraux et périurbains et la détermination précise de leur propriété peuvent également augmenter le taux de conversion formelle des espaces ruraux en terrains urbains, ainsi que l'immatriculation de nouveaux lotissements urbains qui réduisent les aménagements informels. De même, une meilleure coordination entre les agents locaux et agents nationaux chargés de l'octroi des permis de construire est essentielle pour encourager l'urbanisation formelle. Une association plus efficace des acteurs locaux aux décisions d'extension urbaine — en étroite coordination avec le MCLAU — peut empêcher les autorisations invalides et les coûts de démolition et de réinstallation ultérieurs encourus par l'administration centrale. Les mesures et décisions prises aux niveaux local et national doivent être synchronisées et un seul et même message doit être envoyé aux populations et aux promoteurs.

Réduire les coûts de transaction liés à l'aménagement formel peut également encourager la construction et la fourniture de logements abordables. Les coûts élevés et la réglementation stricte qui régit la conversion de terrains ruraux en terrains urbains peuvent également contribuer à renforcer le secteur informel et à creuser l'écart entre les couches capables d'acquérir les unités de logement. Une grande partie du logement ciblant les ménages à revenu moyen a été construite de manière informelle sur des terrains non immatriculés et non urbanisés. Par ailleurs, les prix élevés des terrains et de leur aménagement, même dans le cadre informel, laissent aux populations à faible revenu peu d'alternatives aux zones d'habitat informel.

La refonte de la loi relative à la gestion des terres et la réduction des obstacles à l'immatriculation et à l'aménagement formel exigent de disposer d'informations précises sur les types de terrains et leur disponibilité. Plusieurs efforts sont déployés pour recueillir des informations sur la propriété et les transactions foncières au sein du BNETD, du MCLAU et de l'AGEF, lesquelles pourraient être regroupées ou échangées par le biais de plateformes communes. En Tunisie, une initiative phare du Service de la topographie et du cadastre et du registre foncier a consisté à établir une plateforme commune d'échanges entre les entités publiques. Des ressources et le renforcement des capacités permettraient d'élargir les opérations du cadastre et du registre foncier dans les zones urbaines (et rurales).

Si elle est modifiée et appliquée de sorte à inclure le droit coutumier, la loi relative au domaine foncier rural pourrait aider à réglementer la conversion des espaces ruraux en terrains urbains. Cela permettrait de multiplier les aménagements formels et de faciliter la coordination de l'extension urbaine avec celle des infrastructures et des services. Toutefois, en raison de l'insécurité concernant le droit de propriété qui prévaut sur les terrains urbains en ville, il est urgent et essentiel d'élaborer un code urbain pour régir les transactions foncières, la gestion et l'utilisation des terrains, ainsi que pour renforcer le cadre réglementaire des aménagements futurs.

Les rôles des secteurs public et privé sur le marché foncier doivent être mieux répartis afin d'optimiser leur contribution et de stimuler la production foncière. Les attributions des institutions publiques sont d'une portée trop large, et couvrent notamment la compensation foncière, la création de réserves foncières et la réaffectation de terrains à des promoteurs. Mais elles manquent d'instruments réglementaires ou, plus important encore, financiers pour accomplir ces missions. Le secteur privé est ainsi considéré comme un concurrent des pouvoirs publics pour ce qui est de l'accès à la terre, alors qu'il devrait travailler en partenariat avec eux. Les institutions publiques pourraient participer davantage à la réglementation et à l'organisation du marché foncier, tandis que le secteur privé serait plus efficace dans la fourniture d'investissements. Le Gouvernement peut améliorer la fluidité des marchés fonciers pour encourager une meilleure utilisation des terrains en assouplissant les règlements actuels applicables aux transactions foncières et en encourageant les institutions à procéder à des évaluations systématiques et précises des terrains. Les communes et les autorités chargées de l'aménagement du territoire peuvent fournir les infrastructures primaires et secondaires nécessaires aux promoteurs immobiliers. Les lotissements (destinés à la construction) et l'aménagement de logements et de biens immobiliers peuvent être confiés principalement aux promoteurs privés, tandis que les promoteurs publics peuvent encore exploiter le créneau des « logements sociaux ».

Accroissement de la prestation de services

Les efforts visant à promouvoir des terrains viabilisés doivent être soutenus. La loi de 1997 portant création d'une concession d'aménagement foncier autorise l'État à accorder des concessions à des sociétés de gestion foncière afin de mettre en valeur des terrains viabilisés et de construire des logements. L'État s'est engagé à régler la question des arriérés de titres de propriété foncière en souffrance afin de développer le marché pour ce type d'aménagements fonciers (Banque mondiale 2001). C'est le moyen le plus efficace de soutenir le développement du marché du logement pour les couches de la population à faible revenu, pour lesquelles le logement est plus abordable avec une auto-construction progressive. C'est un moyen de fournir des services urbains qui est beaucoup plus économique que la rénovation urbaine. Il s'agit donc de trouver un bon équilibre entre les politiques de prévention et de rénovation.

Au fur et à mesure que les villes ivoiriennes s'étendent et que de nouvelles villes deviennent des connecteurs locaux, le taux d'aménagements non viabilisés continuera d'augmenter, de même que le coût, pour l'État, de l'extension des services après l'urbanisation. Ainsi, les marchés informels se créeront, conduisant à des services plus onéreux, à la surexploitation des infrastructures existantes, et à des conflits entre les communautés. Une meilleure coordination de l'occupation de l'espace et des infrastructures nécessitera une meilleure définition du rôle des collectivités locales dans la prestation de services, par des modèles tarifaires durables fondés sur les besoins des différentes couches de la population, et par des modes plus efficaces d'investissement dans l'entretien et les extensions. Réguler la densité de manière à ce qu'elle soit en adéquation avec les infrastructures existantes peut aussi éviter à l'État des dépenses excessives pour élargir les réseaux. Établir les limites spatiales des villes évitera également d'investir outre mesure dans les liaisons avec les zones périurbaines.

L'État doit accroître l'offre de logements formels et abordables dans les zones dotés d'infrastructures et de services, s'attaquer au problème des zones d'habitat informel et réduire les coûts de réinstallation. L'énorme déficit de logements appelle plusieurs mesures susceptibles de favoriser les interventions privées, et non seulement publiques, sur la question du logement. L'État étant le seul acteur autorisé à acquérir des terrains et à les regrouper en vue de vastes chantiers de logements, il est plus difficile pour les promoteurs privés d'accéder à des terrains et de les aménager de façon formelle, ce qui les mène à ne pas respecter les procédures juridiques et formelles et les pousse à réaliser des projets immobiliers qui ne sont raccordés ni aux infrastructures ni aux services. En supprimant les obstacles à l'utilisation des terres et en favorisant des marchés fonciers fluides, l'État pourrait augmenter l'offre de logements formels et abordables dans les zones dotées d'infrastructures et de services, et réduire les coûts de rénovation urbaine, d'extension des infrastructures (post-aménagement) et de réinstallation (dans les cas d'occupation de terrains non aménageables de l'État). Pour répondre aux besoins des couches à faible revenu, il y a lieu de déterminer les niveaux de services adaptés et de les fournir à moindre coût. Ces normes spéciales autoriseraient un niveau réduit de services lors de l'installation, tout en renforçant la voie d'une viabilisation progressive.

Les codes de construction urbaine doivent être modernisés et appliqués. Des codes plus souples qui répondent aux besoins des villes actuelles, en particulier les connecteurs régionaux et globaux confrontés à des densités plus élevées, sont essentiels. La rénovation des quartiers pauvres et informels dans des zones disposant d'infrastructures de services et de connexions est coûteuse, mais elle peut cibler des densités élevées et toucher de larges couches de population. À Recife (Brésil) certains programmes de rénovation sont mis en œuvre dans des zones qui se prêtent à un aménagement à plus forte densité, grâce à une simplification de certaines réglementations, ce qui encourage la formalisation et la création de logements abordables. Ces zones sont parvenues à une densité de 225 personnes par hectare en moyenne, contre 65 personnes dans le reste de la ville, et à loger près de 40 % de la population urbaine.

Il convient de fournir l'essentiel des services d'infrastructure de base à tous les habitants de la ville. Outre la création de marchés fonciers fonctionnels, les urbanistes doivent également veiller à ce que la majorité des services d'infrastructure de base parviennent à tous les citadins — urbains et périurbains — étant donné que les connecteurs globaux et régionaux existants continueront à croître et que de nouveaux connecteurs nationaux exigeront des services de base. Pour investir dans les infrastructures, les autorités locales et nationales devront travailler ensemble à la hiérarchisation des besoins et à la conception de modèles de financement durable.

Outre l'extension et l'amélioration des infrastructures, la Côte d'Ivoire doit mettre en œuvre des modèles de services viables financièrement et réglementer les prix afin d'accroître les investissements et d'élargir la couverture. Dans certains secteurs de services d'infrastructures, tels que l'eau potable, des décisions concernant les cadres réglementaires ont été prises pour améliorer la viabilité financière, ajuster les tarifs et associer les collectivités locales. Le pays a besoin de créer des modèles de services viables financièrement par le biais d'un ajustement tarifaire et du recouvrement des coûts. La quasi-totalité des secteurs doit coordonner la planification avec des prestataires efficaces qui mettent à profit la participation du secteur privé (et décentralisent pour couvrir le coût réel de la fourniture et de l'amélioration des immobilisations). L'adoption et l'application de ces réformes sont une première étape vers l'extension de la couverture des services de base aux citadins. Des pays comme l'Algérie et la Colombie ont fixé des tarifs pour couvrir les coûts d'exploitation et les coûts hors exploitation, tout en maintenant les prix à des niveaux abordables. En Algérie, une nouvelle loi permet aux consommateurs de choisir entre une redevance fixe élevée et des frais progressifs déterminés par un compteur, et la plupart des consommateurs ont choisi cette deuxième option.

Les villes à tous les niveaux — connecteurs locaux, régionaux et globaux — connaissent une croissance démographique qui exige d'accroître les structures physiques, les infrastructures, le logement et les équipements sociaux. Pour répondre à ces besoins, les autorités de la ville et les urbanistes doivent coordonner la prestation de services de base avec l'occupation de l'espace et les plans de croissance urbaine. Mais les responsabilités restreintes des collectivités locales et des districts en la matière nuisent à la coordination intergouvernementale et à l'élaboration de stratégies et plans d'urbanisme. Des connecteurs globaux comme Abidjan sont dominés par une administration centrale forte, à tel point que les autorités locales sont rarement consultées dans le cadre de la planification, ce qui conduit à des tensions et à des problèmes de communication entre les acteurs à différents niveaux de l'administration. Par exemple, l'administration centrale confie la fourniture de services de base à des prestataires privés, qui assurent les prestations suivant une stratégie élaborée à l'échelle nationale, plutôt que selon une démarche urbaine et propre à la localité concernée.

Des informations à jour sont nécessaires pour assurer une urbanisation efficace, en particulier celle des connecteurs locaux. Des données récentes sur l'utilisation des terrains, leur valeur, les infrastructures de base, la fourniture de services, la connectivité aux centres sociaux et économiques (emplois) et les zones d'habitat informel sont nécessaires. Les autorités locales pourraient être des acteurs clés dans la collecte de ces données, en aidant à servir leurs circonscriptions et à faire appliquer les plans et les règlements. Cette approche pourrait compléter les efforts d'urbanisation des pouvoirs publics. Une intervention précoce des connecteurs locaux dans le domaine de la planification de l'occupation de l'espace les aidera à s'urbaniser efficacement. Les comparaisons avec d'autres villes donnent à penser que le coût de la rénovation des infrastructures peut être beaucoup plus élevé que celui de leur construction. Les connecteurs globaux et régionaux où les aménagements se sont faits de manière informelle sont confrontés à un défi plus complexe. Il faudra dans ce cas à la fois rénover des infrastructures, planifier l'occupation de l'espace et assurer l'application des règles en la matière, et coordonner l'utilisation des infrastructures et des terrains pour l'urbanisation future.

Planification plus simple et plus efficace

Les plans d'utilisation des terres aident les autorités de la ville à assurer la conformité avec les lignes directrices de planification et les codes du bâtiment, guident l'urbanisme en allouant des crédits budgétaires à des zones différentes, et établissent les règles de zonage. Ces plans peuvent faire en sorte que des aménagements publics et privés dans diverses zones se fassent de façon harmonieuse, et que les aménagements offrent des possibilités d'activités économiques et résidentielles mixtes ainsi que des espaces verts et protégés. Une utilisation mixte des terres peut aussi réduire la durée des trajets, en particulier dans une ville « horizontale » comme Abidjan, où la croissance est limitée par la mer au sud et les espaces verts protégés au nord.

Une meilleure répartition des responsabilités entre les autorités à différents niveaux est essentielle. La promotion d'un environnement de bonne gouvernance est une condition préalable à la planification, à l'établissement de connexions et au financement des villes, d'où la nécessité pour tous les décideurs à tous les niveaux d'avoir des attributions bien définies et de travailler d'une manière coordonnée. Les décisions structurelles d'aménagement de la ville d'Abidjan (et d'autres villes) incombent au MCLAU plutôt qu'aux maires et aux présidents des conseils régionaux. Ce cadre offre la possibilité d'améliorer les capacités des collectivités locales et leur participation à la réglementation de l'utilisation des terrains et à la fourniture des services de base, à condition que leurs responsabilités s'accompagnent de possibilités de financement. Comme l'ont révélé les audits urbains, les collectivités locales en Côte d'Ivoire avaient la maîtrise des besoins de leurs communes, ainsi que l'expérience de la fourniture d'installations et d'équipements et de la prestation de services. Cependant, sur les 10 communes qui ont fait l'objet d'un audit (voir encadré 1.1), les collectivités locales devaient d'une part, faire face aux défis plus complexes de la pauvreté et de la détérioration des infrastructures au cours des deux dernières décennies, en raison des crises sociopolitiques, et d'autre part, gérer le manque de ressources financières et la perte de leur capacité de gouverner et de planifier efficacement. Forts de leur expérience, les collectivités locales peuvent disposer d'informations plus précises sur les déficits de services au sein de leurs communautés et devraient donc être à nouveau associées à la gestion de la prestation de services. Elles devraient donc assumer des responsabilités accrues dans la mise en application des règles de construction et de planification et dans les initiatives visant à lutter contre les zones d'habitat informel.

Il faudrait aligner les politiques et les normes d'urbanisme à la disponibilité et la planification des infrastructures. Un moyen d'y parvenir consiste à coordonner la densité avec l'utilisation prévue et les infrastructures actuelles, comme à Singapour, où les zones dotées d'une station de métro sont celles qui affichent les densités les plus élevées. Le schéma directeur du Grand Abidjan (2015–2030) vise à concentrer des densités plus élevées dans les communes principales (et plus anciennes), où il existe déjà des infrastructures de services de base. Parmi les autres règles d'urbanisme à examiner, il faut citer les distances minimales à respecter sur les limites d'une parcelle à l'avant, à l'arrière et sur les côtés, et la hauteur maximale des bâtiments. À Abidjan, la hauteur des bâtiments ne peut pas dépasser la largeur des rues adjacentes, ce qui constitue un frein net à la construction d'immeubles d'habitation denses et verticaux. Ces freins — conjugués à une mauvaise coordination des services de base, des transports et des aménagements de logements — encouragent des aménagements à faible densité dans des espaces non viabilisés, élargissent le périmètre urbain et augmentent les coûts à long terme subis par les villes et l'administration centrale pour la fourniture de services, et ceux encourus par les résidents pour accéder à leur emploi.

Un autre avantage de la coordination de l'occupation de l'espace et du développement des infrastructures est la capacité de gérer les zones d'habitat informel. Ceci est vrai en particulier lorsque les zones d'habitat évoluent dans les zones du centre-ville où les infrastructures existent déjà, mais ne répondent pas aux besoins de la population. En Tunisie, par exemple, un programme de modernisation mis en œuvre entre 1975 et 1995 a réduit l'habitat insalubre. Les services publics nationaux ont réalisé des investissements massifs dans les infrastructures d'eau et les installations de traitement des eaux usées, et ont rénové les zones d'habitat informel. Fournir des infrastructures et des services est plus onéreux que planifier l'utilisation des terrains et des infrastructures, et se révèle moins efficace que de profiter des infrastructures urbaines existantes dans les zones à faible densité et de les améliorer.

Assouplir les règles de construction et d'occupation des terrains permet de rendre les logements plus abordables. À Abidjan, où la production de logements est insuffisante, des densités plus élevées peuvent contribuer à accroître l'offre de logements dans des zones stratégiques qui sont reliées au marché du travail. L'augmentation de la production permettra de relâcher la pression exercée sur le marché de la location et, à terme, d'avoir un impact positif sur les prix. De même, des densités plus élevées de l'auto-construction rendront le logement abordable pour les couches de population à faible revenu, en réduisant le coût unitaire du logement avec, par exemple, la réduction de la superficie de la parcelle autorisée et l'augmentation des revenus potentiels provenant de la location à des fins commerciales ou résidentielles. Il est possible d'obtenir une densité plus élevée des

constructions progressives en combinant plusieurs facteurs : tout d'abord, une réglementation urbaine plus souple ; ensuite, l'amélioration de l'accès au financement ;
et enfin, un secteur du bâtiment plus professionnel (des ouvriers mieux formés et
informés). D'autres conditions préalables, déjà mentionnées dans la présente étude
et essentielles pour encourager les investissements privés, sont l'amélioration de la
sécurité des droits de propriété et un meilleur accès à des terrains viabilisés.

Notes

1. Un séminaire technique basé sur le processus d'alignement des équipes s'est tenu les
   28 et 29 juin 2014 avec l'objectif de recenser les obstacles et les solutions à un développement urbain intégré. Les participants à ce séminaire étaient des fonctionnaires
   du rang de directeur de tous les départements ministériels intervenant dans l'urbanisation, des représentants des présidents des associations de communes et régions,
   des représentants des principaux regroupements du secteur privé, et des représentants
   du Parlement et du Conseil économique et social.

2. Calculs des auteurs fondés sur la classification d'images satellitaires. Voir Centre commun de recherche de la Commission européenne, *Global Human Settlement Layer*.
   http://ghslsys.jrc.ec.europa.eu/. Années considérées dans cette analyse : 1975, 1990,
   2000 et 2014.

3. *L'Urbanistique* n° 002, octobre 2014.

4. Selon l'audit urbain réalisé par la Banque mondiale et la commune de San-Pédro
   en 2013, un logement organisé et desservi a accès aux réseaux d'eau et d'électricité,
   est accessible par une route revêtue et a accès aux réseaux de canalisations. Un grand
   nombre d'habitations dans cette zone ont été construites par des sociétés immobilières, telles que la SOGEFIHA et la SICOGI. Elles sont pour la plupart occupées par
   des résidents à revenu intermédiaire, et 5 % d'entre elles correspondent à des habitations de « haut standing » (300 à 400 m², voire 1 000 m²) occupées par des agents
   publics et des chefs d'entreprise.

5. Entretien avec des agents du Cadastre, BNETD.

6. CAHF 2014. Le taux d'accès est calculé sur la base du revenu quotidien national par
   personne, en considérant un ménage de trois personnes pour un studio. Avec un loyer
   de 189 dollars É.-U. (de la tranche la plus basse) et une dépense maximale de 40 %,
   seule une petite proportion du sommet de la pyramide gagnant plus de 4 dollars É.-U.
   par jour peut se permettre de tels frais de loyer.

7. Les autorités gouvernementales sont conscientes de l'importance de ces plans et exa-
   minent la possibilité de les mettre en œuvre dans 25 villes. Depuis 2013, la JICA et
   le Ministère de la construction, du logement, de l'assainissement et de l'urbanisme
   (MCLAU) procèdent à l'élaboration du nouveau schéma directeur d'urbanisme du
   Grand Abidjan (2015-2030). Ce schéma couvre les 13 communes du district et six
   zones périurbaines (Alépé, Azaguié, Bonoua, Dabou, Grand-Bassam et Jacqueville).
   Yamoussoukro semble également examiner la question de la mise à jour de son
   schéma directeur d'urbanisme. D'autres villes (à l'exclusion des deux districts) sont
   censées disposer d'un schéma directeur de planification urbaine, mais ce n'est pas le
   cas pour la plupart d'entre elles (ou ces schémas ne sont pas à jour).

8. Aide-mémoire de mission, Banque mondiale 2014.

9. Aide-mémoire de mission, Banque mondiale 2014.

10. Le décret n° 77-906 du 6 novembre 1977 relatif aux lotissements villageois, par exemple, autorise dans son article premier « tout lotissement réalisé sur un terrain non immatriculé au bénéfice d'une ou de plusieurs collectivités villageoises, dans le cadre du développement et de la restructuration du domaine rural ». Ce décret a été souvent utilisé pour convertir des espaces périurbains ruraux en terrains urbains à bâtir.

11. La superficie minimale de parcelle pour une habitation aménagée par l'AGEF est de 100 m². S'il est retenu la valeur prudente d'une production nette de terrains de deux tiers, les besoins fonciers bruts pour 25 000 nouvelles habitations serait de 375 ha. Cela représente une densité de 67 ménages par hectare, un chiffre relativement conservateur au regard de certaines normes internationales (en Tunisie, une commission technique a recommandé en 1988 une densité de 40 à 50 habitations individuelles par hectare).

Références

AGEF (Agence de Gestion Foncière, Côte d'Ivoire) (n/d). Présentation générale de l'Agence de gestion foncière.

Atta, K. (2011). Urbanisation et développement, défis et perspectives pour la Côte d'Ivoire, Abidjan, Ministère du plan et du développement, Projet d'appui à la mise en œuvre de la politique nationale de développement (REPCI 2009-2010), 295 pages.

Baharoglu, Deniz (2002), World Bank Experience in Land Management & The Debate on Tenure Security. Background Series 16, Urban & Local Government (version provisoire). TUDUR, World Bank, Washington : juillet 2002.

Banque mondiale. 2001. « Côte d'Ivoire - Urban Land Management and Housing Finance Reform Technical Assistance Project. » Implementation Completion Report. http://documents.worldbank.org/curated/en/2001/12/1677819/cote-divoire-urban-land-management-housing-finance-reform-technical-assistance-project

———. (2014). Doing Business. Ease of doing business in Côte d'Ivoire. Disponible à l'adresse suivante : http://www.doingbusiness.org/data/exploreeconomies/c%C3%B4te-divoire (consulté le 15 juin 2014).

———. 2015a. *World Urbanization Prospects.*

———. 2015b. *Cote d'Ivoire—Analyse Environnementale Pays: Rapport Définitif.* Washington, DC : Banque mondiale.

———. à paraître. *Spatial Development of African Cities, Regional Study.* Washington, DC : Banque mondiale.

Banque mondiale et BURGEAP. 2011. « Etude Stratégique pour la Gestion des Déchets Solides dans le District d'Abidjan. »

BERGEC (Bureau d'Études et de Réalisation en Génie Civil) et GERAD (Groupe d'Études, de Recheche et d'Appui au Développement) (2013), Audits urbain financier et organisationnel de la commune de Bouaké, Rapport provisoire. République de Côte d'Ivoire, Département de Bouaké, Commune de Bouaké : novembre 2013.

———. 2013. Audits urbain financier et organisationnel de la commune de San-Pédro, Rapport provisoire. République de Côte d'Ivoire, Département de San-Pédro, Commune de San-Pédro : août 2013.

Blanc, Aymeric, et Breuil, Lise (2009), Les partenariats public-privé peuvent-ils bénéficier aux exclus des services d'eau ? dans « Quel rôle pour le secteur privé dans l'accès à l'eau potable dans les pays en développement ?», Secteur privé développement, numéro 2, juillet 2009.

Buckley, Robert M., et Jerry Kalarickal. 2006. *Thirty Years of World Bank Shelter Lending.* Washington, DC: Banque mondiale.

Cabinet LIEPSC-CEFILD. 2013a. Audits urbain, organisationnel et financier de la commune de Koumassi, Rapport provisoire. République de Côte d'Ivoire, Ministère des infrastructures économiques, Projet d'urgence d'infrastructures urbaines, Programme d'assistance à la Cellule de coordination à la mise en œuvre des contrats de ville : octobre 2013.

———. 2013b. Audits urbain, organisationnel et financier de la commune de Port-Bouët, Rapport provisoire. République de Côte d'Ivoire, Ministère des infrastructures économiques, Projet d'urgence d'infrastructures urbaines, Programme d'assistance à la Cellule de coordination à la mise en œuvre des contrats de ville : octobre 2013.

CAHF (Centre for Affordable Housing Finance in Africa). 2014. *Housing Finance in Africa Yearbook 2014.* Parkview, South Africa : CAHF.

Centre for Liveable Cities and Urban Land Institute. 2013. *10 Principles for Liveable High-Density Cities.* Singapour et Hong Kong: Centre for Liveable Cities Urban Land Institute.

Chauveau, Jean-Pierre, 2007. La loi de 1998 sur les droits fonciers coutumiers dans l'histoire des politiques foncières en Côte d'Ivoire : Une économie politique des transferts de droits entre autochtones et étrangers en zone forestière. Dans « Enjeux fonciers et environnementaux ». Dialogues afro-indiens, Institut français de Pondichéry, 2007, pp.155 – 190. Pondichéry.

Coulibaly, Gofaga et. al. (2014), Guide de restructuration des quartiers précaires, document révisé. Ministère d'État, Ministère de l'intérieur et de la sécurité, République de Côte d'Ivoire : mars 2014.

Crook, Richard, Siplice Affou, Daniel Hammond, Adja F. Vanga, et Mark Owusu-Yeboah. (2007), The Law, Legal Institutions and the Protection of Land Rights in Ghana and Côte d'Ivoire: Developing a More Effective and Equitable System. Institute of Commonwealth Studies, University of London, Institut pour la recherche en développement (Abidjan), université de Bouaké et Kwame Nkrumah University of Science and Technology (KNUST). Rapport de recherche de l'IDS 58 : Janvier 2007.

Groupe Huit, Terraboet BEPU (Bureau d'Études et de Planification). (2013), Audits urbain, organisationnel et financier de la commune de Korhogo, Rapport à mi-parcours. République de Côte d'Ivoire, Ministère des infrastructures économiques, Cellule de coordination du PUIUR, Projet d'urgence d'infrastructures urbaines : août 2010.

Gulyani, Sumila, et Genevieve Connors. 2002. « Urban Upgrading in Africa : A Summary of Rapid Assessments in Ten Countries. » Regional Urban Upgrading Initiative, Africa Infrastructure Department, Banque mondiale, Washington, DC.

Hauhouot Asseypo A. (2002), Développement, aménagement, régionalisation en Côte d'Ivoire, Abidjan : Édition universitaire de Côte d'Ivoire, 372 pages. http://www.dhdi.—free.fr/recherches/environnement/articles/chauveaufoncier.pdf (consulté le 4 décembre 2014).

ICF International. 2015. « Demographic and Health Surveys. » http://www.dhsprogram.com/.

INS (Institut National de la Statistique). 2002. *Enquête sur le Niveau de Vie des Ménages de Côte d'Ivoire.* Abidjan: Institut National de la Statistique.

————. 2008. *Enquête sur le Niveau de Vie des Ménages*. Abidjan: Institut National de la Statistique.

————. 2014. *Recensement général de la population et de l'habitat 2014 : Principaux résultats préliminaires*. Disponible à l'adresse suivante : http://www.ins.ci/n/RGPH_RESULTATS%20PRELIMINAIRES.pdf (consulté le 30 mai 2015).

INS (Institut National de la Statistique) et ICF International. 2012. *Enquête Démographic et de Santé et à Indicateurs Multiples de Côte d'Ivoire, 2011–2012*. Calverton, MD : INS et ICF International.

Kouassi, Selay Marius. (2012), Côte d'Ivoire : In Search of Water in Urban Ivory Coast. Radio Netherlands Worldwide. le 5 avril. http://allafrica.com/stories/201204050982.html?viewall=1 (consulté le 12 septembre 2014).

Legendre, R. (2014), Recommandations pour l'optimisation des modes opératoires de délimitation de territoires villageois et de certification foncière. Rapport final phase 1. Banque mondiale : juin 2014.

Lozano-Gracia, Nancy, et Cheryl Young (2014), *Housing Consumption and Urbanization*. Document de travail de recherche sur les politiques de la Banque mondiale n° 7112.

Marin, Philippe (2012), Public-Private Partnerships for Urban Water Utilities: A Review of Experiences in Developing Countries, Banque mondiale, Washington.

Matar, F., Marin, P., Locussol, A. et Verspyck, R. (2009), Reforming Urban Water Utilities in Western and Central Africa: Experiences with Public-Private Partnerships. Volume 1 : Impact and Lessons Learned. PPIAF, Water Sector Board, Groupe de la Banque mondiale: juin 2009.

MCLAU (Ministère de la Construction, du Logement, de l'Assainissement et de l'Urbanisme), SDUGA (Schéma directeur du Grand Abidjan) et JICA (Japan International Cooperation Agency) (2014), Le Projet de développement du schéma directeur d'urbanisme du Grand Abidjan *(SDUGA)*, Rapport intérimaire, Volume I, résumé. Oriental Consultants Co. Ltd., Japan Development Institute, International Development Center of Japan, Asia Air Survey Co. Ltd.: Mai 2014.

MEMPD (Ministère d'État, Ministère du Plan et du Développement). 2006. *Pre-Bilan de l'Aménagement du Territoire*. République de Côte d'Ivoire.

————. 2012. Plan national de développement 2012-2015, République de Côte d'Ivoire, mai 2012.

Ministère de l'environnement et du développement durable (2012), Plan national de développement durable en Côte d'Ivoire dans la perspective de Rio+20, République de Côte d'Ivoire.

Ministère des infrastructures économiques (2014), Communication en Conseil des ministres. Gouvernement de Côte d'Ivoire.

Ministère du logement et de l'urbanisme (n.d.). Création de l'Agence de gestion foncière. Rapport final définitif. Projet d'appui institutionnel à la politique de l'habitat, Banque mondiale, Agence française de développement, Gouvernement du Japon.

ONU-Habitat (Programme des Nations Unies pour les établissements humains). 2012. *Côte d'Ivoire: Profil urbain d'Abidjan*. ONU-Habitat.

————. 2013a. *Streets as public spaces and drivers of urban prosperity*.

————. 2013b. *The relevance of street patterns and public spaces*. Document de travail.

Pesaresi, M. X. Blaes, E. Daniele, S. Ferri, L. Gueguen, F. Haag, S. Halkia, H. Johannes, M. Kaufmann, T. Kemper, G.K. Ouzounis, M. Scavazzon, P. Soille, S. Vasileios, et L. Zanchetta. 2012. *A Global Human Settlement Layer from Optical High Resolution Imagery—Concepts and First Results*. Publications Office of the European Union.

Rakodi, C. (1997), The Urban Challenge in Africa: Growth and Management of its Large Cities. United Nations University Press, Tokyo – New York – Paris. Disponible à l'adresse suivante : http://archive.unu.edu/unupress/unupbooks/uu26ue/uu26ue00 .htm (consulté le 10 septembre 2014).

République de Côte d'Ivoire 1998. Loi relative au domaine foncier rural, Loi n° 98-750 du 23 décembre 1998 modifiée par la loi du 28 juillet 2004. Disponible à l'adresse suivante : http://www.droit-afrique.com/images/textes/Cote_Ivoire/RCI%20-%20 Domaine%20foncier%20rural.pdf (consulté le 7 juillet 2014).

———. 2009. Stratégie de relance du développement et de réduction de la pauvreté, Abidjan, 180 pages.

———. 2010. Rapport pays de suivi des objectifs du Millénaire pour le développement, Document de travail, Abidjan, 96 pages.

———. 2013. Ordonnance No. 2013-481 du 2 juillet 2013 fixant les règles d'acquisition de la propriété des terrains urbains.

———. 2014. Analyse environnementale pays 2014, Abidjan.

Sabaliauskas, K., Zalo, L.D. et Deveikis, S. (2010), L'acquis du cadastre et du registre foncier et immobilier de Lituanie pour les pays africains. Un bref rapport sur la mission du cadastre foncier rural de Côte d'Ivoire en Lituanie 2010. Présenté à la Semaine de travail de la FIG 2011 *Réduire le fossé entre les cultures*. Marrakech, Maroc, 18-22 mai 2011.

Siyali, W. I. 2012. Le marché foncier et immobilier à Abidjan, Thèse de doctorat unique en géographie urbaine, Abidjan, Université Félix Houphouët-Boigny, 351 pages.

Stamm, Volker, 2007. The Rural Land Plan: An innovative approach from Côte d'Ivoire, Ministère de l'agriculture, Abidjan : Darmstadt, Allemagne.

Terrabo, BEPU (Bureau d'Études et de Planification Urbaine), et PWC (PriceWaterhouseCoopers). (2013), Audits urbain, organisationnel et financier de la commune d'Abobo, Rapport provisoire. Association internationale de développement (IDA).

Thiriez A., Jonas Ibo et Butin V. (2011), Étude stratégique pour la gestion des déchets solides dans le district d'Abidjan : Rapport final définitif. BURGEAP et STE, Ministère des infrastructures économiques, Abidjan : juillet 2011.

USAID (United States Agency for International Development) (2013), Land Tenure Côte d'Ivoire Profile, USAID Land Tenure and Property Rights Portal. Disponible à l'adresse suivante : http://usaidlandtenure.net/cote-divoire (consulté le 3 septembre 2014).

Yapi-Diahou, Alphonse, Marthe Adjoba Koffi-Didia, Emile Brou Koffi, Gilbert Assi Yassi, et Martin Kouakou Diby. 2011. « Les périphéries abidjanaises: territoires de redistribution et de relégation » dans Chaléard J. L. (dir.) Les métropoles du Sud vues de leurs périphéries, Grafigéo n° 2011-34, pages 107 – 122.

Yapi-Diahou A., Yassi G. A. et Doho Bi T.A., 2014. « Les classes moyennes dans les périphéries d'Abidjan: la clientèle des promoteurs dans des espaces en recomposition », dans Chaléard J.L. (dir.), Métropoles aux Suds, Le défi des périphéries ?, Paris, Karthala, pages. 115 – 132.

Yassi G. A., 2013. « Akouédo, une décharge hors normes à Abidjan » dans Yapi-Diahou et Kamdem P. (dir.), Variations ivoiriennes, revue des hautes terres, n° 4, vol.1, Yaoundé, IRESMA Éditions, pp. 11 – 22.

CHAPITRE 2

Connecter les villes

Tuo Shi et Ibou Diouf

Introduction

Les connexions — extérieures et intérieures, physiques et économiques — d'une ville déterminent largement son avenir. Lorsque des villes et leurs quartiers sont déconnectés, les marchés du travail et des produits ne sont pas intégrés. Il en résulte une perte de productivité et des prix plus élevés des produits, coûts ressentis par les producteurs comme par les consommateurs. Et comme l'insuffisance des connexions ralentit la croissance des villes, les villes peu dynamiques freinent la croissance du pays.

Nul besoin d'expliquer les avantages qu'offrent de bonnes connexions[1]. Les connexions entre les villes permettent aux entreprises d'accéder aux marchés locaux, régionaux et mondiaux, pour se procurer des intrants et écouler leurs produits. Elles offrent également aux consommateurs des choix et, dans de nombreux cas, de meilleurs prix. À l'intérieur des villes, les connexions permettent aux individus d'accéder à l'emploi et aux entreprises d'attirer des travailleurs, d'accéder à d'autres intrants et de vendre leurs produits sur les marchés locaux. De meilleures connexions ouvrent de nouvelles perspectives économiques aux villes et leur permettent ainsi de prospérer. Les décideurs qui rendent les marchés et les emplois plus accessibles ouvrent la voie à des possibilités nouvelles qui favorisent la transformation économique.

Au plan spatial, les villes doivent être connectées d'une manière qui favorise les économies d'agglomération qui leur sont propres. Les connecteurs globaux doivent disposer d'infrastructures de classe mondiale qui facilitent la connectivité internationale (ports, aéroports et TIC), de solides infrastructures interurbaines pour relier les zones industrielles aux sources de matières premières à l'intérieur du pays, et des systèmes de transport intra-urbain efficients qui intègrent le marché du travail et rendent les villes plus habitables. Les intrants les plus nécessaires aux connecteurs régionaux sont des systèmes d'échanges commerciaux et de transport qui relient de manière fluide l'économie nationale aux marchés régionaux, avec des coûts de transport plus bas. Du fait que la plupart des connecteurs nationaux se trouvent dans des régions principalement agricoles ou tributaires de ressources naturelles, avec une urbanisation naissante à faible densité économique, les forces d'agglomération doivent être renforcées par les institutions chargées du marché afin de réglementer l'occupation des terres et les transactions foncières, ainsi que la prestation des services de base.

Cependant, les autorités municipales qui envisagent d'établir des connexions plus solides pour leur ville et ses quartiers sont confrontées à des choix difficiles. Avec peu de ressources, elles ne peuvent se permettre d'investir sans planifier. Il est difficile de savoir quelles connexions nouvelles ou améliorées auront les meilleurs rendements dans le futur. Les villes devront s'adapter au gré de l'évolution de la situation. Établir les priorités d'investissement signifie faire des choix positifs et négatifs à brève échéance, mais à long terme, ces choix peuvent avoir un réel impact pour des villes entières, voire pour le pays. Certaines décisions enferment des villes et des pays dans des schémas qui durent un siècle ou plus, et d'autres ont des conséquences qui sont tout simplement irréversibles.

Les autorités doivent resserrer les connexions intra-urbaines, interurbaines et internationales. Compte tenu des contraintes de la Côte d'Ivoire, afin de soutenir l'urbanisation diversifiée dont le pays a besoin pour profiter pleinement des avantages d'économies d'agglomération, les décideurs ivoiriens doivent privilégier l'amélioration de la mobilité intra-urbaine à Abidjan, la réduction des coûts de transport interurbain, les connecteurs globaux, régionaux et locaux du pays, et l'amélioration du transport international et des TIC pour les connecteurs globaux et régionaux stratégiques.

Mobilité intra-urbaine

Lors de la planification de l'accès amélioré et pour assurer des services abordables, les décideurs doivent envisager des options qui permettent aux villes de renforcer les économies d'agglomération et assurent l'intégration spatiale des marchés du travail. L'expérience internationale démontre que les économies d'agglomération et les marchés du travail intégrés stimulent la productivité et la croissance économique en déclenchant deux processus interdépendants. Premièrement, des marchés du travail intégrés permettent de mettre en relation les entreprises et les travailleurs à moindre coût. Rendre les emplois plus accessibles facilite la transformation économique pour l'industrialisation, la spécialisation et la diversification. Deuxièmement, les retombées positives de l'apprentissage augmentent avec la mobilité urbaine. En effet les connaissances sont acquises par les individus et transmises par « ceux qui savent » (Duranton 2009). La diffusion de connaissances auprès d'un grand nombre d'individus augmente la production, l'enrichissement et la diffusion de connaissances. Établir ces connexions comme il se doit peut permettre à des villes comme Abidjan de devenir des « pépinières » pour les plus petites villes et aux connaissances de s'étendre d'une ville à l'autre (Duranton et Puga 2011).

Il est donc indispensable d'améliorer les connexions à l'intérieur d'une ville pour intégrer les marchés du travail, en particulier dans de grandes villes comme Abidjan qui se caractérise par des écarts spatiaux importants et de longues distances. L'insuffisance de connexions entre la main-d'œuvre et les entreprises dans les grandes villes peut entraîner la fragmentation du marché du travail. Dans ces conditions, travailleurs et entreprises font face à des coûts de recherche plus élevés. Les travailleurs peuvent trouver un emploi, mais sans bénéficier de la richesse et de la variété du marché du travail, qui leur permet généralement de trouver un meilleur emploi au même coût de recherche. Les villes perdent donc les avantages potentiels des économies qu'un marché du travail unifié offrirait. Une mobilité limitée des travailleurs à l'intérieur des villes freine davantage la diffusion des connaissances. Si les travailleurs plus qualifiés se regroupent dans un endroit, rien ne les incite à le quitter, et leurs connaissances accumulées ne se propagent pas.

Manque de connexions internes à Abidjan

Les communes du centre d'Abidjan semblent être déconnectées de la périphérie. Il ressort d'une enquête menée dans le district d'Abidjan en 2013 par l'Agence japonaise de coopération internationale (JICA) et le Ministère de la construction, de l'assainissement et de l'urbanisme (MCLAU) que la plupart des individus se rendent au travail à pied ou à vélo, ce qui limite leurs perspectives d'emploi (JICA et MCLAU 2014). Les activités professionnelles et commerciales sont concentrées dans le centre-ville d'Abidjan, et beaucoup moins d'emplois existent à la périphérie. Les individus se déplacent pour aller travailler à Yopougon, Abobo, Cocody, Adjamé et Koumassi. S'il est noté qu'un grand nombre de personnes quittent Yopougon, Abobo et Koumassi pour aller travailler dans d'autres localités, en revanche, Cocody et Adjamé (communes situées plus au centre) attirent un plus grand nombre de personnes qui se rendent au travail dans ces deux quartiers que de travailleurs qui les quittent pour travailler ailleurs. La mobilité est beaucoup plus faible à la périphérie (Songon, Anyama, Grand-Bassam et Bingerville). Adjamé, qui est situé dans le centre d'Abidjan, est clairement un quartier attrayant pour les personnes qui se déplacent pour des raisons professionnelles. Toutefois, une proportion importante de personnes est déconnectée des lieux où se trouvent les emplois. Les voies de circulation sont différentes selon que les travailleurs sont motorisés ou pas, les travailleurs se déplaçant à pied ou à vélo étant beaucoup moins connectés que les travailleurs motorisés. Seuls deux axes semblent être reliés pour les travailleurs non motorisés : Adjamé-Attécoubé et, dans une moindre mesure, Koumassi-Marcory.

Peu d'Abidjanais utilisent les transports en commun. La plupart des citadins, en particulier les pauvres, se déplacent à pied ou en vélo (voir graphique 2.1). L'enquête fait état d'estimations de dépenses de transport public pour 1 % seulement de la population, ce qui laisse penser qu'un très faible nombre d'habitants d'Abidjan utilise effectivement les transports en commun pour se rendre au travail, à l'école ou à un magasin. Sur les déplacements enregistrés par l'enquête, 53,2 % sont effectués par des moyens de transport non motorisés tels que le vélo, ou par la marche à pied. Seuls 4,8 % des déplacements se font en voiture ou en moto. Quelques individus ont recours au transport fluvial ou à des taxis-compteurs. Les taxis collectifs (*woro-woro*), les fourgonnettes (*gbaka*) et les autobus (SOTRA et autres) sont utilisés pour les autres déplacements indiqués dans le questionnaire de l'enquête.

L'Urbanisation diversifiée • http://dx.doi.org/10.1596/978-1-4648-0869-2

Graphique 2.1   La plupart des Abidjanais se déplacent à pied ou à vélo, ce qui limite les possibilités d'emploi

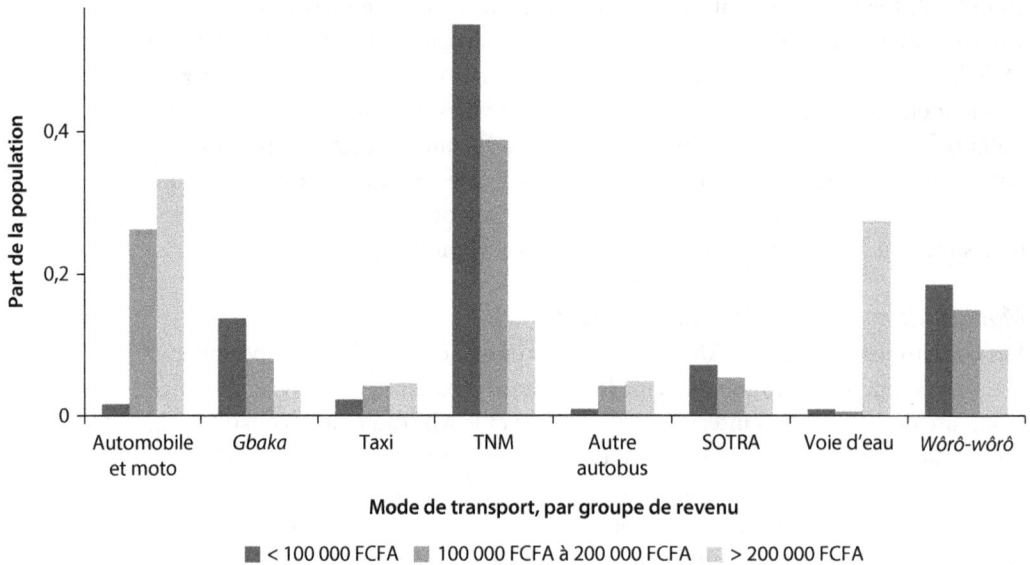

Mode de transport, par groupe de revenu

■ < 100 000 FCFA   ■ 100 000 FCFA à 200 000 FCFA   ▨ > 200 000 FCFA

Source : JICA 2014.
Remarque : TNM = transport non-motorisé. SOTRA = Société des Transports Abidjanais.

Les plus pauvres n'ont accès qu'à une petite part du marché du travail. La distance parcourue augmente légèrement avec le revenu, grâce à un meilleur accès à des modes de transport plus rapides (voir graphique 2.2). La plupart des individus vivent à proximité de leur travail. Le trajet moyen est inférieur à 5 km, distance maximale que peuvent se permettre la plupart des individus, qui se rendent au travail à pied ou à vélo. Pour ceux qui empruntent des modes de transport motorisés, l'une des voies les plus fréquemment utilisées pour se rendre au travail est l'axe Adjamé-Abobo, long d'environ 8 km sur l'autoroute. Fait étonnant, très peu de déplacements à pied ou à vélo sont effectués sur cet axe.

Abidjan perd les avantages potentiels de l'agglomération découlant d'un marché du travail unifié. L'expérience internationale indique que, au fur et à mesure que le revenu augmente, les individus se déplacent plus vite et plus loin, et que les modes de transport évoluent. Les autobus, les voitures, les trains et les avions sont de plus en plus utilisés et préférés à la marche et au vélo, le moyen de locomotion des pauvres — voir par exemple, Schafer 1998, Gakenheimer (1999) et WBCSD (2001). Le graphique 2.3 indique la corrélation qui existe entre la mortalité des enfants de moins de cinq ans (TMM5), qui peut servir d'indicateur de revenu ou de pauvreté, et la proportion de personnes qui se rendent au travail à pied ou à vélo dans des villes d'Afrique (ONU-HABITAT 1998). Le graphique indique également qu'au fur et à mesure que le TMM5 augmente, la proportion de personnes se rendant au travail par des moyens de locomotion non motorisés augmente aussi. Inversement, la proportion de personnes se rendant au travail par des moyens motorisés (hors autobus et trains) est plus faible dans les villes qui affichent un TMM5 élevé.

Graphique 2.2 La distance parcourue augmente avec le revenu

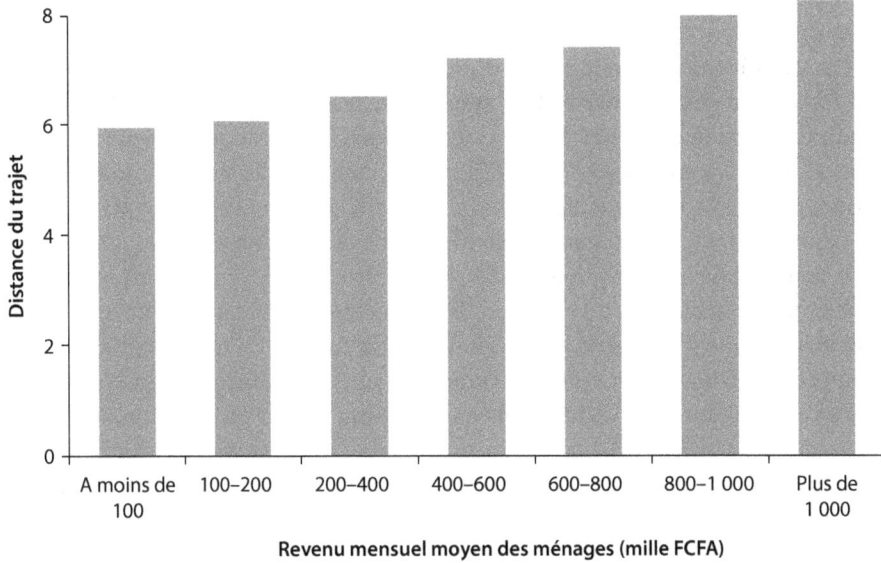

Source : JICA et MCLAU 2014.

Graphique 2.3 Niveau de développement et mode de transport urbain

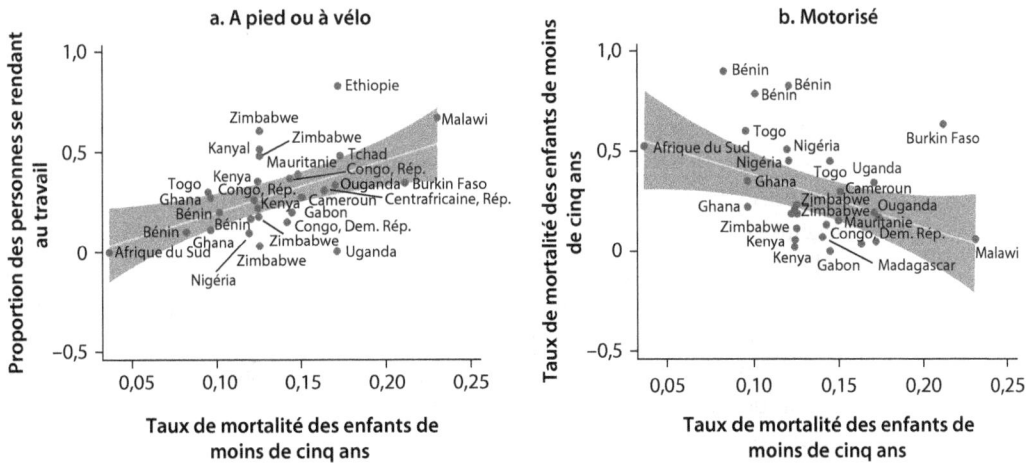

Source : ONU-HABITAT, 2002.

Coordonner l'occupation de l'espace afin d'assurer la connectivité intra-urbaine

Pour améliorer la mobilité à l'intérieur des villes, la planification de l'occupation des terres et celle des transports urbains doivent être mieux intégrées. Le transport et la mobilité sont mieux gérés dans le cadre d'une stratégie urbaine intégrée qui peut prendre en compte divers groupes d'usagers et anticiper les besoins à long terme. Les pouvoirs publics pourraient prendre des mesures de gestion

L'Urbanisation diversifiée • http://dx.doi.org/10.1596/978-1-4648-0869-2

d'utilisation des terres à travers le développement axé sur les transports ou une croissance intelligente qui privilégie les nouveaux aménagements le long des voies de transport public existantes.

Les villes ivoiriennes ont besoin d'un schéma directeur des transports urbains qui favorise la mise en place d'un système de transport multimodal fiable, sûr, moderne, durable et accessible à tous les citadins. Il n'existe pas de schéma directeur national des transports[2], et le schéma directeur routier national doit quant à lui être mis à jour pour prendre en compte la stratégie d'aménagement du territoire du Gouvernement. Le secteur est mal coordonné et de nombreux opérateurs informels non qualifiés exercent leur métier avec des véhicules vétustes qui posent des problèmes de sécurité et de pollution. Dans la région du Grand Abidjan, le transport en commun n'est pas diversifié, en dépit de l'existence d'une lagune navigable, et il n'est pas à la hauteur d'une métropole de plus de 6 millions d'habitants.

La prédominance du secteur informel constitue un obstacle à la prestation de services de transport urbain. Les transports publics à Abidjan ne fonctionnent principalement que sur deux axes de passage, à savoir la route et la lagune, qui comptent environ 9 millions d'embarquements par jour. À Abidjan, les secteurs formel et informel exploitent tous deux ces axes de passage. L'un des principaux problèmes tient au fait que le service de transport public est assuré en grande partie par le secteur informel. Les services d'autobus se concentrent sur des itinéraires qui partent des banlieues vers plusieurs terminaux de la ville tels qu'Adjamé ou le Plateau. Le secteur informel, qui se compose des *gbaka*, des taxis-compteurs, des *woro-woro* et des taxis intercommunaux, représente 85 % des déplacements en transports publics, et son développement s'est fait au détriment du secteur formel.

La priorité devrait être donnée aux transports en commun au moyen de la réglementation de la circulation et de la tarification. Il est important de prendre des mesures visant à rendre les transports publics plus attrayants afin d'améliorer l'efficacité globale, à travers notamment la mise à niveau de la signalisation routière, l'application de systèmes d'information sur la circulation et la gestion du trafic sur les grands axes routiers, le contrôle de la surcharge des véhicules et la mise en application de la réglementation relative à la circulation. La gestion du stationnement et un traitement prioritaire visant à assurer la sécurité routière sont également des mesures importantes. Les politiques doivent être orientées de sorte à conduire à l'établissement d'un réseau de transport public complet et intégré qui soit pratique, convivial et accessible à tous les groupes de revenus dans tous les centres urbains, districts et quartiers, tout en donnant accès aux équipements collectifs locaux, aux centres d'emploi, aux sites de loisirs et aux sites touristiques.

Les mécanismes de tarification peuvent être efficaces pour encourager l'utilisation des transports publics et réduire la dépendance à l'égard des véhicules personnels. L'expérience internationale indique que la taille des zones urbaines se réduit avec l'augmentation des subventions aux transports, mais elle augmente avec les subventions à l'achat d'automobiles. Les instruments qui tirent parti des mécanismes du marché incluent les taxes de congestion routière ou les péages, les taxes sur les émissions et/ou la pollution, la taxe sur les carburants, la taxe sur les véhicules et les subventions. Singapour, Londres, Amsterdam et Stockholm appliquent des taxes de congestion pour réduire la circulation automobile aux heures de pointe (Banque mondiale 2009). Ces mesures sont prises pour promouvoir l'utilisation des transports en commun qui réduisent les coûts de congestion et améliorent les conditions de vie, entraînant en fin de compte une productivité accrue dans les villes.

Connectivité interurbaine

Les coûts de transport interurbain constituent un obstacle implicite au commerce dans les villes. Des données probantes au niveau mondial démontrent que la réduction des coûts de transport grâce à d'importants progrès et investissements dans les infrastructures a contribué à renforcer l'intégration économique et la spécialisation à l'intérieur des pays. Les axes de transport entre les villes renforcent les économies d'agglomération et génèrent des fonctions complémentaires et spécialisées. La baisse des coûts de transport devrait encourager les échanges entre les villes et permettre la spécialisation d'une ville à l'autre et la croissance des villes secondaires. Elle peut permettre aux industries manufacturières normalisées de prospérer dans les villes secondaires où les coûts des terrains et de la main-d'œuvre sont beaucoup plus bas. À mesure que les villes se spécialisent, les infrastructures interurbaines deviennent une priorité dans les zones les plus dynamiques.

Les connexions entre les connecteurs globaux, régionaux et locaux sont limitées, comme indiqué par le ralentissement de la croissance des villes secondaires et leur faible spécialisation économique. La plupart des entreprises sont implantées dans quelques villes du sud, ce qui encourage la migration vers ces villes et leurs banlieues. Entre 1999 et 2011, de 89 % à 96 % des entreprises immatriculées se trouvaient dans le sud (principalement dans le Grand Abidjan). Cette région absorbe également 80 % des emplois formels et est la principale zone d'emploi pour les secteurs tels que les services aux ménages et à l'industrie, les transports, les télécommunications, le commerce de gros et de détail, l'alimentation et l'agriculture (Coulibaly, Esso, Fe et Kanga 2014). La concentration des entreprises dans le sud et le manque de croissance des villes secondaires sont dus au statut de principal pôle économique du pays dont jouit Abidjan, qui abrite l'un des plus grands ports d'Afrique subsaharienne, à savoir le port autonome d'Abidjan, mais aussi au port en eau profonde de San-Pédro. La connectivité interurbaine et régionale limitée y contribue également, ce qui complique le transfert des industries manufacturières normalisées de la ville principale vers les villes secondaires. Le reste du pays subsiste principalement en produisant des cultures vivrières ou de rente.

Infrastructures routières

Le secteur routier ivoirien connaît une croissance rapide. De 10 570 kilomètres avant l'indépendance à 85 000 kilomètres dans les années 2000, le réseau routier est devenu la première voie de transport privilégiée par les pays enclavés de l'UEMOA (Burkina Faso, Mali et Niger). Le réseau routier est relativement peu dense (82 km/1 000 km² contre une moyenne de 133 km pour les pays à faible revenu). Cependant, les réseaux principaux et secondaires assurent une couverture suffisante des villes principales et secondaires et des frontières internationales (Banque mondiale, 2010).

Le Plan national de développement 2011-2015 affecte environ 25 % du total des quelque 6 milliards de dollars É.-U. du plan d'investissement en capital alloués au développement des infrastructures et des transports. Les travaux de rénovation et d'extension de l'autoroute du nord qui rallie Yamoussoukro ont été achevés, et un troisième pont a été inauguré à Abidjan. Le Gouvernement envisage également d'étendre l'autoroute du nord qui va à Bouaké et de construire une autoroute à la frontière ghanéenne, qui traversera Grand-Bassam.

Les principales villes ivoiriennes sont reliées par un vaste réseau routier, comprenant quatre axes principaux partant d'Abidjan. L'axe de l'est va à Bondoukou et Bouna dans le nord-est, en passant par Abengourou et Agnibilékro (voir carte 2.1 ci-après). Le second axe se dirige vers Korhogo (connecteur régional),

Carte 2.1 Principaux axes routiers et villes en Côte d'Ivoire

Source : d-maps.com.

Ferkessédougou et Ouangolodougou en traversant les villes de Bouaké (connecteur régional) et Yamoussoukro (connecteur global). L'axe de l'ouest se dirige vers Daloa (connecteur régional) en passant par Man (connecteur régional) et en reliant les pays voisins du Libéria et de la Guinée. L'axe sud longe la côte jusqu'à San-Pédro (connecteur global). L'axe nord est une route internationale en direction du Burkina Faso et du Mali. Le commerce de marchandises est très intense entre la Côte d'Ivoire, le Ghana, le Togo et le Nigéria via l'axe Abidjan-Lagos, en passant par Aboisso et Noé. La majorité du fret routier (83 %) en Côte d'Ivoire couvre de longues distances (plus de 180 km), partant du niveau connecteur global jusqu'aux connecteurs locaux en passant par les connecteurs régionaux (voir graphique 2.4 ci-après). Le réseau routier reliant ces connecteurs est à réhabiliter.

Les infrastructures de transport de la Côte d'Ivoire demandent une remise en état. L'ambition de la Côte d'Ivoire d'accéder au statut de pays émergent et d'être une plaque tournante du transport en Afrique de l'Ouest exige une remise en état des routes, en particulier celles qui rejoignent les 31 capitales régionales et les connecteurs locaux. Le parc automobile du pays doit également être modernisé. Le problème des paiements informels et des barrages routiers devrait aussi être réglé. Plus particulièrement, les pouvoirs publics peuvent envisager de prendre les mesures ci-après assorties de leurs échéances respectives : i) Application de la politique de tolérance zéro concernant les pots-de-vin et le harcèlement de la part de la police de la circulation à l'égard des usagers de la route, en particulier sur les corridors internationaux (court terme) ; ii) Remise en état des axes routiers reliant la région, y compris les capitales et les communautés nationales, et construction de nouvelles infrastructures de transport

Graphique 2.4 L'essentiel des échanges commerciaux se fait entre les connecteurs globaux et des connecteurs locaux vers les connecteurs globaux

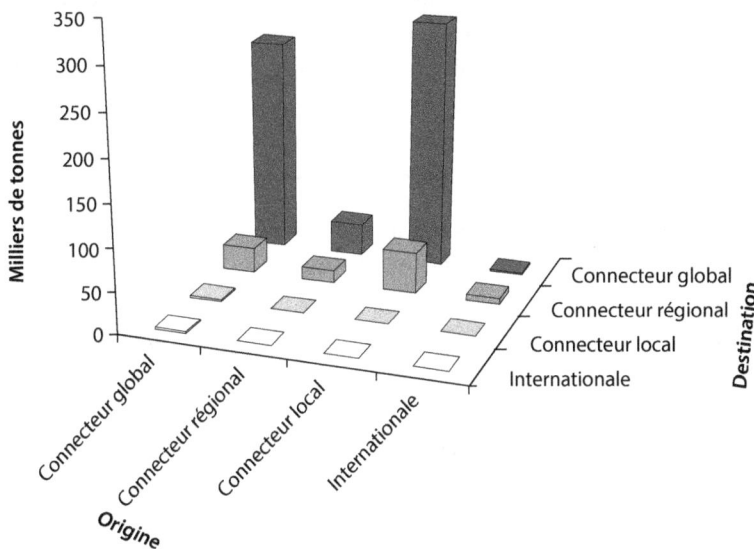

Source : ENSEA 2014.

L'Urbanisation diversifiée • http://dx.doi.org/10.1596/978-1-4648-0869-2

(moyen terme) ; iii) Incitations ou services financiers pour faciliter le renouvellement du parc automobile afin de réduire les coûts d'exploitation (moyen terme) ; iv) Réforme du secteur des transports (moyen et long terme).

Ces mesures institutionnelles devraient s'accompagner d'initiatives visant à améliorer l'efficacité des corridors régionaux. Pour le corridor Abidjan-Ouagadougou, l'extension de l'autoroute au-delà de Yamoussoukro pour relier Bouaké, Korhogo et Ferkessédougou est une priorité essentielle à moyen et long terme. Pour soutenir la diversification de l'urbanisation, il est également important de diversifier les corridors qui relient l'économie nationale aux marchés régionaux attractifs. Le corridor Abidjan-Lagos ouvre les perspectives d'un marché plus dense, et l'extension de l'axe Grand-Bassam-Aboisso jusqu'à la frontière avec le Ghana représenterait un investissement rationnel. Un troisième corridor vers l'ouest pourrait être envisagé pour relier Abidjan à Nzérékoré en Guinée. La route reliant Abidjan, Yamoussoukro, Daloa et Man à la frontière avec la Guinée pourrait alors devenir un corridor régional et ouvrir des opportunités commerciales régionales alléchantes en direction de Daloa et Man. À mesure que ces corridors régionaux se développent, l'accent devrait être mis sur la mise en place d'une logistique, d'infrastructures de distribution et d'institutions dans les villes qui représentent des connecteurs régionaux.

Coûts du transport

La connectivité économique, comparée aux coûts de transport, peut être utile pour mesurer les connexions extérieures d'une ville. Ces coûts comprennent généralement les frais directs liés à l'exploitation des véhicules (entretien, pneus, carburant, main-d'œuvre et capital) et les frais indirects (obtention de licences, assurances, péages routiers et paiements aux barrages routiers). Une enquête menée auprès de 448 camionneurs (ENSEA) a été réalisée dans le but d'estimer les coûts de transport suivant la méthodologie élaborée et appliquée au Vietnam, en Inde, en Tunisie et dans d'autres pays (voir encadré 2.1 ci-après).

Les coûts de transport à l'intérieur de la Côte d'Ivoire comptent parmi les plus élevés au monde. L'enquête sur les services de camionnage révèle que le

---

Encadré 2.1 Recenser les obstacles aux liaisons routières au Vietnam : enquête de la Banque mondiale sur l'industrie du camionnage

Pour cerner les goulets d'étranglement associés aux infrastructures de transport du Vietnam et déterminer les principaux facteurs des coûts de transport, l'équipe de la Banque mondiale chargée d'analyser l'urbanisation a entrepris une enquête sur les activités de camionnage sur des axes routiers bien précis. Cette enquête comprenait des entretiens structurés en personne avec les principaux gestionnaires et propriétaires d'entreprises de camionnage, ainsi qu'avec des opérateurs privés indépendants possédant ou louant leurs camions. Un total de 246 personnes interrogées ont répondu à des questions portant sur 852 points de données (combinant origine et destination).

encadré continue page suivante

Encadré 2.1 Recenser les obstacles aux liaisons routières au Vietnam : enquête de la Banque mondiale sur l'industrie du camionnage *(continue)*

Cette enquête a indiqué que la corruption et le mauvais état des routes étaient les principales causes de goulets d'étranglement dans le transport par camion au Vietnam. En moyenne, les exploitants de camions ont évalué la gravité de la corruption à 3,7 sur 5 et la gravité du mauvais état des routes à 3,1 sur 5.

Les déplacements dans les environs de Hanoi et Hô Chi Minh-Ville semblaient avoir des coûts de transport plus élevés (voir carte E2.1.1). Environ 13 % des coûts de transport

Carte E2.1.1 Villes d'origine dans l'enquête sur l'industrie du camionnage au Vietnam

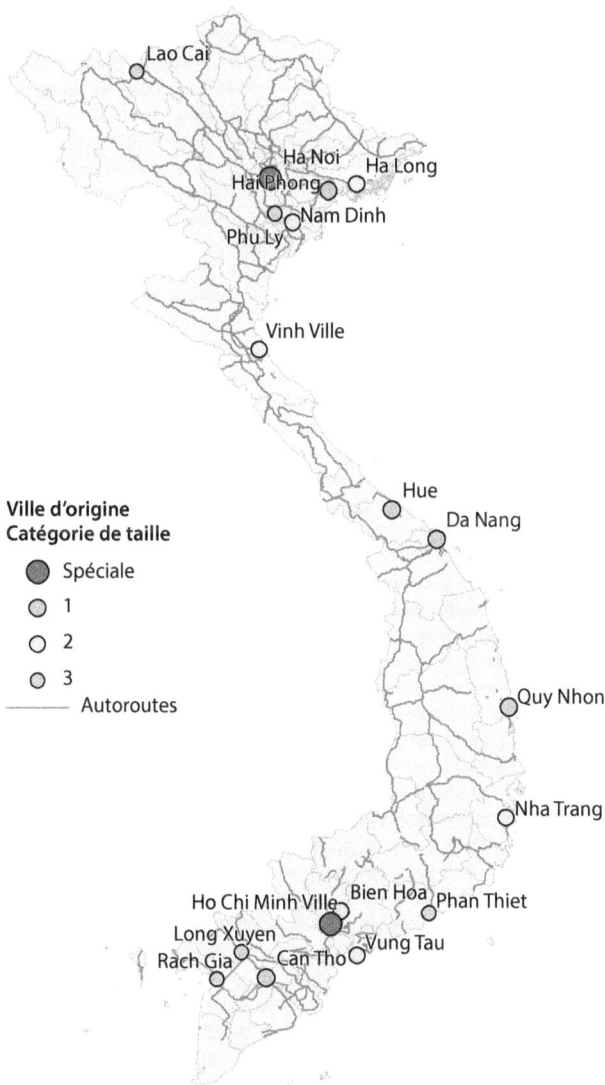

encadré continue page suivante

Encadré 2.1 Recenser les obstacles aux liaisons routières au Vietnam : enquête de la Banque mondiale sur l'industrie du camionnage *(continue)*

dans le secteur de Hô Chi Minh-Ville et 6 % dans le secteur de Hanoi représentaient des paiements informels pour accélérer le transit (tels que des pots-de-vin). En moyenne, ces paiements représentent environ 8 % de l'ensemble des charges d'exploitation du camionnage.

Source : Banque mondiale 2011.
Remarque : « catégorie de talle » se réfère à la classification des villes vietnamiennes, établie en 2001 et actualisée en 2009. Cette classification est hiérarchique avec 6 classes de centres urbains définies par leurs activités économiques, aménagement physique, population, densité, et approvisionnement d'infrastructures. Spéciale = Hanoi et Ho Chi Minh Ville; 1 = plus de 500 000 habitants dans les villes de province (1 million dans les villes administrées par le gouvernement); 2 = plus de 300 000 habitants dans les villes de provinces (800 000 dans les villes administrées par le gouvernement); 3 = plus de 150 000 habitants.

Graphique 2.5 Coûts de transport à l'intérieur de la Côte d'Ivoire

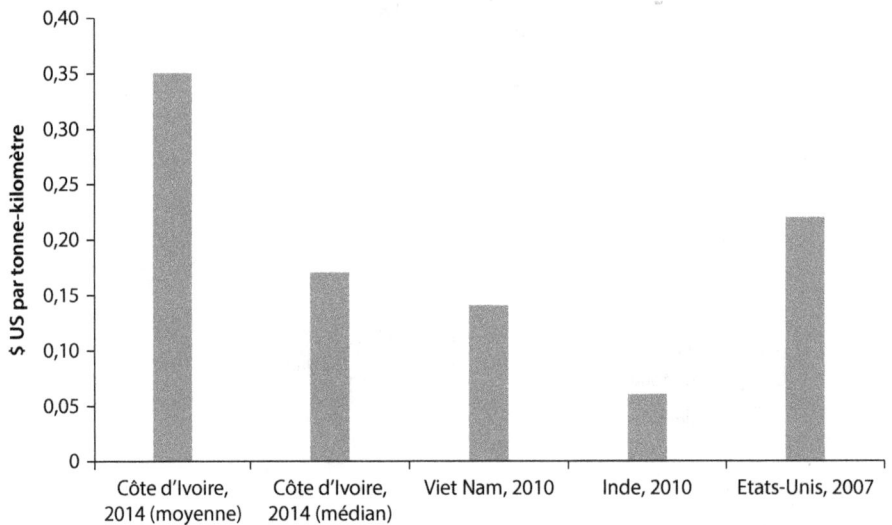

Sources : ENSEA 2014.

coût moyen du transport de marchandises est de 0,35 dollar É.-U. par tonne-kilomètre (voir graphique 2.5 ci-dessus ; il est à noter que le coût médian des services de camionnage est de 0,17 dollar É.-U. par tonne-kilomètre). Le coût moyen de transport est beaucoup plus élevé que dans d'autres pays en développement comme le Vietnam et l'Inde, et considérablement plus élevé qu'aux États-Unis, où les coûts de main-d'œuvre et les frais généraux sont eux-mêmes déjà élevés.

Les transporteurs qui desservent les connecteurs locaux sont exposés aux coûts de transport les plus élevés. Les coûts de transport (par tonne-kilomètre) sont plus élevés le long des axes qui relient les connecteurs régionaux et

Tableau 2.1 Coûts de transport en Côte d'Ivoire (par type de ville)

	CG-CG	CG-CR	CR-CL	CG-CL
Coût par tonne-kilomètre	0,32	0,17	0,47	0,39
Carburant (%)	53,75	59,44	39,47	50,77
Salaires (%)	13,88	11,47	17,30	15,89
Prime (%)	1,72	2,67	6,98	3,79
Entretien (%)	12,32	12,81	14,40	12,08
Frais généraux (%)	15,19	5,25	3,58	5,18
Autres frais (%)	3,15	8,37	18,27	12,29
Distance (km)	143 146,22	90 813,08	44 825,14	67 464,77

Source : ENSEA, Enquête sur les transports urbains, 2014.
Remarque : CG = Connecteur global ; CL = Connecteur local ; CR = Connecteur régional.

les connecteurs locaux (0,47 dollar É.-U. par tonne-kilomètre) et ceux reliant les connecteurs locaux aux connecteurs globaux (0,39 dollar É.-U. par tonne-kilomètre). À titre de comparaison, les coûts de transport à l'intérieur des connecteurs globaux correspondent davantage à la moyenne nationale (0,32 dollar É.-U. par tonne-kilomètre) et les axes reliant les connecteurs globaux et les connecteurs régionaux affichent les coûts de transport les plus faibles (0,17 dollar É.-U. par tonne-kilomètre ; voir tableau 2.1 ci-dessus).

Le coût élevé des transports est préjudiciable à la croissance des villes secondaires et limite la connectivité pour les régions économiquement en retard qui affichent un niveau plus élevé de pauvreté. Les axes reliant les connecteurs locaux et les connecteurs globaux transportent des quantités considérables de marchandises et servent d'intégrateurs entre l'économie nationale et l'économie mondiale. En outre, les axes qui relient les connecteurs locaux et régionaux rapprochent les zones moins développées des marchés. Des coûts de liaison disproportionnellement élevés pourraient nuire à la compétitivité économique nationale ainsi qu'au potentiel de développement des villes dans les régions qui accusent un retard sur le plan du développement.

Les coûts de carburant semblent être la principale contrainte pesant sur les camionneurs quel que soit l'axe routier. Si les conducteurs de camions de la plupart des axes routiers mentionnent parmi leurs contraintes les coûts de carburant, les retours à vide, la corruption et la sécurité routière, les conducteurs opérant entre les connecteurs nationaux et globaux évoquent les coûts de carburant comme une contrainte majeure (plus de 90 % des conducteurs), lesquels sont probablement tirés à la hausse par la mauvaise qualité des infrastructures. Les retours à vide sont également signalés comme des contraintes majeures le long des axes connecteur régional–connecteur local et connecteur local–connecteur global. Les réglementations relatives à la délivrance de licences et d'autorisations tendent à être une plus grande contrainte le long des connecteurs globaux que sur d'autres axes routiers : plus de 72 % des conducteurs opérant le long des axes des connecteurs globaux mentionnent l'obtention de licences parmi les contraintes, contre seulement 34 % pour les axes reliant les connecteurs globaux aux connecteurs régionaux, et 29% pour les axes reliant les connecteurs régionaux aux connecteurs locaux (voir tableau 2.2 ci-après). Cet état de fait pourrait s'expliquer par le harcèlement que subissent les camionneurs dans la région du Grand Abidjan, à qui l'on réclame des pots-de-vin pour tout document de véhicule manquant.

Les contraintes physiques qui pèsent sur les connexions entre les villes ivoiriennes sont exacerbées par la structure et les politiques du marché. Outre l'examen de la connectivité physique et des coûts de transport, la présente étude se penche sur les prix du transport, c'est-à-dire ce que payent les producteurs et les consommateurs. Les prix des transports reflètent divers facteurs : les coûts de transport, les frais généraux acquittés par l'exploitant, le bénéfice qu'il réalise, les contraintes réglementaires et la structure du marché. Ce dernier facteur détermine les prix dans le secteur des transports. Comme indiqué dans le tableau 2.3 ci-après, le long des axes routiers des connecteurs globaux — qui font l'objet d'une forte demande et de volumes importants de fret — les prix sont inférieurs aux coûts, probablement sous l'effet de la concurrence. Toutefois, dans les régions où les volumes de trafic sont plus faibles, tels que les connecteurs locaux et régionaux, les prix du transport sont beaucoup plus élevés que les coûts. Les économies d'échelle dans le secteur des transports conduisent à un cercle vicieux : des coûts plus élevés et des volumes d'échanges commerciaux et de trafic plus faibles, et des zones à faible demande qui n'attireront que quelques prestataires, susceptibles de rechercher des profits excessifs.

Le secteur du transport de marchandises doit être mieux organisé et plus compétitif. En attendant l'entrée en vigueur du nouveau cadre législatif, l'accès au secteur des transports est assez facile, d'où l'existence d'un marché fragmenté dominé par de petits acteurs informels qui exploitent des camions et des

Tableau 2.2 Principales contraintes mentionnées par les camionneurs

	CG-CG	CG-CR	CR-CL	CL-CG	Total
Coûts de carburant	63,64	87,69	87,37	91,82	88,69
Retours à vide	72,73	68,21	80	82,16	77,16
Accidents de la route	72,73	62,56	54,74	59,48	58,97
Corruption et barrages routiers	90,91	82,56	89,47	84,39	86,32
Licences et autorisations	72,73	34,02	28,87	25,47	30,26

Source : ENSEA 2014.

Tableau 2.3 Prix des transports entre les connecteurs globaux, régionaux et locaux

Axe routier	Prix du transport	Coût du transport	Marge
CG-CG	0,27	0,32	-0,05
CG-CR	0,40	0,17	0,23
CR-CL	0,55	0,47	0,08
CL-CG	0,53	0,39	0,14

Source : ENSEA 2014.

véhicules vétustes. En conséquence, ils sont exposés à des paiements informels parce que nombre d'entre eux ne sont pas conformes à la réglementation. L'existence d'une multiplicité de syndicats locaux se traduit par des « pôles d'intérêts particuliers » qui fragmentent le marché et provoquent une distorsion des prix. En effet, des pratiques telles que la répartition du fret et le « tour de rôle » sapent la quantité, la qualité et le prix des services de transport. Pour assurer une plus grande efficacité des services de transport, il faudrait donc des mesures et des mécanismes nouveaux permettant d'améliorer la transparence des prix de transport. À cet égard, il convient de mettre en place un système d'information sur le marché qui soit solide et transparent.

La mise en place d'un système d'information sur le marché (MkIS) peut permettre de mieux rapprocher les clients des transporteurs. Tant pour le transport de marchandises que pour celui des personnes, la formule du « tour de rôle » et le comportement oligopolistique des syndicats et associations professionnelles sont des pratiques appliquées depuis longtemps qui compromettent l'efficacité du marché. Promouvoir un MkIS peut aider à mieux coordonner l'offre et la demande de services de transport. Ce système constituerait une plateforme où l'information pourrait être formellement centralisée, analysée, traitée et rendue accessible à tous les acteurs du marché. Le MkIS pourrait se fonder sur les TIC et comporter deux branches : une bourse virtuelle du fret et des applications de gestion de la clientèle de passagers.

Connectivité internationale

Les infrastructures de transport et de TIC sont essentielles pour améliorer l'efficience économique des connecteurs globaux, régionaux et locaux. Les décideurs devraient envisager leurs villes comme un portefeuille interconnecté d'actifs qui se distinguent les uns des autres par la taille, l'emplacement, la densité de population et la fonction, et qui relient leur économie aux marchés locaux, régionaux et mondiaux. Des données concrètes à travers le monde indiquent que les entreprises et les individus peuvent exploiter les économies d'échelle et d'agglomération si les établissements urbains où ils se trouvent remplissent les fonctions qui leur sont normalement assignées. Ceci dépend en très grande partie des connexions qu'offre la ville, qu'elles soient extérieures ou intérieures. Les connectivités extérieures d'un pays passent par des villes-nœuds au niveau ou le long des infrastructures de communication et de transport internationaux : ports, aéroports, chemins de fer et ossature des TIC.

Connectivité maritime

Abidjan et San-Pédro sont des ports d'envergure mondiale. Le port autonome d'Abidjan (avec un terminal à conteneurs et un autre en construction), et le port en eau profonde de San-Pédro (construit dans le cadre du premier plan de développement du pays) assurent le transport maritime pour la Côte d'Ivoire et des pays enclavés comme le Burkina Faso, le Mali et le Niger. Le port d'Abidjan est le principal port du pays, accueillant 80 % du trafic maritime dans le pays.

Abidjan gère des volumes de fret plus importants que la plupart des ports d'Afrique de l'Ouest et dispose d'une capacité d'environ 650 000 équivalent-vingt pieds (EVP) par an. Il était toutefois l'un des plus onéreux en 2009. La concurrence limitée entre les exploitants des ports contribue aussi à maintenir les prix à un niveau élevé. Le port de San-Pédro est principalement dédié au commerce du bois et à une partie des exportations de produits agricoles (principalement le café et le cacao).

L'exploitation du port d'Abidjan a été sérieusement interrompue par les crises sociopolitiques en Côte d'Ivoire. À l'issue de la crise postélectorale de 2011, il a retrouvé progressivement sa place parmi les ports les plus actifs d'Afrique, bien que le trafic de conteneurs y soit encore faible (environ 700 000 EVP en 2013) par rapport à l'Afrique du Sud (plus de 4 millions EVP en 2013). Le trafic en transit vers les pays sans littoral (tels que le Burkina Faso et le Mali) a connu un regain d'activité après les crises. En 2013, le volume du trafic en transit vers l'intérieur représentait le double de celui de 2011 (1,76 million de tonnes contre 0,76 million de tonnes).

Les activités au port de San-Pédro ont également connu une forte reprise au cours des trois dernières années. Le volume des exportations a augmenté de 16 %, passant de 980 000 tonnes en 2011 à 1,139 millions de tonnes en 2013. Le volume du trafic de transbordement a plus que quadruplé au cours de la même période. Le nombre de bateaux accueillis dans le port est passé de 369 en 2010 à 533 en 2013.

L'un des principaux défis du secteur portuaire est la spécialisation des quais au port autonome d'Abidjan. L'extension du port à l'île de Boulay lui permettra d'accroître sa capacité. Le port devra également augmenter sa capacité en eau profonde pour mettre en valeur son rôle de grand centre de transbordement pour l'Afrique de l'Ouest. Une autre solution serait que le cabotage entre le port d'Abidjan et celui de San-Pédro puisse rendre ces deux ports complémentaires afin de mieux servir les clients nationaux et régionaux. La construction d'un pont entre le port d'Abidjan et l'autoroute nord permettra la livraison de marchandises aux pays sans littoral, en contournant la ville d'Abidjan, ce qui réduira la congestion. Ces projets correspondent à la vision des autorités portuaires actuelles, qui est de faire de la Côte d'Ivoire une plaque tournante maritime régionale majeure.

Connectivité aérienne

La Côte d'Ivoire dispose de trois aéroports internationaux, à savoir Abidjan (aéroport Félix Houphouët-Boigny), Yamoussoukro et Bouaké. Mis en service en 1939, l'aéroport Félix Houphouët-Boigny (qui concentre l'essentiel du trafic aérien) a fait l'objet de plusieurs extensions, notamment en 1996. Les travaux consistaient à prolonger de 300 mètres la piste d'atterrissage, qui à l'origine mesurait 2 700 mètres. Le terminal a également été agrandi.

L'aéroport Félix Houphouët-Boigny n'a pas encore retrouvé le niveau d'exportations de marchandises qu'il connaissait avant la crise. Le niveau le plus élevé (111 215 tonnes) a été atteint en 2002, et reste inégalé à ce jour, les crises ayant poussé de nombreuses compagnies aériennes à délocaliser leurs opérations (Diabaté et Nassa 2011). Le retour à la normale après la crise postélectorale de 2011 a débouché sur une augmentation du trafic de passagers et de fret aérien. En 2013, 22 compagnies ont desservi l'aéroport avec 1 178 362 passagers, bien que le trafic de fret aérien en 2013 restait faible (17 869 tonnes en 2013 contre 16 754 tonnes en 2012).

Après 1990, le trafic intérieur est devenu inexistant jusqu'en 2012. Avec la nouvelle compagnie nationale Air Côte d'Ivoire, le trafic aérien intérieur a repris avec des vols en direction et en provenance des connecteurs régionaux et globaux tels que Bouaké, Korhogo et San-Pédro. La compagnie prévoit de desservir les autres connecteurs régionaux suivants : Man, Odienné, Bouna et Bondoukou. Pour augmenter la demande intérieure de passagers, l'État a commencé à subventionner les billets d'avion d'Abidjan à San-Pédro et Korhogo[3].

Le pays a récemment obtenu la certification internationale pour la sécurité de l'aéroport d'Abidjan. Cela permettra à l'aéroport Félix Houphouët-Boigny d'offrir des vols directs vers les États-Unis. L'extension et l'amélioration de la piste de l'aéroport a permis d'accueillir l'Airbus A380 en 2014, qui effectue désormais un vol hebdomadaire vers Abidjan.

Connectivité ferroviaire

Le chemin de fer Abidjan-Ouagadougou permet au Burkina Faso d'avoir un accès libre à la mer tout en assurant l'écoulement des produits manufacturés ivoiriens sur les marchés nationaux et régionaux. Le réseau ferroviaire couvre une distance de 1 260 km. À l'origine, il devait atteindre Niamey au Niger, mais le projet s'est arrêté à Ouagadougou. La ligne ferroviaire est maintenant exploitée par une entreprise privée, SITARAIL, après que l'exploitant a été privatisé en 1995. Le chemin de fer accueille 40 trains de marchandises et 12 trains de voyageurs par semaine. Il assure le transport de 910 000 tonnes de marchandises par kilomètre par an et de 300 000 passagers par kilomètre et par an[4].

SITARAIL transporte des marchandises en vrac vers le Burkina Faso. Les principaux produits transportés sont le clinker, le ciment, les céréales, les conteneurs, le pétrole et les engrais. Dans l'autre sens, ce sont les bovins, le coton, la noix de karité, le sésame, les légumes, les fruits et le manganèse qui sont transportés. SITARAIL est l'une des plus grandes compagnies de chemin de fer en Afrique de l'Ouest. Les statistiques pour la période 2000-2005 indiquent que SITARAIL et Transrail (reliant le Mali et le Sénégal) ont eu les meilleures performances, la densité du trafic de SITARAIL ayant atteint près de 500 000 tonnes-km, contre 15 000 tonnes-km pour la compagnie des chemins de fer du Nigéria. Les grandes villes de la Côte d'Ivoire situées le long de la ligne de chemin de fer sont Abidjan, Bouaké et Ferkessédougou ; au Burkina Faso, il s'agit de Bobo-Dioulasso, Ouagadougou, Banfora et Koudougou. Sur les 66 gares et arrêts le long du chemin de fer, huit d'entre eux seulement ont été utilisés fréquemment (Tapé 2010), poussant l'opérateur à fermer de nombreuses stations intérieures entre Dimbokro et Agboville.

L'Urbanisation diversifiée • http://dx.doi.org/10.1596/978-1-4648-0869-2

La remise en état du chemin de fer est l'un des principaux défis du pays, outre la nécessité de diversifier les marchés. L'état actuel du secteur ferroviaire permet de relier les économies de la Côte d'Ivoire et du Burkina Faso. Le pays devrait poursuivre l'extension du chemin de fer en offrant plus de dessertes intérieures. C'est dans ce contexte que la construction du Tramway d'Abidjan est prévue, dans l'optique d'alléger la congestion dans la capitale. La construction de ce système de transport public devrait considérablement contribuer à moderniser ce secteur. Une initiative d'intégration intérieure mettant à profit le potentiel agricole de certains connecteurs régionaux pourrait rendre ces arrêts à nouveau rentables, favorisant les installations logistiques intermodales rail-route.

Connectivité des TIC

La connectivité par les TIC est relativement développée par rapport aux pays comparables de la région. La couverture de la téléphonie mobile est supérieure à la moyenne de la Communauté économique des États de l'Afrique de l'Ouest (CEDEAO) — soit 95 % contre 78 % (voir tableau 2.4 ci-après). À Abidjan, comme dans d'autres villes, la plupart des habitants ont accès à un réseau de téléphonie mobile de type 3G, et l'accès à Internet est relativement de bonne qualité grâce au wi-fi et à la 3G. Par ailleurs, trois câbles importants de fibre optique passent par Abidjan : le Système de câble ouest-africain (WACS), l'ACE (African Coast to Europe) et le SAT3/WASC (South Atlantic 3/West Africa Submarine Cable) (voir carte 2.2). Cela favorise la concurrence entre les trois principaux fournisseurs de services Internet (MTN, Orange et Côte d'Ivoire Telecom), laquelle a contribué à faire légèrement baisser les coûts de connexion à Internet, même si ceux-ci restent élevés par rapport à ceux des pays comme le Ghana et

Tableau 2.4 Population et couverture de la téléphonie mobile

Pays	Population	Couverture (%)
Bénin	10 323 474	93
Burkina Faso	16 934 839	66
Cabo Verde	498 897	100
Côte d'Ivoire	20 316 086	95
Gambie	1 849 285	100
Ghana	25 904 598	108
Guinée	11 745 189	63
Guinée-Bissau	1 704 255	74
Libéria	4 294 077	60
Mali	15 301 650	129
Niger	17 831 270	39
Nigéria	173 615 345	73
Sénégal	14 133 280	93
Sierra Leone	6 092 075	44
Togo	6 816 982	63
CEDEAO	327 361 302	78

Source : Banque mondiale 2014.

Carte 2.2 Câbles sous-marins parvenant à Abidjan

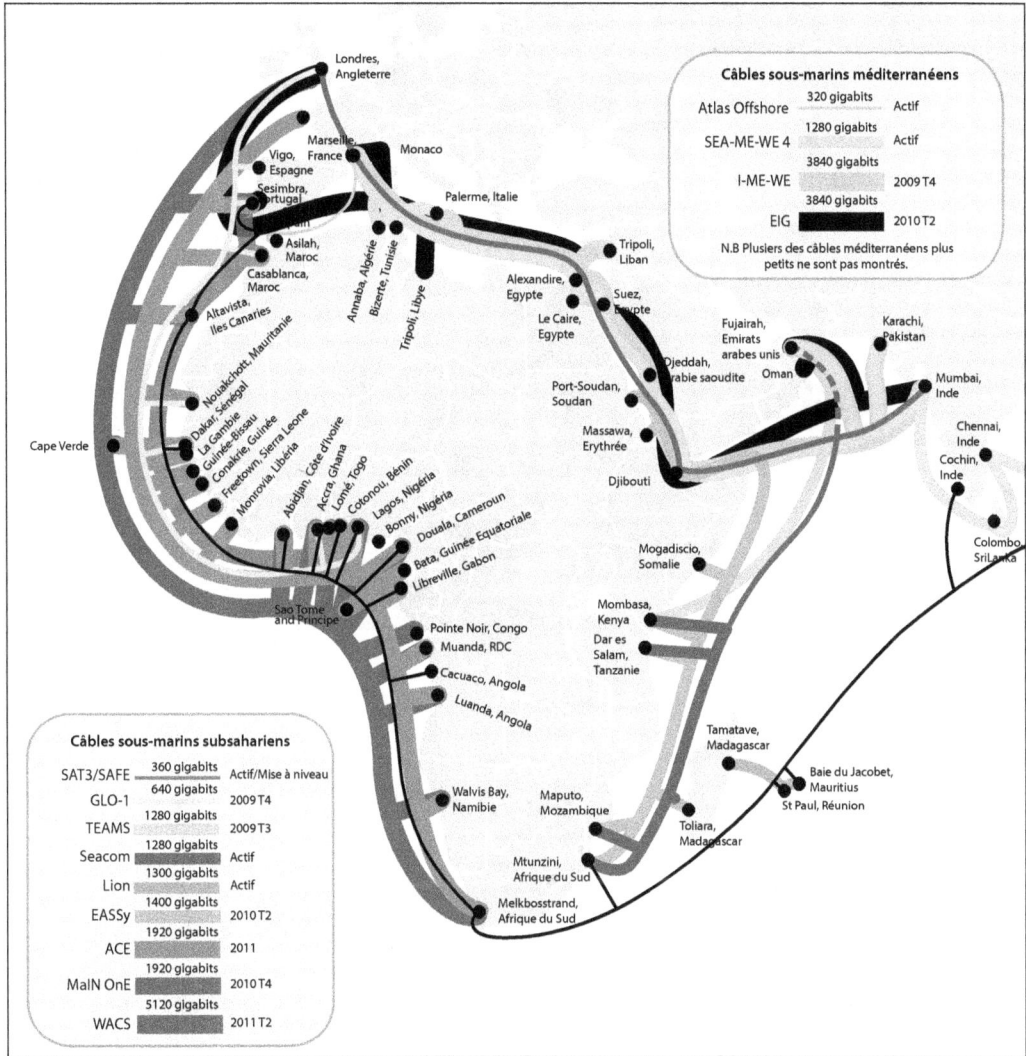

Londres, Angleterre

Câbles sous-marins méditerranéens

Atlas Offshore	320 gigabits	Actif
SEA-ME-WE 4	1280 gigabits	Actif
I-ME-WE	3840 gigabits	2009 T4
EIG	3840 gigabits	2010 T2

N.B Plusiers des câbles méditerranéens plus petits ne sont pas montrés.

Marseille, France
Vigo, Espagne
Monaco
Sesimbra, Portugal
Palerme, Italie
Asilah, Maroc
Casablanca, Maroc
Annaba, Algérie
Bizerte, Tunisie
Tripoli, Libye
Tripoli, Liban
Altavista, Iles Canaries
Alexandire, Egypte
Suez, Egypte
Le Caire, Egypte
Fujairah, Emirats arabes unis
Karachi, Pakistan
Nouakchott, Mauritanie
Port-Soudan, Soudan
Djeddah, Arabie saoudite
Oman
Mumbai, Inde
Dakar, Sénégal
La Gambie
Guinée-Bissau
Conakrie, Guinée
Freetown, Sierra Leone
Monrovia, Liberia
Abidjan, Côte d'Ivoire
Accra, Ghana
Lomé, Togo
Cotonou, Bénin
Lagos, Nigéria
Bonny, Nigéria
Douala, Cameroun
Bata, Guinée Equatoriale
Libreville, Gabon
Massawa, Erythrée
Djibouti
Chennai, Inde
Cochin, Inde
Cape Verde
Colombo, SriLanka
Sao Tome and Principe
Mogadiscio, Somalie
Pointe Noir, Congo
Muanda, RDC
Cacuaco, Angola
Luanda, Angola
Mombasa, Kenya
Dar es Salam, Tanzanie
Tamatave, Madagascar
Baie du Jacobet, Mauritius
St Paul, Réunion
Walvis Bay, Namibie
Maputo, Mozambique
Toliara, Madagascar
Mtunzini, Afrique du Sud
Melkbosstrand, Afrique du Sud

Câbles sous-marins subsahariens

SAT3/SAFE	360 gigabits	Actif/Mise à niveau
GLO-1	640 gigabits	2009 T4
TEAMS	1280 gigabits	2009 T3
Seacom	1280 gigabits	Actif
Lion	1300 gigabits	Actif
EASSy	1400 gigabits	2010 T2
ACE	1920 gigabits	2011
MaIN OnE	1920 gigabits	2010 T4
WACS	5120 gigabits	2011 T2

Source : Wikipedia.

l'Afrique du Sud, et l'accès en dehors des centres urbains est relativement faible. La technologie avancée 4G est également en cours d'introduction. Cependant, il faudrait investir beaucoup plus, car de nombreux connecteurs locaux n'ont pas accès à l'Internet (voir carte 2.3). L'Internet à haut débit fait généralement défaut. Selon l'édition 2014 de l'enquête des Nations Unies sur l'administration électronique (United Nations E-Gouvernement Survey), la Côte d'Ivoire se classe actuellement au 171e rang (sur 193 pays) dans le monde, classement proche de la moyenne des pays de la CEDEAO, mais loin derrière le Ghana (123e) et le Sri Lanka (174e). La couverture de la téléphonie mobile à large bande passante est également relativement insuffisante, avec un taux de pénétration d'environ

Carte 2.3 Connectivité des TIC en Côte d'Ivoire

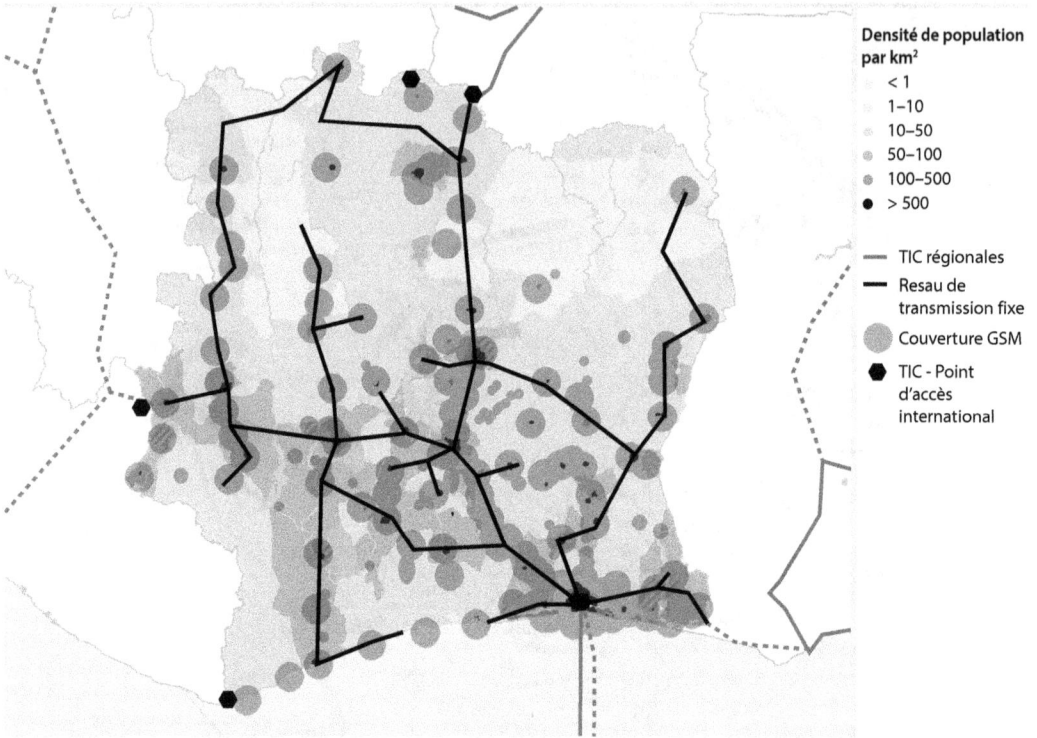

Source : Étude diagnostique par pays des infrastructures africaines, 2010.
Remarque : GSM = Global System for Mobile Communications ; TIC = technologie de l'information et de la communication.

6,8 % seulement (à la fin de 2013), qui est comparable à celui du Sénégal et du Nigéria, mais nettement inférieur à celui du Ghana (28,2 pour 100 habitants) et du Sri Lanka (15 pour 100 habitants).

Il existe des possibilités de faire de Yamoussoukro une plaque tournante de la technologie en Afrique de l'Ouest. Comme l'initiative de pôles de croissance pour Abidjan, Bouaké et San-Pédro fait partie intégrante de la stratégie de croissance et de l'emploi de l'État, il est important de la soutenir en établissant un pôle technologique à Yamoussoukro, qui s'appuierait sur l'Institut national polytechnique. Les entreprises nationales de technologie (où qu'elles se trouvent) et des partenaires privés externes pourraient former un pôle autour de l'Institut polytechnique afin de tirer parti, avec des salaires très compétitifs, des nombreux travailleurs qualifiés qui y finissent leurs études chaque année. Cela signifierait assurer la connectivité de TIC de classe mondiale pour au moins les trois connecteurs globaux (Abidjan, San-Pédro et Yamoussoukro) afin de profiter des innovations récentes en matière de TIC, telles que les MOOC (cours en ligne ouverts à tous), qui pourraient déboucher sur des partenariats avec des universités internationales de renom. Le réaménagement urbain axé sur les technologies, comme l'expérience à laquelle la ville de

New York procède actuellement avec l'université Cornell, en vue de stimuler la création d'entreprises à forte croissance, pourrait être considéré à Yamoussoukro. L'objectif affiché de New York est d'accroître les chances que la prochaine entreprise du style Google, Amazon ou Facebook voie le jour dans cette ville (http://www.nycedc.com/project/applied-sciences-nyc).

Notes

1. De nombreuses études font ressortir des corrélations positives entre l'accès au marché et la croissance des villes (voir, entre autres, Beeson, DeJong et Troesken 2001 ; Henderson et Thisse 2004 ; et Tao, Hewings et Donaghy 2010.Des recherches sur le Brésil, par exemple, indiquent qu'une augmentation de 1 % du potentiel de marché conduit à une augmentation de la taille des villes de 2,7 %, tandis que la réduction des coûts de transport de 10 % conduit à une progression de 1 % de la croissance des villes sur une durée de plus d'une décennie (da Mata et al. 2007).

2. Bien que la JICA aide l'État à formuler le schéma directeur des transports pour la région du Grand Abidjan.

3. *Fraternité Matin*, n° 14980 du 10 novembre 2014.

4. bollore-africa-logistics.com

Références

Banque mondiale. 2009. *World Development Report: Reshaping Economic Geography*. Washington, DC: Banque mondiale.

———. 2010. *Infrastructure de la Côte d'Ivoire: Une perspective continentale*. Rapport pays. Washington, DC : Banque mondiale.

———. 2011. Vietnam Urbanization Review. Washington, DC : Banque mondiale.

———. 2014. World Development Indicators. données 2013. Washington, DC : Banque mondiale. http://data.worldbank.org.

Baum, Herbert, et Judith Kurte. 2001. « Transport et développement économique. » Discussion de synthèse à la table rond no. 119, Conférence Européenne des Ministres des Transports, Centre des Recherche Économiques.

Beeson, Patricia E., David N. DeJong, et Werner Troesken. 2001. « Population and Growth in U.S. Cities, 1840–1990. » *Regional Science and Urban Economics* 31 : 669 – 99.

Brunel J., 2005. « Le transport de marchandises et la croissance économique », ASRDLF. Villes et territoires face aux défis de la mondialisation - XIe colloque de l'ASRDLF, 5-7 septembre. 2005 Dijon.

Bullock, Richard, 2009. "Off Track: Sub-Saharan African Railways". Document de base n° 17 pour l'AICD Région Afrique, Banque mondiale, Washington.

Cotton, Anne Marie, 1974. Les Cahiers d'Outre-mer - Revue de géographie de Bordeaux, Bordeaux, France : ORSTOM (Office de la Recherche Scientifique et Technique d'Outre-Mer).

Coulibaly, Souleymane, Jacques Esso, Charles Fe Doukoure, et Desire Kanga. 2014. « Revue l'Urbanisation: Analyse Économique. » Document de référence pour la présente étude.

da Mata, Daniel, Uwe Deichmann, J. Vernon Henderson, Somik Lall, et H. G. Wang. 2007. « Determinants of City Growth in Brazi. » *Journal of Urban Economics* 62 : 252 – 72.

Diabaté, Désiré, et Axel Nassa, 2011. Zone franche en Côte d'Ivoire, entre mondialisation, objet et effets géographiques. HAL (Archive ouvert en Sciences de l'Homme et de la Société) 00580353.

Didier, Michel, et Remy Prud'homme, 2007, Infrastructure de transport, mobilité et croissance, La documentation française.

Duranton, Gilles. 2009. « Are Cities Engines of Growth and Prosperity for Developing Countries? » Dans *Urbanization and Growth*, edité par Michael Spence, Patricia Clarke Annez, et Robert M. Buckley. Washington, DC : Banque mondiale.

Duranton, Gilles, et Diego Puga. 2001. « Nursery Cities: Urban Diversity, Process Innovation, and the Life Cycle of Products. » *American Economic Review* 91 (5) : 1454 – 77.

ENSEA (École Nationale Supérieure de Statistique et d'Économie Appliquée), Banque mondiale. 2014. Côte d'Ivoire Urbanization Review: Urban Connectivity: Repositioning cities based on their respective comparative advantage. Document de référence pour la présente étude.

Foster, Viven, et Nataliya Pushak. 2010. *Côte d'Ivoire's Infrastructure: A Continental Perspective*. Washington, DC : Banque mondiale.

Gabella–Latreille, C., 1997. Le modèle Quin-Quin Fret, un modèle de simulation à l'horizon 2015 des flux de transport de marchandises. Thèse de doctorat, Université Lyon 2.

Gakenheimer, Ralph. 1999. « Urban Mobility in the Developing World. » *Transportation Research Part A* 33 (1999) : 671 – 89.

Gwilliam, Ken, Vivien Foster, Rodrigo Archondo-Callao, Cecilia Briceño-Garmendia, Alberto Nogales et Kavita Sethi, 2008. « The Burden of Maintenance: Roads in Sub-Saharan Africa ». Document de base n° 14 pour l'AICD, Région Afrique, Banque mondiale, Washington.

Henderson, J. Vernon, et Jacques François Thisse, eds. 2004. *Handbook of Regional and Urban Economics*, vol. 4. Amsterdam : Elsevier.

Herbert Baum et al., 2001, Transport et développement économique, OCDE.

JICA (Japan International Cooperation Agency) et MCLAU (Ministère de la Construction, du Logement, de l'Assianissement et de l'Urbanisme). 2014. Project for the Development of the Urban Master Plan in Greater Abidjan. Rapport provisoire, Annexe, Document de travail no. 1: Enquête de ménages.

Lee, H.L., et Billington, C., 1993, « Material Management in Decentralized Supply Chains », *Operations Research*, Vol. 41, pages 835-847.

Lenormand A. 2002, Prévisions dans les modèles cointégrés avec rupture : Application à la demande de transports terrestres de marchandises et de voyageurs. Thèse pour le doctorat en sciences économiques, Université Paris 1 Panthéon-Sorbonne.

MEMPD (Ministère d'État Ministère du Plan et du Développement). 2012. *Plan National de Développement, 2012–2015*. République de Côte d'Ivoire.

Meyer F., 1998. La concurrence rail-route : Analyse économétrique des trafics de marchandises et des perspectives du transport combiné. Thèse pour le doctorat en sciences économiques, Université Paris 1 Panthéon-Sorbonne.

Mundy, Michael et Andrew Penfold, 2008. "Beyond the Bottlenecks: Ports in Sub-Saharan Africa". Document de base n° 8 pour l'Étude diagnostique par pays des infrastructures africaines, Région Afrique, Banque mondiale, Washington.

ONU-Habitat. 2002. *Global Urban Indicators Database 2*. Nairobi: ONU-Habitat.

Polèse, Mario, 2010. Le rôle des villes dans le développement économique : un autre regard, document de travail, INRS.

Schäfer, A. 1998. « The Global Demand for Motorized Mobility. » *Transportation Research A* 32 (6) : 455 – 77.

Tao, Zhining, Geoffrey J. D. Hewings, et Kieran P. Donaghy. 2010. « An Economic Analysis of Trends in Mid-Western U.S. Pollutant Emissions from 1970 to 2000. » *Ecological Economics* 69 (8): 1666 – 74.

Tape Bidi, Jean, et Kengne Fodouop, 2010. *L'armature du développement en Afrique. Industries, transports et communication.* Vol.6. Paris, Éditions Karthala, 258 pages.

Teravaninthorn, Supee, et Gael Raballand, 2009. *Le prix et le coût du transport en Afrique: étude des principaux corridors.* Série direction du développement. Washington, DC : Banque mondiale.

WBCSD (World Business Council for Sustainable Development). 2001. *Mobility 2001: World Mobility at the End of the 20th Century and Its Sustainability.* Genève : WBCSD.

CHAPITRE 3

Rendre les villes plus vertes

Nancy Lozano-Gracia et Alexandra Panman

Introduction

Les carences dans les infrastructures et dans la coordination de l'utilisation des terres exacerbent la pollution urbaine en Côte d'Ivoire et l'exposent davantage aux catastrophes naturelles. Les villes manquent sérieusement de services d'assainissement de base, de gestion des déchets solides et d'évacuation des eaux pluviales, si bien que les eaux non traitées provenant des industries et des ménages sont éliminées directement dans les plans d'eau urbains et côtiers. Un drainage inadapté des eaux et une piètre gestion des déchets solides favorisent les inondations des villes, ce qui exacerbe les problèmes posés par les phénomènes météorologiques extrêmes et le drainage de polluants supplémentaires vers les lacs, les lagunes et l'océan. Avec l'accroissement de la motorisation, les émissions par habitant ne font qu'augmenter, tandis que les espaces verts à l'intérieur et autour des villes, qui aident à filtrer les polluants et à absorber les eaux d'inondations, disparaissent faute de gestion écologique.

Ces effets peuvent être atténués grâce à des décisions coordonnées, tournées vers l'avenir et propres au contexte. Penser des « villes vertes » ne nécessite pas un changement de modèle. L'écologisation ne devrait pas imposer des surcoûts substantiels à l'urbanisation au détriment d'autres objectifs sociaux et économiques. Elle implique plutôt de cerner les coûts existants et de les intégrer dans la prise de décisions, et de prendre les mesures coordonnées que le contexte impose pour promouvoir un développement durable. En Côte d'Ivoire, les initiatives d'écologisation prioritaires sont celles qui aident à relever les défis cruciaux du développement sur l'ensemble du réseau de villes. Il s'agit d'initiatives qui aideront les villes, individuellement, à anticiper les coûts futurs des décisions prises aujourd'hui, donnant lieu à des gains d'efficience et renforçant la résilience face aux risques environnementaux.

Pour les connecteurs globaux, le virage écologique peut contribuer à améliorer leur compétitivité et leur productivité. L'économie d'Abidjan et d'autres connecteurs globaux repose sur le commerce international, l'innovation et la productivité. Des taux élevés de pollution menacent la qualité de vie dans ces villes, les rendent peu attrayantes aux travailleurs qualifiés et minent la productivité.

Les villes côtières sont aussi particulièrement exposées aux catastrophes naturelles, comme les inondations associées à l'élévation du niveau de la mer. Des initiatives d'écologisation offrent potentiellement une pléthore de solutions à ces problèmes. Comme l'explique le présent chapitre, la planification intégrée visant à moderniser les infrastructures de base dans les 144 quartiers d'habitat précaires d'Abidjan peut susciter un triple gain social, économique et écologique. La protection des espaces verts et ouverts le long du front de mer peut rendre la ville plus attrayante et habitable, tout en constituant une barrière cruciale contre les risques liés aux changements climatiques. En outre, des efforts coordonnés pour mettre en place un système de transport collectif et de transport non motorisé peuvent endiguer la congestion et la pollution atmosphérique croissantes, tout en procurant un large éventail d'avantages sociaux et économiques.

Pour les connecteurs régionaux, les politiques écologiques peuvent s'accorder à la priorité majeure qui est de soutenir la croissance par les échanges commerciaux et les transports régionaux. L'économie des connecteurs régionaux est fondée sur le commerce régional lié aux industries extractives et aux petites entreprises manufacturières. Comme le souligne le présent chapitre, mieux cerner l'ampleur des coûts environnementaux et les arbitrages associés à ces activités est déterminant pour assurer une utilisation plus efficiente des ressources, et ainsi aider les villes à mettre en œuvre leur planification. Les villes pourront aussi économiser sur le long terme en renforçant, à travers des investissements dans les infrastructures, leur résilience face aux risques environnementaux : par exemple, les routes devraient être conçues pour résister à des glissements de terrain, à l'érosion côtière et à de fortes pluies, afin d'éviter le gaspillage de deniers publics.

L'expérience internationale indique qu'il est possible de réduire l'empreinte écologique et d'améliorer l'efficience économique de la petite industrie manufacturière, souvent dans des zones industrielles où des économies d'échelle peuvent être réalisées dans des ouvrages de traitement de la pollution. L'État a déjà recensé les gains économiques et sociaux d'une meilleure réglementation et de la modernisation du transport de marchandises, ce qui pourrait aider à réduire les coûts écologiques du camionnage. La beauté naturelle et la particularité écologique de régions telles que Man présentent des opportunités économiques qui sont sous-exploitées, dans un contexte où l'écotourisme est le domaine de l'industrie touristique (TEEB 2010) qui enregistre la plus forte croissance et constitue une importante source de croissance d'emplois verts (OECD 2012).

L'adoption d'un modèle de croissance plus verte dans les villes qui sont des connecteurs locaux dopera les économies de localisation. Les villes qui sont des connecteurs locaux sont importantes dans le système d'ensemble des villes et dans l'économie nationale, car elles relient les intrants et extrants agricoles aux marchés. Ces villes doivent sans attendre mettre en place les services de base voulus pour soutenir des modèles de croissance plus durables. La planification peut aider à réduire considérablement les coûts à long terme du développement urbain en posant les fondements des infrastructures des services de base tels que les systèmes d'égouts et les routes (voir chapitre 1). Cela permet d'épargner aux petites villes des coûts futurs inutiles, tels que ceux que doivent aujourd'hui subir des grandes villes comme Abidjan où, par exemple, en raison de l'agencement de la ville, 40 % des habitations ne sont pas accessibles aux camions de collecte de déchets solides. Les villes connecteurs locaux peuvent également explorer de nouvelles technologies pour réduire éventuellement les coûts des services de base, comme c'est le cas dans des petites villes au Kenya, en envisageant de recourir à l'énergie photovoltaïque hors réseau pour l'éclairage public.

L'État a également un rôle essentiel à jouer pour permettre un développement plus écologique des villes, car ce fardeau est trop lourd pour les seules municipalités. Les autorités centrales peuvent fournir des informations, adopter des mesures d'incitation au changement de comportement et soutenir un développement plus efficient et plus durable. Les décideurs et les consommateurs ont besoin d'informations de meilleure qualité sur les coûts écologiques de leurs décisions. L'État peut veiller à ce que ces informations soient recueillies et diffusées, par exemple en définissant des normes d'établissement de rapports par les entreprises, en contrôlant les données nationales sur la qualité de l'eau et de l'air, et en aidant les villes à mesurer des indicateurs urbains permettant aux ménages urbains, aux entreprises et aux décideurs de mieux tenir compte des coûts et enjeux futurs de leurs décisions actuelles. Il peut également assurer la sensibilisation par le biais des établissements scolaires. Il peut fournir des incitations en créant des réglementations et en utilisant des instruments de prix pour susciter un changement de comportement dans les entreprises et les ménages. Bien que l'effet de ces mesures soit difficile à prédire, l'expérience internationale concernant les normes de carburant et les programmes d'amélioration des véhicules laisse supposer que d'importantes transformations peuvent se produire grâce à un système intégré bien conçu.

Pourquoi rendre les villes plus vertes ?

Les décideurs façonnent leurs villes et déterminent les coûts environnementaux de l'urbanisation. Comme le soulignent les chapitres 1 et 2, les décisions relatives aux infrastructures déterminent la forme et le schéma de croissance des zones urbaines, mais leur volet écologique est rarement pris en compte lors de la prise de décisions. À titre d'exemple, les décideurs réglementent l'occupation de l'espace en fixant notamment les densités maximales autorisées et en prenant des décisions d'investissement dans les infrastructures, telles que les projets de construction de routes. Ces décisions encadrent les besoins en mobilité des résidents urbains, tels que les distances à parcourir pour se rendre au travail et à l'école, et les options de transport correspondantes, faits qui constituent des variables importantes à prendre en compte pour déterminer les niveaux de pollution atmosphérique et d'émission de carbone par habitant d'une zone urbaine.

Les externalités environnementales peuvent entraîner d'importants coûts environnementaux, sociaux et économiques pour les villes. Dans les théories économiques, les externalités négatives représentent les dommages non compensés que cause un agent économique à un autre. Un exemple classique est la pollution de l'air, car les effets de la combustion de combustibles fossiles ne sont pas inclus dans le prix du marché de la consommation d'énergie, mais sont assumés par tous ceux qui inhalent des particules nocives et sont affectés par des phénomènes liés au changement climatique. Ces coûts peuvent être fort élevés : en Chine, les seuls coûts sanitaires de la pollution atmosphérique ont été estimés à 3,8 % du PIB (Banque mondiale 2007). Les autres coûts peuvent inclure l'effet domino que peut avoir une ville dans son ensemble sur le développement économique, car les problèmes de santé minent la productivité des travailleurs, la pollution rend une ville peu attrayante pour les travailleurs qualifiés, et les phénomènes météorologiques extrêmes liés aux changements climatiques perturbent les entreprises et détruisent les infrastructures.

La production d'externalités environnementales est susceptible de s'amplifier au fur et à mesure que l'urbanisation prend de l'ampleur et que la richesse augmente. À mesure que les systèmes urbains croissent, les externalités négatives de la congestion et de la pollution de l'air augmentent généralement, et nuisent au bien-être et à l'environnement (Whitehead 2009). En outre, au fur et à mesure que les villes s'enrichissent et que les revenus augmentent, la consommation et les déchets associés à chaque résident urbain sont susceptibles d'augmenter, ce qui exerce une pression sur les services de gestion des déchets solides et, à moins d'une bonne gestion, augmente la pollution et pose des risques sanitaires (Hoornweg et Bhada-Tata 2012). Les villes doivent prendre les mesures adéquates pour faire en sorte que les coûts de ces externalités ne compromettent pas les acquis de la croissance.

Des villes plus vertes sont souvent plus productives, compétitives, inclusives et résilientes face aux risques. Il existe des solutions pour concilier les objectifs écologiques avec d'autres mesures prioritaires. Les initiatives visant à réduire les coûts environnementaux des activités urbaines peuvent également procurer des avantages sociaux et économiques. Par exemple, l'amélioration des infrastructures de services de base tels que la collecte et le traitement des déchets urbains contribue non seulement à maintenir la qualité de l'eau et de la biodiversité dans les lacs urbains, mais aussi à réduire la morbidité en ce qui concerne des maladies comme la diarrhée et le choléra. Bien assurer les services de base peut aussi aider à réduire les coûts des phénomènes météorologiques extrêmes : les dégâts causés par les inondations sont amplifiés lorsque les systèmes d'égouts ne peuvent répondre aux besoins créés par la crue des eaux.

L'écologisation implique de prendre des décisions éclairées, coordonnées et adaptées au contexte. Penser des « villes vertes » ne nécessite pas un changement de modèle. Des villes plus vertes sont efficaces dans l'utilisation des ressources naturelles, propres, car elles minimisent la pollution et prennent en compte les impacts environnementaux des politiques et des décisions relatives aux infrastructures, et résilientes dans la mesure où elles tiennent compte des risques naturels et du rôle de la gestion de l'environnement dans la préparation aux catastrophes (Banque mondiale 2012). Rendre une ville plus verte exige d'examiner les externalités que les décisions d'urbanisme et de gestion peuvent induire. À mesure que la Côte d'Ivoire se développe et s'enrichit, il est probable que les externalités négatives des activités urbaines prennent de l'ampleur. Ignorer ces enjeux pourrait compromettre les acquis durement obtenus sur le plan de la qualité de vie.

L'écologisation c'est aussi prendre conscience de l'augmentation prévue des inondations, des phénomènes météorologiques extrêmes et des effets liés à la modification du climat et de leur effet sur les villes (voir encadré 3.1 ci-après). Les villes à travers le monde sont confrontées à des risques croissants de phénomènes météorologiques extrêmes qui peuvent mettre des vies en danger et endommager sérieusement les infrastructures publiques et privées. Les villes

---

Encadré 3.1 Le changement climatique et les villes dans les pays en développement

Le changement climatique est une menace croissante pour les villes partout dans le monde, et les villes des pays en développement sont particulièrement vulnérables. Comme le soutient le rapport de la Banque mondiale intitulé *Baissons la chaleur*, la température de la planète pourrait augmenter de 4 °C d'ici à la fin du siècle, une augmentation qui aurait des effets dévastateurs sur l'agriculture, les ressources en eau, les écosystèmes et la santé humaine (Banque mondiale 2013). Les villes à travers le monde pourraient devenir davantage affectées par des phénomènes météorologiques extrêmes, la pénurie d'eau, la pollution de l'air et d'autres effets liés à la modification du climat. Les villes des pays en développement sont particulièrement vulnérables aux effets du changement climatique, car leur résilience et leur capacité d'adaptation sont faibles (Hammer et al. 2011 ; OCDE 2012). En 2011, la Banque africaine de développement a estimé que les coûts de l'adaptation dans la région se situeront autour de 20 milliards à 30 milliards de dollars É.-U. en plus du déficit actuel de dépenses en infrastructures et services.

Le changement climatique est associé à des coûts économiques, sociaux et environnementaux très élevés en Côte d'Ivoire (CCNUCC 2010). Au cours des trois dernières décennies, les précipitations ont diminué d'environ 20 %, et le climat est marqué par une plus grande variabilité des précipitations et des saisons sèches plus longues. Ces changements pourraient nuire à la production agricole, qui représente 27 % du PIB, deux tiers des emplois et 20 % des exportations (Banque mondiale, CEA à paraître). Les températures globales ont augmenté de 1 °C au cours des 25 dernières années, et la perte de la biodiversité est apparente dans les écosystèmes forestiers et aquatiques, en particulier dans les zones protégées comme les parcs nationaux de Comoé, Marahoué et Tai, ainsi que dans la réserve de faune d'Abokouamékro (Banque mondiale, CEA à paraître).

Il devient urgent de renforcer la résilience face à l'élévation du niveau de la mer et à l'érosion côtière. Les deux tiers du littoral du pays sont exposés à l'érosion, les données indiquant un recul des sols d'un à deux mètres par an, voire jusqu'à 20 mètres parfois. La zone côtière abrite les grandes villes d'Abidjan et de San-Pédro, qui représentent plus de 40 % de la population du pays et 50 % de l'activité économique (MINEF 2003). Une érosion causée par le balayage des plages a été enregistrée au large du port d'Abidjan, ce qui pourrait l'exposer davantage. La vulnérabilité économique par rapport à ce paramètre est mesurée par les pertes escomptées en part de la richesse d'une ville, compte tenu de l'exposition des actifs et de la population ainsi que de l'adaptation axée sur les infrastructures. Cette situation fait potentiellement d'Abidjan l'une des cinq villes du monde les plus exposées à l'élévation du niveau de la mer (OCDE 2013 ; Hallegatte et al. 2013).

encadré continue page suivante

Encadré 3.1 Le changement climatique et les villes dans les pays en développement *(continue)*

La ville doit s'adapter pour réduire ces risques. Les mesures à prendre devraient combiner la modernisation des dispositifs de protection, la gestion de l'affaissement, la planification de l'utilisation des terres de sorte à éloigner les nouveaux aménagements des plaines inondables, la mise en place de systèmes d'alerte aux inondations et d'évacuation, et la réinstallation sélective loin des zones très exposées (OCDE 2010). Il est également possible de mettre en place des dispositifs de renforcement du front de mer afin de protéger les ouvrages clés. À Venise, par exemple, des infrastructures massives protègent les bâtiments, mais elles sont onéreuses (4,3 milliards de dollars É.-U.) et, en règle générale, elles doivent être très soigneusement conçues pour assurer qu'elles-mêmes ne conduisent pas à la destruction des ressources écologiques et augmentent ainsi les risques à long terme (Hammer et al. 2011 ; Nicholls et al. 2008).

Source : Banque mondiale, à paraître ; OCDE, 2010 ; Hammer et al. 2011 ; Nicholls et al. 2008.

---

côtières de la Côte d'Ivoire comme Abidjan, Grand-Bassam et San-Pédro sont extrêmement exposées à l'élévation du niveau de la mer et aux dégâts liés à l'érosion côtière, ce qui représente une menace pour une grande partie de la population et de l'activité économique du pays. L'écologisation c'est également l'intégration des meilleures informations disponibles relatives aux risques dans les décisions de planification et les investissements en infrastructures actuelles, afin de renforcer la résilience et d'éviter des pertes inutiles. L'amélioration de l'axe routier reliant San-Pédro et Abidjan, par exemple, est à l'évidence une priorité de développement national. La conception de tout nouvel investissement dans les routes de cette région devra cependant tenir compte de la viabilité de l'ouvrage : les décisions de conception portant sur l'emplacement et les matériaux à utiliser pour la route auront une incidence directe sur l'exposition à des risques tels que l'érosion côtière et les pluies torrentielles — comme en témoigne la destruction en 2013 d'axes nouvellement revêtus.

La collecte de données pour faciliter la prise de mesures coordonnées entre les secteurs est essentielle. Le suivi et l'évaluation des risques environnementaux tels que ceux liés à la qualité de l'eau et de l'air, ainsi que l'érosion côtière, sont essentiels à la prise de décisions éclairées. Les initiatives d'écologisation ne sont pas universelles. Elles ont des effets spécifiques et varient d'une ville à l'autre. Des études indiquent que les initiatives visant à promouvoir un recours accru à des modes de transport non motorisé pourraient contribuer à améliorer la santé des habitants de villes comme Londres et New York parce que l'amélioration de la qualité de l'air et l'activité physique accrue réduisent les maladies respiratoires et liées à l'obésité[1]. Mais le même résultat ne peut être attendu dans toutes les villes. Dans les villes très polluées comme Beijing et New Delhi, des efforts supplémentaires sont nécessaires pour réduire les émissions avant que les effets positifs du recours accru à la marche ou au vélo ne se fassent sentir sur la santé. Il faudrait prendre des initiatives fondées sur des données concrètes.

En Côte d'Ivoire, les initiatives d'écologisation peuvent être adaptées aux caractéristiques et aux priorités de chaque ville. Les villes, toutes tailles confondues, peuvent bénéficier de modèles plus écologiques de croissance. Mais la priorité de l'appui à apporter à un développement écologiquement durable devrait être déterminée par la nécessité. Les villes qui sont des connecteurs globaux tels qu'Abidjan et San-Pédro peuvent accorder la priorité à des initiatives écologiques qui cadrent avec la nécessité de l'innovation et de la compétitivité, étant donné que des villes plus vertes, plus saines, plus équilibrées et offrant une meilleure qualité de vie sont susceptibles d'attirer des travailleurs qualifiés et d'engendrer des gains de productivité. Elles peuvent également réduire l'exposition à la menace croissante de catastrophes naturelles en prévoyant des dispositifs contre l'élévation du niveau de la mer et l'érosion côtière dans la planification urbaine. Dans les villes qui sont des connecteurs régionaux tels que Bouaké et Man, les initiatives d'écologisation peuvent aider à promouvoir les économies de localisation nécessaires à l'efficacité du commerce et du transport à l'échelle régionale, en fournissant un cadre permettant de mieux gérer les arbitrages nécessaires et de soutenir une croissance plus efficace. L'écologisation est également importante dans les villes qui sont des connecteurs locaux, mais la priorité accordée à l'amélioration des services essentiels dans ces villes peut amener à un développement urbain plus écologique.

Dans quelle mesure les villes ivoiriennes sont-elles écologiques ?

En Côte d'Ivoire, un besoin urgent se fait sentir pour obtenir des informations de meilleure qualité sur les coûts économiques de la dégradation de l'environnement. En effet, une analyse complète des coûts économiques de la dégradation de l'environnement dans l'ensemble de l'Afrique fait défaut, alors que des analyses de cette nature sont de plus en plus disponibles en Amérique latine et en Asie de l'Est. Les quelques études qui existent indiquent que ces coûts sont très élevés : selon des études de la Banque mondiale, les pertes annuelles seraient de l'ordre de 9 % et 10 % du PIB au Nigéria et au Ghana respectivement (Bromhead 2012). S'agissant de l'impact économique de l'assainissement, le Programme Eau et Assainissement estime que les mauvaises conditions d'hygiène coûtent chaque année 290 millions de dollars É.-U. au Ghana, 324 millions de dollars É.-U. au Kenya, 3 milliards de dollars É.-U. au Nigéria et 206 millions de dollars É.-U. en République-Unie de Tanzanie. Il faudrait plus d'informations de ce type pour guider les mesures prises par les pouvoirs publics en Côte d'Ivoire. La section qui suit entend donc dresser un état des lieux indicatif des villes ivoiriennes, point de départ d'une analyse plus approfondie. Elle rassemble un large éventail d'informations sur la pollution en Côte d'Ivoire et des informations sur les coûts sociaux, environnementaux et économiques de la pollution et de la dégradation de l'environnement à travers le monde.

La pollution urbaine en Côte d'Ivoire affecte la productivité et les conditions de vie

Les coûts environnementaux de la pollution sont de plus en plus évidents pour toutes les villes. La pollution pose un risque d'extinction d'espèces dans les zones forestières protégées et de destruction d'habitats fragiles dans les mangroves[2]. Les habitats dans les mangroves sont souvent source de services écosystémiques et de résilience aux catastrophes naturelles telles que les inondations, et leur destruction est susceptible d'affecter sérieusement les plus pauvres, qui sont totalement tributaires de ces services écosystémiques et les plus exposés aux risques de catastrophes (Kumar et Yashiro, 2014). La pollution est également un facteur important du déclin des sources renouvelables d'eau douce continentales[3] et de la diminution drastique de l'oxygène dissous et de l'enrichissement en hydrogène sulfuré dans les plans d'eau à proximité des zones urbaines, telles que Biétri Bay (Hayé et al. 2009). L'eau de la lagune Ébrié à Abidjan est en effet considérée comme impropre à toute utilisation selon les normes de l'OMS (Ministère des Infrastructures Économiques 2011), et la lagune contient un grand nombre de poissons morts (Banque mondiale, Analyse environnementale pays (CEA)). La pollution atmosphérique est très répandue en Afrique (voir carte 3.1 ci-après).

La pollution de l'air et de l'eau en milieu urbain est nocive à l'environnement. La pollution de l'air et de l'eau est l'une des causes d'appauvrissement de la biodiversité[4]. Elle est associée au réchauffement climatique, à l'acidification des eaux de pluie, à la désoxygénation des sources d'eau et à l'intoxication des animaux, des poissons et des végétaux. Ces pertes sont inestimables ; la biodiversité sous-tend tous les services écosystémiques[5], et sa destruction ne se limite pas à menacer le flux des récoltes, le bois, l'eau douce et d'autres intrants de l'activité économique, mais elle conduit à une perte de la valeur immatérielle sociale, économique et culturelle qui peut être source de stress et de souffrance pour les populations (TEEB 2010 ; Brink et al. 2012). L'appauvrissement de la biodiversité peut également augmenter les risques de catastrophes naturelles — en République démocratique populaire lao, par exemple, selon les estimations, la conservation des zones humides pourrait permettre au pays d'épargner quelque 5 millions de dollars É.-U. par an en évitant les dégâts causés par les inondations[6].

Carte 3.1 La pollution atmosphérique dans le monde

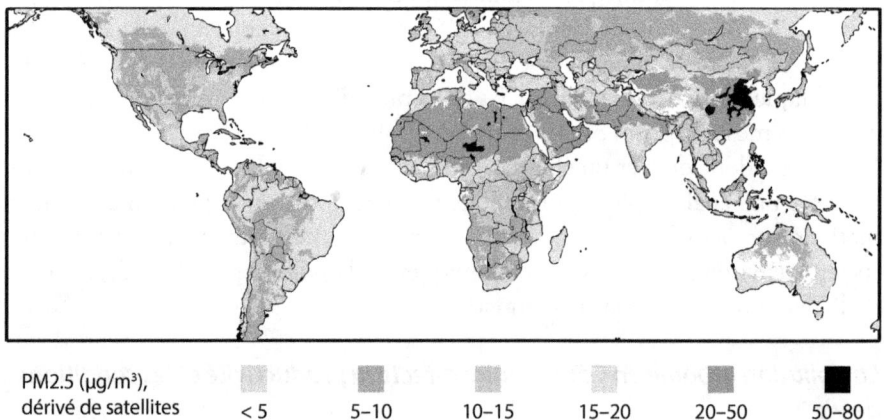

| PM2.5 (µg/m³), dérivé de satellites | < 5 | 5–10 | 10–15 | 15–20 | 20–50 | 50–80 |

Source : van Donkelaar et al (2010).

La pollution urbaine a également des coûts de santé élevés. Bien qu'aucune étude exhaustive complète n'ait été menée sur la monétisation des coûts de santé associés à la pollution de l'air et de l'eau en Côte d'Ivoire, les données concrètes donnent à penser que ces coûts sont loin d'être négligeables. La pollution atmosphérique est associée à des infections de voies respiratoires basses telles que l'asthme et la pneumonie, qui constituent le troisième facteur de morbidité dans le pays[7]. En effet, ces infections représentent 6 417 années de vie perdues sur 100 000 ans à cause d'une invalidité ou d'un décès[8]. La pollution chimique et inorganique de l'eau potable est également liée à des maladies chroniques telles que le cancer de l'appareil digestif (Banque mondiale 2007). La pollution de l'eau est associée à la propagation des maladies d'origine hydrique comme la diarrhée et le choléra, qui comptent parmi les maladies transmissibles causant plus de 50 % des décès d'adultes et environ 80 % des décès d'enfants de moins de cinq ans (OMS 2015). Le nombre d'années de vie (corrigé du facteur invalidité) perdues à cause de la seule diarrhée est de 7 897 sur 100 000 (voir carte 3.2 ci-après).

La pollution urbaine entraîne en outre des coûts économiques tels que la baisse de la productivité du travail, qui peuvent avoir de très fortes répercussions sur les connecteurs globaux et régionaux. Les maladies respiratoires et contagieuses entraînent des coûts de productivité, sous forme de temps de travail perdu, et d'autres coûts indirects encourus par les ménages et résultant des soins apportés aux enfants et aux parents malades. Une analyse effectuée en 2012 sur les coûts des maladies diarrhéiques des enfants encourus par les ménages a révélé que plus de la moitié des coûts totaux liés aux maladies en Gambie et au Kenya et pris en charge par les ménages étaient des coûts indirects et des pertes de productivité (Rheingans et al. 2012).

Carte 3.2 Infections respiratoires et maladies diarrhéiques, AVCI pour 100 000 personnes, 2010

a. Lower respiratory infections

b. Diarrheal diseases

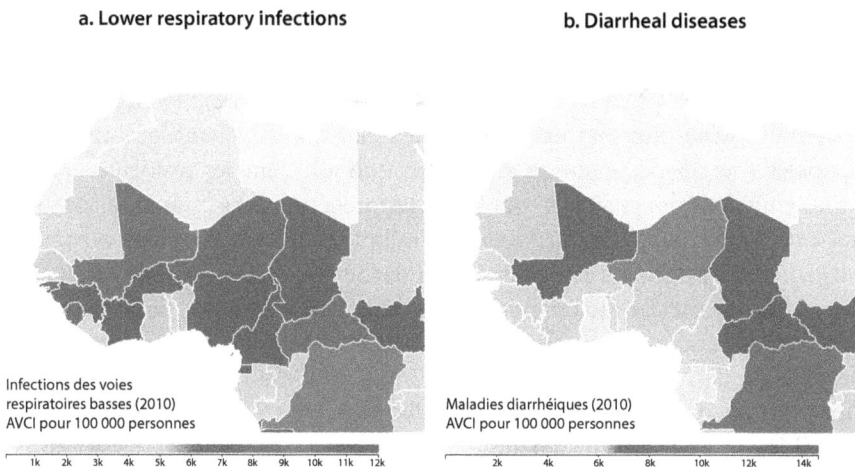

Infections des voies
respiratoires basses (2010)
AVCI pour 100 000 personnes

| 1k | 2k | 3k | 4k | 5k | 6k | 7k | 8k | 9k | 10k | 11k | 12k |

Maladies diarrhéiques (2010)
AVCI pour 100 000 personnes

| 2k | 4k | 6k | 8k | 10k | 12k | 14k |

Source : Institute for Health Metrics and Evaluation (IHME). 2013. GBD Compare. Seattle, WA: IHME, Université de Washington.
Disponible à l'adresse suivante : http://www.healthdata.org/data-visualization/gbd-compare (consulté le 5 septembre 2014).
Remarque : AVCI = années de vie corrigées du facteur invalidité.

Ces maladies sont également associées à des niveaux de scolarité plus bas chez les enfants. Elles peuvent être à l'origine d'absentéisme scolaire et d'une baisse de concentration en classe, lesquelles conduisent à une baisse de productivité chez les adultes qui constituent la main-d'œuvre. Les coûts économiques de cette perte de productivité peuvent être considérables. Selon les estimations, les pertes résultant des émissions de l'industrie légère représentent à elles seules de 1 % à 5 % du PIB mondial (PNUE 2011). Les effets sont géographiquement concentrés dans les zones à forte pollution. Une étude menée au Nigéria, par exemple, a constaté une relation statistique positive significative entre la proximité d'une décharge à ciel ouvert et des risques de santé, ainsi qu'une baisse de la performance du marché du travail (Oluranti et Omosalewa 2012).

Les coûts économiques de la pollution urbaine se font également ressentir à travers les pertes de compétitivité et d'opportunités économiques. La qualité de l'air est un élément clé de l'attractivité écologique d'une ville, du fait que la pollution et la congestion de la circulation, ainsi que la sécurité et les espaces publics, ont une incidence sur la qualité de vie. La réduction de la pollution peut rendre une ville attrayante pour les travailleurs hautement qualifiés et accroître la compétitivité[9]. Des niveaux élevés de pollution peuvent en revanche freiner l'activité économique. En effet, la pollution de l'eau compromet le tourisme, la valeur des propriétés, la pêche et d'autres secteurs qui sont tributaires d'une eau propre. Aux États-Unis, l'organisme chargé de la protection de l'environnement, l'Environnemental Protection Agency, estime que les pertes liées à la pollution de l'eau dans le secteur du tourisme atteignent jusqu'à 1 milliard de dollars É.-U. par an. Des plans d'eau propres augmenteraient la valeur de l'immobilier dans les zones environnantes de 25 % par rapport à celles affectées par la pollution. Bien que l'insuffisance de données ne permette pas la réalisation d'estimations pour la Côte d'Ivoire, certains indices laissent penser que les résultats sont similaires ; la pollution très visible et malodorante dans la baie de Cocody réduit sans aucun doute le potentiel de cette zone lagunaire en termes d'immobilier, de tourisme, de pêche et d'espaces publics (Rabbi 2014).

Des services de base peu fiables et des défaillances de coordination contribuent à augmenter les coûts de la pollution urbaine en Côte d'Ivoire, imposant des défis aux villes qui sont des connecteurs globaux, régionaux et locaux. Les principales sources de pollution atmosphérique affectant les résidents urbains sont les émissions des engins de transport, les procédés industriels et la consommation de combustibles des ménages[10]. La pollution de l'eau en milieu urbain est principalement associée à la décharge des déchets ménagers et industriels, aux eaux de ruissellement et aux dépôts atmosphériques[11]. Bien que des estimations complètes des coûts de la pollution de l'eau en Afrique subsaharienne soient rares, une étude menée en Ouganda en 2002 a estimé que l'eau contaminée coûte à l'économie du pays entre 22 millions et 35 millions de dollars É.-U. par an (Moyini et al. 2002). La pollution provenant de ces sources est susceptible de croître avec l'évolution de l'urbanisation et la croissance économique. Des infrastructures offrant des services de base et une meilleure coordination sont essentielles pour réduire l'ensemble des coûts de cette pollution.

Des services de base peu fiables augmentent les pressions sociales, économiques et environnementales de la pollution provenant des activités urbaines

L'absence de systèmes d'assainissement dans les habitations contribue largement à la pollution urbaine. Moins de 40 % des ménages urbains dans le pays sont raccordés à un système sanitaire adéquat (Banque mondiale, CEA à paraître). Les infrastructures de collecte des eaux usées sont également insuffisantes. À Abidjan, un tiers des ménages déversent leurs eaux usées directement dans la rue ou dans un caniveau (ONU-HABITAT, Côte d'Ivoire : Profil urbain d'Abidjan), ce qui affecte directement la qualité des sources d'eau urbaines. Selon les estimations, deux tiers des polluants urbains dans la lagune Ébrié sont des effluents domestiques (Scheren et al. 2004). Les coûts potentiels de cette pollution sur la santé sont élevés : les maladies telles que le choléra et la diarrhée peuvent se propager à travers les sources d'eau contaminées par les déchets humains, et les eaux stagnantes peuvent devenir une source de bactéries nocives et un gîte larvaire pour les moustiques vecteurs du paludisme. Ces problèmes sont susceptibles d'être exacerbés par l'élévation du niveau de la mer et des conditions météorologiques extrêmes liées au changement climatique, les ouvrages d'assainissement étant mal équipés pour faire face à un afflux d'eau (Hammer et al. 2011).

Les installations de traitement des eaux industrielles polluées sont rares. Les sources d'eau dans les zones urbaines d'Abidjan et de San-Pédro sont particulièrement affectées par les déchets industriels, puisque l'essentiel de l'activité industrielle a lieu dans ces zones. Les 98 entreprises de la zone portuaire d'Abidjan génèrent 60 % de la production industrielle ivoirienne et emploient 50 000 travailleurs. D'autres risques de pollution de l'eau sont associés aux activités portuaires, du fait que les opérations d'expédition font intervenir des déchets chimiques et combustibles hautement toxiques qui ne sont pas autorisés dans d'autres formes de transport et qui sont difficiles à gérer. Selon une évaluation du PNUE réalisée en 2009, le port autonome d'Abidjan manque d'installations pour les opérations concernant les résidus et son personnel n'est pas formé pour identifier et gérer les matières dangereuses. Les conséquences sur la santé peuvent être graves, ce que démontre le nombre élevé de décès à Abidjan en 2006, associés à des déversements illégaux.

Les mécanismes de collecte et d'élimination des déchets ménagers et industriels sont largement distancés par la production de déchets, ce qui compromet la qualité de l'air et de l'eau en milieu urbain. Malgré d'importantes améliorations apportées ces dernières années à la collecte et à l'élimination des déchets à Abidjan, la plupart des villes n'ont pas la capacité de gérer les déchets. Selon les estimations, en 1998, le taux de couverture de ces opérations était inférieur à 30 % dans les villes, en dehors d'Abidjan, et il a probablement reculé avec la croissance démographique urbaine[12] qui a dépassé les gains en couverture (Banque mondiale, CEA à paraître). Le pays ne dispose pas non plus de sites d'enfouissement sanitaires conformes aux normes internationales, et la principale décharge d'Akouédo à Abidjan est exploitée depuis 30 ans.

Une collecte inappropriée des déchets solides a des implications inquiétantes en termes de pollution de l'eau et de l'air. La faible collecte de déchets solides peut engendrer des niveaux élevés de décharge des déchets dans les plans d'eau en saison des pluies, et accroître les risques d'inondation en obstruant les systèmes de drainage des eaux usées et des eaux pluviales. Cela peut contribuer à augmenter les coûts sanitaires des inondations, car les habitants risquent ainsi de rentrer en contact direct avec des déchets organiques. Même lorsqu'ils sont collectés, ces déchets peuvent avoir un effet très polluant s'ils ne sont pas éliminés convenablement. La décomposition des déchets produit du méthane ainsi que de la poussière et des composés volatils qui peuvent s'échapper dans l'atmosphère si le processus est mal géré (IFC 2014)[13]. En outre, les métaux et les produits chimiques provenant des décharges mal gérées peuvent infiltrer les eaux superficielles et souterraines ; des études menées en 2010 ont permis de déceler du plomb et du zinc dans le sol près de la décharge d'Akouédo à Abidjan, et ont apporté la preuve que le fer, le cadmium, le cuivre et le chrome se déplaçaient en aval vers la lagune Ébrié (Kouame et al. 2010).

La faible couverture des systèmes de drainage des eaux pluviales augmente l'exposition aux inondations et sape la résilience urbaine. Les inondations urbaines constituent de plus en plus un défi dans les villes de la Côte d'Ivoire, surtout à Abidjan où, selon les estimations, plus de 20 personnes sont mortes dans des incidents liés aux inondations durant le seul mois de juin 2014. Une enquête par grappes à indicateurs multiples (MICS) réalisée par l'UNICEF en 2006 a constaté que 4,4 % de la population d'Abidjan vivent dans des zones sujettes aux inondations, et 7 % vivent sur les rives du fleuve. Peu d'investissements ont été consacrés au système de drainage des eaux de pluie depuis les années 1990 et, dans certains quartiers comme Abobo dans le nord, seulement quelque 11 % de la masse terrestre sont dotés d'un réseau de drainage des eaux de pluie (ONU-HABITAT, Côte d'Ivoire : Profil urbain d'Abidjan). Cette situation a des répercussions sur la mobilité urbaine, l'eau de pluie non maîtrisée accélérant la détérioration des réseaux routiers.

Le manque de fiabilité de la fourniture d'électricité contraint les ménages et les entreprises à recourir à des sources d'énergie qui exposent les résidents urbains à des polluants nocifs. La qualité de l'air dans les villes est compromise par une fourniture d'électricité alimentant les ménages et les industries en énergie peu fiable, ce qui accroît le recours à des générateurs diesel et à la biomasse pour la cuisson des aliments. Les entreprises à travers le pays ont largement recours à des générateurs diesel qui produisent des émissions potentiellement très nuisibles pour les personnes vivant dans leur proximité. Des statistiques provenant des États-Unis indiquent que les générateurs diesel émettent 50 % de plus d'oxyde d'azote par mégawatt-heure que les centrales à gaz[14]. En outre, près de 60 % des ménages ivoiriens utilisent la biomasse pour la cuisson et l'éclairage, ce qui expose les membres du ménage qui participent aux activités de cuisine et aux tâches domestiques à une pollution concentrée de l'air (voir graphique 3.1). Les effets de cette pollution sur la santé sont considérables : en 2010, la pollution de l'air intérieur était responsable de 5 % de la morbidité totale, une hausse par rapport aux 3,4 % estimés en 2002 (OMS 2012).

Graphique 3.1 Pourcentage de ménages utilisant des combustibles pour cuisiner

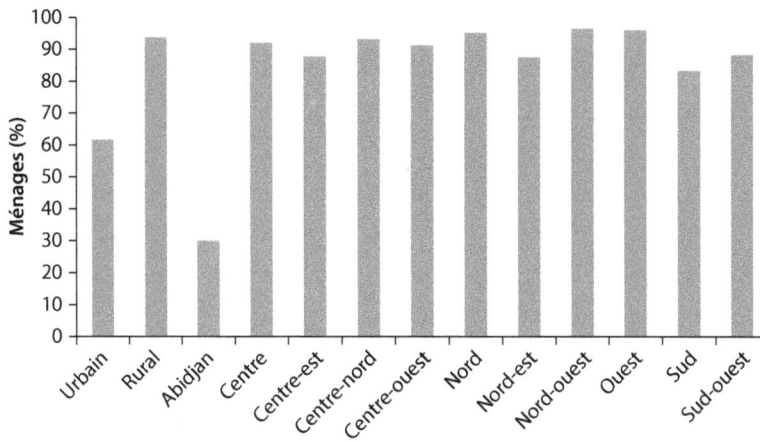

Source : INS 2012.

Les problèmes de coordination contribuent à augmenter les coûts de la pollution résultant de la mobilité urbaine et de l'activité industrielle

La coordination est un ingrédient essentiel du développement durable et de la croissance des villes. Lorsque les décisions d'investissement de transport ne sont pas prises en étroite coordination avec la planification de l'occupation de l'espace, une ville peut croître dans des formes qui retardent son développement et affectent les conditions de vie pendant des décennies sinon des siècles. La structure physique d'une ville, une fois établie, peut rester en place pendant plus de 150 ans (Hallegate 2009). La coordination de l'occupation de l'espace et de la planification des infrastructures consiste à faire coïncider les décisions d'investissements dans les infrastructures avec la conception d'infrastructures productives et logistiques, ainsi qu'à accompagner les investissements consacrés à la connectivité par des investissements dans la protection contre les inondations et les initiatives visant à améliorer les ouvrages de drainage pour renforcer la résilience. En rassemblant les différentes pièces du puzzle, la coordination entre la gestion de l'occupation de l'espace et la connectivité permet de réduire la pollution et d'améliorer la rentabilité d'une ville.

En Côte d'Ivoire cependant, **une piètre coordination a donné lieu à une évolution de la mobilité urbaine qui tend vers le recours accru à des transports inefficaces du point de vue écologique.** La pollution atmosphérique due aux transports est déterminée par des facteurs tels que le mode de transport, la qualité du combustible utilisé et la durée du trajet. Si les normes concernant le carburant et l'âge du véhicule correspondent aux tendances régionales[15], le nombre de voitures sur les routes a progressé rapidement — il a quintuplé entre le début des années 1990 et 2006 — ce qui cadre potentiellement avec la croissance du PIB par habitant, qui a été de 8,6 % entre 2007 et 2013 (voir graphique 3.2)[16].

Graphique 3.2 Nombre de véhicules et émissions par mode de transport

a. Nombre estimé de véhicules de la Côte d'Ivoire

b. Consommation d'énergie et émissions de gaz polluants par passager, Abidjan (gramme/trajet)

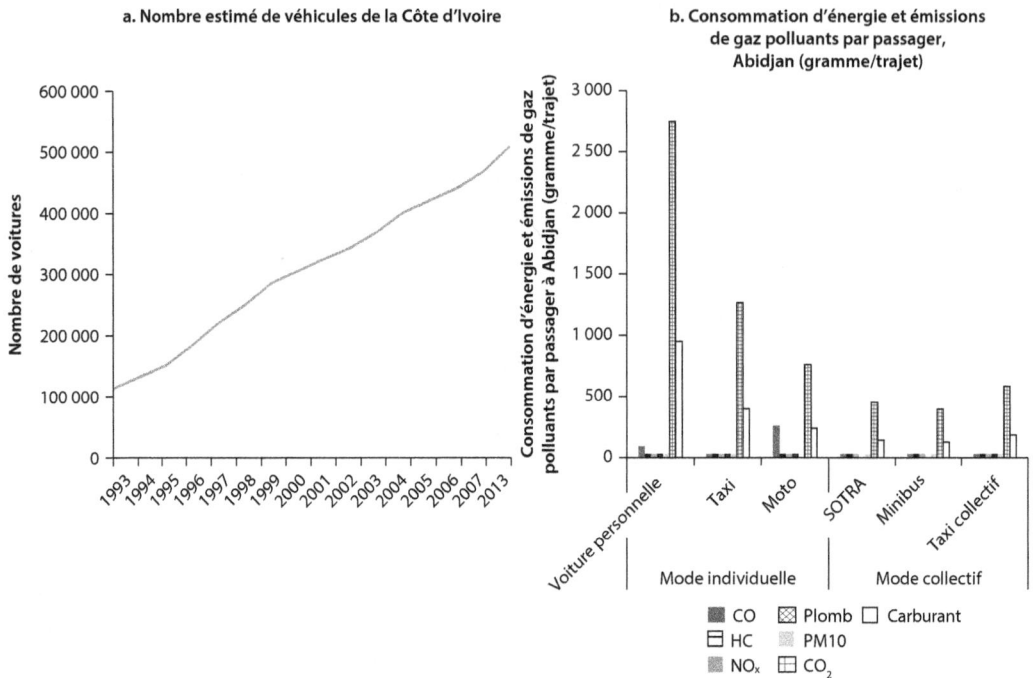

Source : Calculs des auteurs fondés sur Indicateurs du développement dans le monde ; les estimations de 2006-2013 fondées sur des données mondiales générales indiquent que l'augmentation de la propriété automobile suit celle de l'augmentation du revenu par habitant.

Source : Certu (2002) cité dans ONU-HABITAT, Côte d'Ivoire : Profil urbain d'Abidjan.
Remarque : CO = monoxyde de carbone ; HC = hydrocarbure ; PM10 = matière particulaire de diamètre inférieur à 10 micromètres ; NOX = oxyde d'azote ; SOTRA = Société des Transports Abidjanais.

Le système actuel de transport public ne fournit pas une alternative sûre, efficace et abordable aux véhicules privés. La seule ville de Côte d'Ivoire offrant des transports publics efficaces est Abidjan, où la SOTRA a pour mandat d'assurer des services d'autobus réglementés (voir graphique 3.3). Toutefois, avec la baisse du nombre d'autobus et de la qualité du service, la part du transport motorisé assurée par la SOTRA a été dépassée par des transports collectifs informels tels que les minibus (*gbakas*) et les taxis collectifs (*woro woro*). Les usagers formulent la critique qu'aucune de ces options ne leur convient : elles sont soit peu fiables (SOTRA) ou dangereuses (minibus et taxis collectifs — voir graphique 3.4).

L'inefficacité du camionnage est associée à des émissions élevées, qui exercent une forte pression sur les connecteurs régionaux. Comme il est indiqué au chapitre 2, les grandes villes portuaires et les villes moyennes telles que Bouaké reçoivent des services de camionnage, qui sont susceptibles de procurer des avantages économiques tant à ces villes qu'au pays, mais les impacts environnementaux sont à prendre en compte (voir graphique 3.5). Le transport de marchandises accru dans les pays à faible revenu et à revenu intermédiaire utilise principalement des camions rigides à deux et trois essieux qui ont souvent de 15 ans à 20 ans d'âge (Banque mondiale 2009). Ces camions

Graphique 3.3 Part de marché des transports en commun, 1988-2002

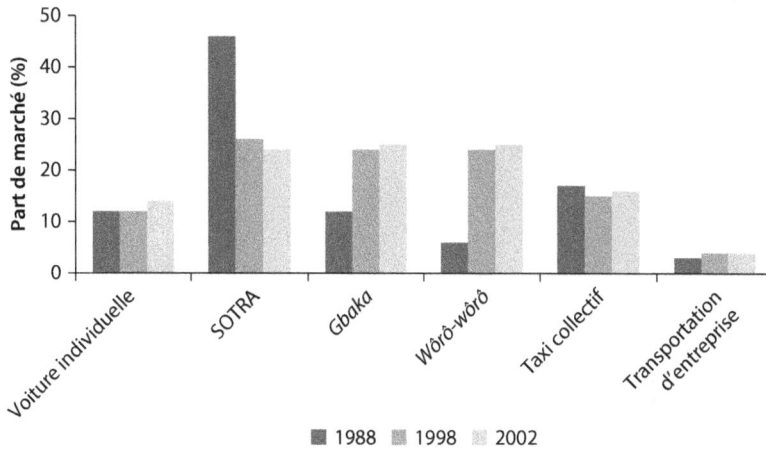

Source : Calculs des auteurs fondées sur ONU-HABITAT 2012.
Remarque : SOTRA = Société des Transports Abidjanais.

Graphique 3.4 Critiques formulées par les usagers concernant les transports en commun, Abidjan (2007)

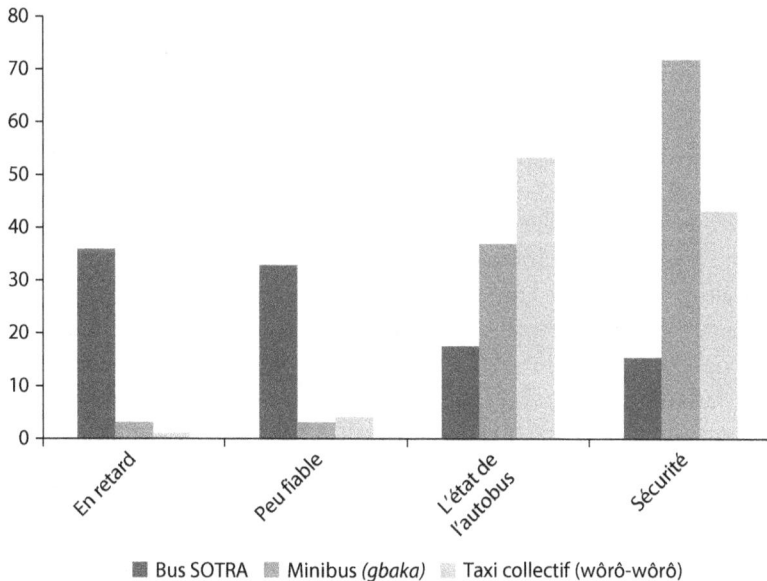

Source : Zoro-Fofana (2007) cité dans ONU-HABITAT 2012.
Remarque : L'« état de l'autobus » renvoie à la qualité du cadre à l'intérieur de l'autobus.

consomment plus de carburant que les camions neufs plus efficaces, outre le fait qu'ils perturbent fortement la circulation, car ils tombent souvent en panne (OSAC 2014). Il est probable que les coûts environnementaux de ce commerce sont supérieurs à ce qu'ils seraient si des camions plus neufs ou d'autres modes de transport étaient utilisés.

Graphique 3.5 Émissions résultant du transport de marchandises selon le moyen de transport

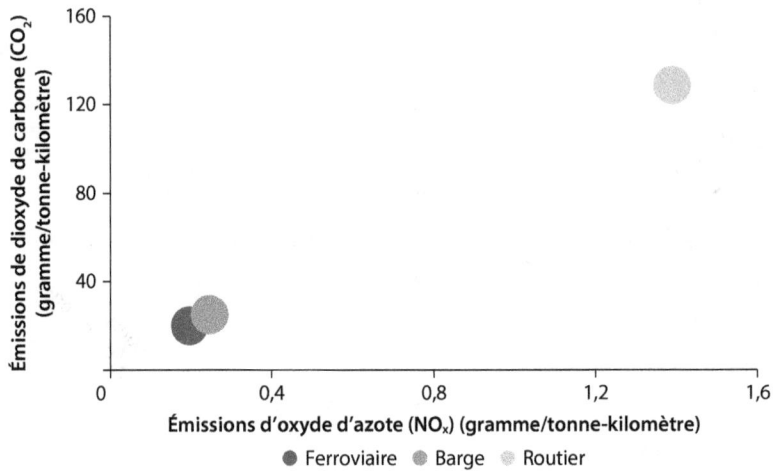

Émissions d'oxyde d'azote (NO_x) (gramme/tonne-kilomètre)

● Ferroviaire ● Barge ● Routier

Source : Adapté de Kruk et Donner, 2010.

Les infrastructures de transport sont vulnérables aux phénomènes météorologiques extrêmes. Les réseaux de transport dans les villes à travers le monde sont confrontés à des perturbations liées aux effets du changement climatique, tels que les chaleurs extrêmes et les inondations, et l'un des domaines où les organismes chargés du système de transports en commun ont réagi est celui de l'élaboration de plans de protection des infrastructures contre les inondations côtières (Hammer et al. 2011). En Côte d'Ivoire, les infrastructures routières côtières sont particulièrement exposées. La planification de nouvelles routes devrait prendre en compte l'impact de l'emplacement : éloigner davantage les routes de la côte pourrait aider à préserver l'infrastructure et à favoriser un changement par rapport à l'aménagement de zones d'habitat le long du littoral, favorisant ainsi un développement urbain plus résilient (UEMOA 2010). En effet, il ressort de l'analyse des risques d'érosion côtière effectuée par l'Union internationale pour la conservation de la nature que la plupart des situations de risque en Afrique de l'Ouest sont en grande partie dues au fait que dans le passé, les risques côtiers n'ont pas été pris en compte dans la détermination de l'emplacement et de la configuration des développements et établissements humains (UEMOA 2010).

En l'absence d'une surveillance plus efficace de la pollution industrielle, il est probable que la qualité de l'air en milieu urbain continuera à régresser. Bien qu'il n'y ait actuellement aucune information sur la répartition géographique de la pollution atmosphérique industrielle dans l'ensemble du pays, les données d'avant les crises indiquent que la pollution atmosphérique industrielle est fortement concentrée autour des grands centres urbains[17]. Cette tendance devrait s'intensifier avec l'augmentation de la production industrielle. Mais la grande industrie n'est pas seule à compromettre la qualité de l'air. Les petites industries peuvent aussi être très polluantes : à l'échelle mondiale, l'industrie légère est associée à des complications respiratoires dues à la pollution atmosphérique. Ainsi les villes moyennes telles que Bouaké, qui abritent de petites industries et entreprises manufacturières fabriquant des produits tels que le tabac, la noix de cajou, l'alcool et les textiles, peuvent faire face à des coûts de santé élevés liés à la pollution de l'air local.

La détérioration des espaces verts à l'intérieur et aux alentours des villes contribue à une exposition accrue aux risques d'inondations et de glissements de terrain. Les règlements d'urbanisme actuels précisent que chacune des 197 communes du pays devrait prévoir un minimum de 5 % d'espaces verts ou publics. Certains indices laissent penser cependant qu'il existe un manque de coordination en matière d'entretien et de préservation des espaces verts, qui conduit à une baisse de leur nombre et de leur qualité dans les zones urbaines. Bien qu'Abidjan dispose de deux parcs nationaux, deux jardins botaniques et plusieurs places et jardins publics bien connus, tels que Briand et Bressoles au Plateau, ces espaces sont de plus en plus rognés par le développement urbain ou sont laissés dans un état déplorable. La quantité d'espaces verts (publics ou privés) varie considérablement selon les communes (Djibril et al. 2012).

Les espaces verts urbains sont importants pour la résilience urbaine, car ils peuvent aider à réduire la pollution, le ruissellement des eaux pluviales et les effets d'îlot thermique. Ils filtrent les polluants et la poussière contenus dans l'air et le phosphore contenu dans l'eau. Selon certaines estimations, un arbre peut absorber jusqu'à environ 22 kg de dioxyde de carbone par an et fournir de l'oxygène pour deux personnes[18]. Les espaces verts peuvent aussi aider à maîtriser les inondations — une augmentation de 5 % du couvert forestier conduit à une diminution de 2 % du ruissellement des eaux pluviales (Wolf 2006). Ils ont aussi un impact positif sur les effets d'îlot thermique en milieu urbain. Selon les services forestiers du Département de l'agriculture des États-Unis, des arbres bien situés peuvent contribuer à réduire de 30 % les besoins en climatisation dans les bâtiments. L'urgente nécessité de préserver ces espaces verts se pose avec plus d'acuité pour des villes côtières comme Abidjan et San-Pédro, qui sont fortement exposées aux inondations liées au changement climatique (voir encadré 3.2).

Les espaces verts procurent des avantages sociaux et sanitaires. Les espaces publics bien éclairés améliorent l'interaction sociale dans une ville, constituant des espaces de mixité sociale indispensables à la vie culturelle. Alors que les espaces publics délabrés peuvent se muer en pôles de criminalité et d'activités antisociales, ils sont associés, lorsqu'ils sont bien entretenus et sûrs, à la participation des femmes et des groupes minoritaires à la vie de la cité et à un sentiment général de bien-être. De solides travaux de recherche établissent aussi un lien entre les espaces verts et l'amélioration de la santé physique et mentale ; dans son étude de 1984, Roger Ulrich a constaté que les patients hospitalisés qui ont vue sur des espaces verts prenaient moins d'analgésiques et se rétablissaient plus rapidement que ceux qui en étaient dépourvus (Ulrich 1984). (Et comme déjà démontré, les facteurs qui affectent la santé humaine ont aussi des répercussions sur la productivité et la compétitivité économique.)

Encadré 3.2 La comptabilité écologique

La gestion des économies nationales exige de mieux cerner la valeur des ressources naturelles et des services écosystémiques qui y sont associés. Comme l'a souligné Joseph Stiglitz, qui a obtenu le prix Nobel en économie en 2001, bien qu'une entreprise privée soit jugée par ses résultats et son bilan, la plupart des pays en savent très peu sur leur bilan national, car ils se bornent à mesurer le PIB, qui n'est que le résultat. La comptabilité des ressources naturelles et la comptabilité des services écosystémiques cherchent à corriger ce déséquilibre en permettant de cerner les actifs naturels d'un pays dans la formulation des politiques publiques.

Dans le cadre du Plan stratégique pour la biodiversité 2011-2020, l'Organisation des Nations Unies a soutenu des initiatives visant à améliorer et à normaliser l'évaluation et la comptabilisation des services écosystémiques, tels que le Système de comptabilité économique et environnementale (SCEE). Le projet WAVE de la Banque mondiale vise également à aider les pays en développement à formuler et à mettre en œuvre des plans de travail pour la compilation du bilan des ressources naturelles telles que les forêts, l'eau et les ressources minérales (conformément au cadre central du SCEE).

Toutefois, aucune approche unique n'est appliquée pour évaluer les ressources naturelles et les services écosystémiques. Il existe une variété d'approches, dont chacune a ses forces et ses faiblesses. Les décideurs utilisent donc une combinaison d'évaluations qualitatives, quantitatives et monétaires pour déterminer les avantages des interventions environnementales. Ces évaluations sont, de par leur nature, très spécifiques au contexte : les coûts et les avantages des mesures de protection ou de conservation de ressources naturelles, et la répartition de ces coûts et avantages entre les différents groupes, sont susceptibles de varier considérablement d'un endroit à l'autre.

Par exemple, bien que les avantages de la protection des écosystèmes de forêts tropicales dépassent souvent les coûts, des questions se posent toutefois sur la meilleure façon d'opérer et sur les mesures à prendre pour faire en sorte que les coûts et les avantages de l'intervention soient répartis équitablement. Des défis importants se posent lorsqu'il s'agit d'assurer que les personnes qui vivent dans les zones placées sous conservation ou sous protection tirent aussi parti de ces mesures. Un exemple est le paiement pour les services environnementaux, au Mexique, où une partie des redevances d'eau est légalement affectée à des subventions publiques versées aux propriétaires fonciers pour les inciter à renoncer à certaines activités sur leurs terres (TEEB 2010).

Sources : Site de WAVE ; EPA des États-Unis ; Brink et al. 2012 ; Bromhead, 2012 ; et TEEB 2010.

Une extension urbaine débridée sur des espaces forestiers peut affaiblir la résilience urbaine. La Côte d'Ivoire abrite des forêts tropicales, des zones humides et d'autres habitats naturels fragiles, y compris huit parcs nationaux et cinq réserves. Bien que les principales causes du déboisement soient la conversion des terres forestières en agriculture et l'utilisation du bois comme source d'énergie, certains des principaux centres urbains du pays se trouvent dans des écosystèmes différents et fragiles sur le plan écologique. L'extension urbaine et la production de cultures de rente menacent la forêt de plaine de type guinéen à l'ouest, et la végétation près du fleuve Sassandra dans le sud-ouest. Ces deux zones abritent une flore et une faune caractéristiques, dont de nombreuses espèces endémiques et des associations uniques de plantes (IFPRI). Sur les 6,4 millions d'hectares de forêt que compte le pays, 4,2 millions sont considérés comme « très dégradés »[19]. Les coûts de ce déboisement dépassent probablement les bénéfices réalisés par les industries qui ont exploité ces forêts. Les estimations au Kenya indiquent que les pertes économiques dans ce pays ont totalisé jusqu'à 64 millions de dollars É.-U. en 2010, une somme nettement supérieure aux bénéfices tirés du déboisement par les industries (PNUE 2013). De façon plus générale, la Côte d'Ivoire pourrait payer un prix économique, social et environnemental très lourd en raison du changement climatique (voir encadré 3.1).

Une boîte à outils verte : instruments à l'intention des décideurs

Des instruments de politique peuvent aider les décideurs à réduire les coûts environnementaux et à amplifier les gains sociaux et économiques de l'urbanisation. La présente section se fonde sur des exemples réels de cadres institutionnels ou d'investissements dans les infrastructures, pris dans des villes à travers le monde, qui ont contribué à réduire les coûts de la pollution urbaine et à renforcer la résilience urbaine. Elle indique la manière dont ces initiatives peuvent s'aligner sur les mesures prioritaires à prendre par les villes qui sont des connecteurs globaux, régionaux et locaux en Côte d'Ivoire.

Mettre sur pied une plateforme de collecte et de diffusion de données

La première étape consiste à améliorer le suivi des coûts environnementaux des décisions prises par les pouvoirs publics, les entreprises et les ménages. Comme il a été souligné tout au long de ce chapitre, les coûts environnementaux des activités urbaines sont mal cernés par ceux qui génèrent des externalités et ceux qui sont touchés par ces dernières. L'amélioration de la surveillance de l'environnement est nécessaire pour mieux éclairer la prise de décision afin de fournir davantage d'informations sur les coûts actuels et les potentiels défis futurs, et pour recueillir des données concrètes sur l'efficacité des politiques visant à améliorer l'environnement urbain. Les mesures prioritaires incluent l'amélioration de la fiabilité des initiatives actuelles de collecte et de diffusion de données, telles que la surveillance de la qualité de l'eau par le Centre ivoirien antipollution (CIAPOL), dont les activités ont été partiellement relancées en 2014 après plus de 15 ans d'inactivité due à des difficultés financières liées au conflit. Elles incluent aussi la mise en place d'un nouveau processus de collecte de données pour les facteurs non mesurés.

L'État pourrait aider les villes ivoiriennes à participer aux nouvelles initiatives de collecte de données menées par les villes à l'échelle internationale. Comme le souligne le World Council on City Data (WCDD), il peut y avoir des avantages à aligner la collecte de données sur les indicateurs internationaux, sans compter que la participation ouvre des possibilités de leçons et d'échange de connaissances entre les villes sur les politiques rentables. D'autres avantages peuvent aussi en être retirés : le WCCD fait valoir que la participation à une initiative internationale de collecte de données transparente et vérifiée de façon indépendante, peut améliorer l'attractivité d'une ville et devenir un moyen pour les villes d'obtenir des fonds[20]. Un exemple en est la norme ISO 37120 du WCCD sur le développement durable des collectivités : Indicateurs pour les services urbains et la qualité de vie. Cet ensemble de 100 indicateurs normalisés[21] et de méthodes de collecte de données a été élaboré par les villes pour les villes, et offre une grande souplesse, de sorte qu'il appartient à chaque ville participante de fixer les objectifs de résultats en fonction de ses propres priorités.

L'amélioration des données peut créer de nouvelles approches formelles de prise de décision dans la gestion des ressources naturelles et l'investissement public. L'expérience internationale démontre que l'introduction de procédures d'examen des coûts environnementaux dans l'évaluation des processus de passation des marchés publics peut produire de bons dividendes écologiques (voir encadré 3.2). Les marchés publics représentent environ de 25 % à 30 % du PIB dans les pays en développement (OECD 2012), une somme assez importante qui, si elle est orientée vers des produits et des projets écologiques, pourrait aider à établir un marché de produits écologiques.

La diffusion de l'information environnementale peut aider à changer les comportements des ménages et des entreprises. Des études menées à travers le monde donnent à penser que les consommateurs sont souvent disposés à intégrer les considérations environnementales dans leurs décisions de consommation. Dans le même ordre d'idées, la publicité portant sur les pratiques environnementales des entreprises peut parfois suffire à changer leurs méthodes de production, les consommateurs faisant pression sur ces entreprises pour qu'elles réduisent leur empreinte sur l'environnement. Grâce à une initiative baptisée PROPER, les entreprises indonésiennes se sont vues attribuer publiquement une couleur correspondant à leur classement en fonction de leur performance environnementale. Ce système simple a permis aux consommateurs d'obtenir des informations nouvelles sur la façon dont les entreprises se conforment aux normes nationales et internationales, et a contribué à améliorer les pratiques de développement durable au sein des entreprises sous l'effet de la pression sociale (Zinnes 2009). Mais les entreprises sont peu susceptibles de communiquer ce type d'informations de leur plein gré. Pour que ce système fonctionne, les pouvoirs publics doivent pouvoir obliger les entreprises à rendre compte de leurs pratiques (Kahn 2013).

Améliorer la diffusion de l'information sur les risques peut contribuer à favoriser un développement « résistant à l'épreuve du temps ». Les inondations urbaines mettent en péril un nombre croissant de vies et de moyens de subsistance en Côte d'Ivoire. La conception de mesures appropriées de réduction des risques d'inondation, telles que la planification du développement, la prévision et les systèmes d'alerte précoce, nécessite des données fiables, telles que des renseignements sur la nature, la source et la probabilité des risques actuels d'inondation urbaine pour identifier les tendances et les priorités (Jha et al. 2012). Certaines de ces données sont déjà recueillies en Côte d'Ivoire : l'Office national de la protection civile, les communes et même certaines universités s'emploient à enregistrer les risques naturels dans les villes. La participation à des initiatives régionales de veille et de vigilance dans le cadre du programme de surveillance de la ligne côtière de l'Observatoire du littoral ouest-africain (WACO) favorisera également un renforcement de la capacité d'identifier et d'anticiper les risques liés aux inondations côtières (UEMOA 2010).

La définition des responsabilités et l'amélioration de la qualité de la collecte exhaustive de données, l'utilisation et la diffusion de l'information sur les risques d'inondation pourraient aider les villes à faire face aux risques existants et se préparer aux défis futurs. L'amélioration de la diffusion de l'information sur les risques sous forme de cartes détaillées des risques contribuerait par exemple à sensibiliser le public et à faciliter l'évacuation rapide des zones à risque (Institut de la Banque mondiale 2012). La diffusion de cartes des risques peut également aider à éclairer les décisions quant à la planification du développement futur, et éviter des coûts inutiles liés à un manque d'information lors de la construction de nouvelles habitations ou la conduite d'une activité commerciale dans les zones à risque.

L'information peut être utilisée pour formuler des règles et des normes favorisant des améliorations sur le plan économique. Un État a le pouvoir d'imposer des normes environnementales dans les secteurs qui touchent directement les coûts environnementaux des activités urbaines. Lorsqu'elles sont bien conçues, des normes environnementales sont aptes à conduire à un changement de comportement. S'il augmente les coûts de la pollution, ce changement peut aussi permettre de réduire la dégradation et l'appauvrissement de l'environnement (Banque mondiale 2012). L'État peut influer sur le « prix » de la pollution en ayant recours à des outils tels que la réglementation, l'application de normes minimales et des incitations financières positives ou négatives, telles que de nouvelles taxes ou des allégements fiscaux. L'introduction de normes pour les carburants et les véhicules, par exemple, a contribué à réduire considérablement les émissions de noir de carbone dans de nombreux pays à travers le monde (Banque mondiale 2014).

Des normes environnementales efficaces considèrent les arbitrages nécessaires et sont soutenues par des moyens de mise en application crédibles. Il peut s'avérer difficile de prédire avec exactitude les coûts économiques associés à l'introduction de normes environnementales. Les entreprises peuvent faire face à l'augmentation des coûts de production due à la réglementation de la pollution en réduisant la production et en supprimant des emplois, ou encore en s'appuyant davantage sur les emplois à forte intensité de travail et en créant de nouveaux emplois. L'analyse de quatre secteurs d'activité différents aux États-Unis a révélé que l'incidence de la réglementation était spécifique à chaque secteur (Banque mondiale 2012). Il convient également de ne pas sous-estimer les coûts de la mise en conformité.

Améliorer la qualité des services de base et en élargir la couverture

Il est nécessaire de veiller à ce que les zones urbaines bénéficient d'une couverture des services de base. Comme indiqué ci-dessus, le manque d'ouvrages d'évacuation des eaux usées a de fortes répercussions négatives sur l'environnement urbain et augmente la vulnérabilité urbaine aux catastrophes naturelles telles que les inondations. Toutes les villes, quelle que soit leur taille dans le système urbain, doivent investir en priorité dans les services de base. Pour les villes connecteurs locaux, qui sont au stade de développement embryonnaire où les décisions concernant les infrastructures de base détermineront la croissance future, cela signifie éviter les erreurs commises par les grandes villes en établissant les bases d'une croissance plus verte.

Il est rentable d'accorder la priorité aux investissements *futurs* dans les infrastructures. L'expérience internationale démontre que le simple fait d'accorder la priorité aux investissements *futurs* dans les infrastructures peut générer une épargne économique et environnementale à le long terme, parce que l'obtention de rang de priorité est coûteuse et demande du temps après que le développement a été engagé (Banque mondiale 2013). Le célèbre plan des rues de New York, par exemple, a été conçu au début du XIXe siècle. Un bon nombre des routes qui y figuraient ont été construites beaucoup plus tard, mais l'espace avait été réservé à l'avance, ce qui a réduit les coûts lors de la construction des routes. Cette approche a été utilisée dans des villes aussi éloignées l'une de l'autre que Buenos Aires et Barcelone (Banque mondiale et AusAID, 2015).

De nouvelles solutions technologiques permettent aujourd'hui de concilier les avantages environnementaux et les économies de coûts dans la prestation de services de base. Les villes de Côte d'Ivoire pourraient mettre à profit ces innovations afin d'éviter les approches traditionnelles coûteuses adoptées par la plupart des pays industrialisés. Ce pourrait être l'occasion d'adopter directement de nouvelles solutions innovantes sans se reposer sur les anciennes stratégies (OECD 2012). Par exemple, en élargissant le réseau, la nouvelle technologie offre des moyens plus écologiques et moins chers de fournir de l'énergie à des zones difficiles d'accès, comme en témoigne l'utilisation de sources photovoltaïques dans le cadre du projet One Million Solar Street Light mené par l'Agence de développement allemande (GIZ) et Laptrust, le fonds de pension des fonctionnaires kenyans[22].

Dans les villes de Côte d'Ivoire qui sont des connecteurs régionaux et globaux — où des zones d'habitat ont déjà été établies sans accès aux services de base — les travaux de modernisation seront une priorité. Abidjan compte environ 144 quartiers précaires caractérisés par un régime de propriété peu fiable, des modes d'habitat irréguliers, des matériaux de construction qui laissent à désirer, et un manque de services de base. L'amélioration des services de base dans ces quartiers pourrait bénéficier à toute la ville, en dépit des multiples défis actuels. Par exemple, une évaluation des récents efforts déployés pour élargir l'accès à l'assainissement à Abidjan, à Bouaké et dans certaines autres villes a estimé que les interventions pourraient avoir entraîné des économies annuelles sur les dépenses de santé d'un montant de 16 dollars É.-U. par bénéficiaire du projet (pour des économies totales de 3,2 millions de dollars É.-U. pour les 200 000 bénéficiaires)[23]. Des exemples pris dans le monde entier indiquent que ces avantages peuvent être plus facilement obtenus lorsque les projets sont conçus autour d'une approche intégrée (voir encadré 3.3).

Encadré 3.3 Réhabilitation urbaine à Sao Bernardo do Campo, Brésil — intégrée, coordonnée et fondée sur des données factuelles, accompagnée de politiques globales de réinstallation

La région métropolitaine de Sao Paulo abrite près de 20 millions d'habitants et représente près de 20 % du PIB. Mais ses ressources en eau sont sous pression : la croissance exponentielle de la population, l'utilisation non planifiée et non viabilisée des terres et le développement industriel rapide ont pollué les réservoirs d'eau potable et contribué à la pénurie d'eau et à l'exposition aux inondations. La ville de Sao Bernardo do Campo est l'une des 39 municipalités de la région. Elle protège les ressources en eau pour l'ensemble de la zone urbaine, car elle se trouve au bord du réservoir Billings. Billings est l'un des trois principaux bassins versants du réseau hydrographique Mananciais, qui fournit 70 % de l'eau potable de la région.

Un tiers des habitants de Sao Bernardo (un million) vivent dans l'un de ses 261 quartiers précaires et informels. Au moins 65 quartiers se trouvent dans des régions très exposées aux risques naturels tels que les glissements de terrain et les inondations. Et comme 151 de ces zones d'habitat se trouvent dans des zones écologiquement fragiles des Mananciais, elles contribuent aussi fortement à la pollution de l'eau sous l'effet du ruissellement des eaux pluviales et des eaux usées non traitées.

Face à ces défis, la municipalité de Sao Bernardo do Campo a élaboré, avec le soutien de la société d'eau de São Paulo (SABESP), de l'État fédéral et de la Banque mondiale, une approche intégrée de l'amélioration des zones d'habitat. L'objectif était de formaliser et d'améliorer les conditions de vie, de faire sortir les ménages des environnements à risque et de lutter contre la pollution de l'eau dans le réservoir Billings.

Cette approche présente divers intérêts. Premièrement, elle est fortement intégrée — la municipalité a choisi de s'attaquer de manière concomitante à de multiples dimensions de la pauvreté et de la dégradation de l'environnement. Les interventions ont été conçues pour intégrer les politiques de logement, les politiques en matière de transport et la fourniture de services de base. Les espaces verts publics situés le long des rives ont été inclus dans la conception afin d'assurer une certaine protection contre les inondations, de filtrer les eaux de ruissellement et d'offrir un espace pour les activités communautaires et les loisirs. Cet effort a nécessité une coordination entre les services municipaux, la compagnie d'électricité de l'État fédéré et les entités responsables de la protection de l'environnement de l'État fédéré.

Deuxièmement, elle est strictement coordonnée. Les investissements en infrastructures ont été liés à des campagnes d'information sur les pratiques environnementales et le changement de comportement dans des domaines tels que l'élimination des déchets, l'utilisation de l'eau et l'assainissement, afin d'obtenir un impact à long terme.

Troisièmement, la conception de cette approche se fonde sur des données concrètes. Le projet est totalement en phase avec une initiative plus large de la SABESP qui vise à améliorer la collecte et le suivi des données concernant la qualité de l'eau dans le réservoir Billings, et la municipalité a réalisé une cartographie et une évaluation de grande envergure des infrastructures et des logements afin de pouvoir hiérarchiser les interventions. (Voir http://sihisb .saobernardo.sp.gov.br.)

encadré continue page suivante

L'Urbanisation diversifiée • http://dx.doi.org/10.1596/978-1-4648-0869-2

Encadré 3.3 **Réhabilitation urbaine à Sao Bernardo do Campo, Brésil — intégrée, coordonnée et fondée sur des données factuelles, accompagnée de politiques globales de réinstallation** *(continue)*

Quatrièmement, la loi brésilienne exige depuis 2013 que des politiques globales de réinstallation soient intégrées aux stades de la conception et de la planification des projets bénéficiaires de fonds de l'État fédéral. Toute évaluation doit examiner les alternatives au déplacement des personnes avant le début du projet et elle doit fournir des principes directeurs pour déterminer les circonstances dans lesquelles il est possible de procéder à une réinstallation involontaire des ménages ou des activités économiques à partir d'une zone cible. Si la réinstallation est inévitable, un plan de réinstallation doit être établi et les mesures d'indemnisation des personnes affectées doivent être approuvées par le Ministère brésilien en charge des villes.

Sources : Cities Alliance 2013; Banque mondiale 2012, 2013.

Toutes les villes ont besoin d'élargir la couverture du système de collecte des déchets solides. Une ville ne peut pas fonctionner correctement sans une bonne gestion des déchets solides (IFC 2014). La collecte en Côte d'Ivoire incombe principalement à une agence nationale, l'ANASUR, et non aux municipalités. Les taux de collecte dans les villes en dehors d'Abidjan sont très bas. La mise en place de systèmes adéquatement financés dans toutes les villes est une priorité, et ces systèmes devraient être intégrés à la planification urbaine (voir section suivante). Comme indiqué précédemment, 40 % des habitations à Abidjan sont inaccessibles par les camions chargés de la collecte des déchets, et doivent donc être desservis par des « pré-collecteurs ».

La collecte des déchets solides à Abidjan a progressé au cours des dernières années, mais des progrès restent à faire. Les taux de collecte sont estimés à 70 % et sont nettement plus élevés qu'en 2009, lorsque la ville comptait de nombreuses décharges de fortune (PPIAF). Ces progrès sont en partie attribuables à des réformes qui ont ajusté la formule de paiement pour les services, qui est passée de la rémunération pour l'enlèvement des déchets *d'une* municipalité au paiement pour le déversement des déchets *à la* décharge d'Akouédo. Mais des progrès restent à faire. En plus des défis liés à l'élimination des déchets en l'absence de sites d'enfouissement sanitaires (voir ci-dessus), les quantités de déchets pourraient être plus gérables avec un meilleur tri à la source, et l'efficacité du système de collecte pourrait être améliorée avec l'introduction de stations de transfert. La gestion des déchets industriels en particulier doit être modernisée.

L'évaluation des besoins pourrait favoriser des investissements plus judicieux dans la gestion des déchets solides et faire en sorte que la prise de décision aujourd'hui anticipe les besoins de demain. Les cadres de l'État éprouvent des difficultés à prendre des décisions éclairées sur la façon d'améliorer le système local de gestion des déchets solides. À mesure que les villes croissent, les défis prennent de l'ampleur, exerçant une pression supplémentaire sur des systèmes déjà inadéquats. Ces défis sont généralement associés à un manque d'information et de compétence technique, qui peut conduire à des actions inappropriées. De nombreuses villes des pays en développement adoptent des pratiques de gestion des déchets coûteuses et peu pérennes empruntées aux pays industrialisés (Coffey et Coad 2010 ; Zurbruegg 2003). Les actions d'une ville dans ce domaine doivent tenir compte des infrastructures et des ressources locales, des facteurs tels que l'accessibilité des routes (Henry et al. 2006) et les compétences techniques locales (Hazra et Goel 2009), ainsi que la possibilité de mener les opérations à une plus grande échelle à mesure que les besoins s'amplifient. Ainsi, en Côte d'Ivoire, les priorités quant à la gestion des déchets solides diffèrent selon que la ville est un connecteur global, régional ou local.

Planification intégrée

Dans les grandes villes, la planification intégrée des transports pourrait aider à réduire les embouteillages, à améliorer la qualité de l'air et à promouvoir l'efficacité économique. Elle contribuerait à améliorer l'efficacité économique et environnementale des déplacements quotidiens, les décisions individuelles concernant la mobilité pouvant entraîner de fortes externalités négatives. La planification intégrée de la mobilité peut créer un cadre d'incitations qui favorise un comportement plus stable. La planification intégrée consiste à se tourner vers l'avenir : en intégrant les informations sur les coûts et les avantages environnementaux dans la prise de décision à court terme, elle peut procurer des avantages importants pour assurer, à long terme, un développement plus durable.

Une mobilité urbaine abordable, efficace et sûre doit être planifiée autour des besoins de mobilité. Les données sur la durée, les modes et les caractéristiques des trajets dans les villes ivoiriennes font défaut. Une meilleure maîtrise de ces déplacements sera essentielle afin de réduire les coûts sociaux et environnementaux des déplacements quotidiens, et permettra d'améliorer l'efficacité économique dans les zones urbaines grâce à une meilleure connexion des travailleurs aux entreprises. C'est une grande priorité pour les villes qui sont des connecteurs globaux, où les longs trajets, les embouteillages et la pollution de l'air nuisent aux conditions de vie. L'amélioration de la planification de la mobilité urbaine devrait intégrer de multiples considérations pour favoriser des déplacements plus efficaces, abordables et écologiquement durables. Avec l'appui de l'Agence japonaise de coopération internationale, l'État prend des mesures pour intégrer la maîtrise des besoins de mobilité dans sa planification des transports. Des études de cas menées à l'échelle internationale soulignent l'importance de veiller à l'intégration de ces informations dans la planification de l'occupation de l'espace et dans la gestion des transports publics.

Des initiatives visant à combiner la diffusion de l'information, les normes et les incitations financières au changement des comportements dans le secteur du camionnage sont en cours d'examen. L'État a exprimé sa détermination à réformer le secteur du transport de marchandises et, avec le soutien de la Banque mondiale, il étudie une série d'activités qui réformeraient l'industrie du camionnage dans le but de la rendre plus compétitive. De nombreuses initiatives à l'étude devraient également permettre de réduire les effets de cette industrie sur l'environnement. Des initiatives de modernisation telles que l'utilisation des containers, la réforme du stockage, l'amélioration des méthodes de gestion, des exigences plus rigoureuses en matière de conduite et des incitations à la modernisation du parc de camions, pourraient favoriser des gains d'efficacité et réduire les dégâts environnementaux associés au camionnage.

Une planification intégrée est nécessaire pour assurer que les coûts environnementaux à long terme sont mieux intégrés aux décisions actuelles de développement afin de favoriser un développement « résistant à l'épreuve du temps ». Cela permettra de gérer les tensions entre des utilisations concurrentielles des ressources naturelles et à renforcer la résilience face aux catastrophes naturelles. Les économies des villes de Côte d'Ivoire qui sont des connecteurs régionaux reposent sur l'exploitation de ressources naturelles (y compris l'agriculture) et leur transport. Man et San-Pédro sont des plaques tournantes pour les marchés agricoles dans l'ouest et le sud du pays et des centres importants d'exploitation du fer, du nickel et des combustibles fossiles[24], mais aussi des plaques tournantes du commerce international (de Man vers la Guinée et le Libéria, ainsi que par le Port de San- Pédro). Ces activités procurent des avantages économiques et sociaux importants, mais elles entraînent également des coûts élevés en matière de dégradation de la biodiversité et du déboisement, ces villes se trouvant dans des zones abritant des écosystèmes très rares et fragiles. Dans le cas d'Abidjan et de San-Pédro, la destruction des écosystèmes de mangroves augmente la vulnérabilité à l'élévation du niveau de la mer (voir encadré 3.4). En effet, la conservation de ces zones est l'une des principales priorités environnementales du pays (Banque mondiale, CEA à paraître).

Des exemples à travers le monde mettent en évidence l'importance d'une planification mieux intégrée des infrastructures. Ils démontrent que les approches plus intégrées de la planification des infrastructures peuvent équilibrer les avantages à court terme de l'extraction de ressources avec les coûts à long terme de la perte de la biodiversité, ainsi que renforcer la résistance aux catastrophes naturelles. Un exemple intéressant est celui de la Colombie, où les infrastructures régionales de protection des écosystèmes fragiles ont été financées au moyen des redevances provenant de l'extraction des ressources naturelles (voir encadré 3.5).

La conservation de l'environnement peut également contribuer à promouvoir la croissance économique et à créer des emplois. Outre les avantages à long terme pour la protection de la biodiversité, la conservation de l'environnement peut également procurer des avantages à court terme. En 2000, sept des treize aires protégées de la Côte d'Ivoire ont accueilli en moyenne 5 540 visiteurs étrangers par an, dont la majorité était des Européens, et elles ont généré des recettes d'environ 10 milliards de francs CFA (Banque mondiale, CEA à paraître).

Encadré 3.4 Soutien aux villes côtières

L'amélioration de la gestion des risques côtiers est une recommandation centrale du rapport de l'Union internationale pour la conservation de la nature sur l'érosion côtière en Afrique de l'Ouest. Les principes clés préconisés sont les suivants :

- Réduire l'exposition aux risques. C'est un principe qui doit être intégré dans la planification de nouvelles zones, qui devraient être aménagées en dehors des zones côtières, ainsi que dans la maîtrise des risques qui pèsent sur les zones d'habitat existantes. Les protections naturelles devraient être préservées et peuvent même faire office de « zones tampons » entre la rive et les établissements humains. Elles doivent être conçues en fonction des besoins locaux : la largeur nécessaire de la zone tampon varie d'un endroit à l'autre, et doit tenir compte du lieu où se trouvent les personnes et les biens et de la dynamique de l'écosystème côtier dans cette zone.
- Protéger la formation morphologique et végétale naturelle dans les zones côtières, car elle joue un rôle important dans la dynamique des sédiments côtiers. Ce rapport souligne que tout nouveau développement d'infrastructures lourdes le long de la côte ivoirienne créera de nouveaux besoins en termes de gestion du littoral, étant donné que l'infrastructure peut exercer une nouvelle pression sur l'écosystème côtier et nécessiter une protection coordonnée. Ces considérations devraient occuper une place importante et centrale dans la réflexion concernant, par exemple, les plans d'extension du port de San-Pédro.
- Protéger les segments de la côte où les défenses sont les plus nécessaires, en tenant compte des impacts locaux, nationaux et sous-régionaux que ces défenses peuvent avoir au regard de l'interdépendance des systèmes hydrauliques.
- Veiller à ce que la planification de l'occupation de l'espace intègre la maîtrise de la dynamique côtière, telle que le rôle important que jouent les mangroves dans la protection des zones côtières contre les inondations. Les zones humides ont des bienfaits écologiques et sont importantes pour les moyens de subsistance locaux tels que les ressources halieutiques.

Le rapport régional identifie sept zones à risque élevé ou très élevé en Côte d'Ivoire : Grand-Lahou, Port-Bouët, Port-Bouët Est, Grand-Bassam, côte ouest de Grand-Bassam, rive droite de l'estuaire de Bassam, et zone périurbaine est d'Abidjan. Ce sont des zones présentant des risques considérables pour la vie humaine, la production industrielle et les infrastructures touristiques en rapport avec l'érosion côtière et l'élévation du niveau de la mer. Le rapport souligne la nécessité de mieux intégrer les risques dans le nouveau développement urbain du front de mer de ces zones (en particulier Port-Bouët, Port-Bouët Est et Abidjan Est), de fournir des services de base résilients et des infrastructures de transport (Abidjan-Orient), d'élaborer des plans de gestion de risques et de diffuser des plans d'évacuation et de préparation aux catastrophes auprès des populations à risque (Port-Bouët et Abidjan Est), ainsi que d'élaborer un plan détaillé de prévention des risques de submersion suite aux inondations (Grand-Bassam et rive droite de l'estuaire de Bassam).

Source : UEMOA. 2010.

Encadré 3.5 Intégration de la planification du développement portuaire et régional avec la gestion du littoral : le cas de la côte caribéenne de la Colombie

Les villes de Carthagène, de Barranquilla et de Santa Marta sont situées sur la côte caribéenne septentrionale de la Colombie. Ces trois ports jouent un rôle important dans l'économie nationale : ils accueillent 69 % des importations et des exportations (tonnes) du pays, et constituent chacune un pôle touristique important. Les trois villes ont en commun un important potentiel de croissance. Toutefois, elles sont également confrontées à de graves menaces environnementales communes. La zone côtière est très exposée aux inondations côtières, et la croissance économique et l'expansion urbaine débridées mettent en péril les écosystèmes fragiles et uniques de la région qui abrite des écosystèmes côtiers/dulcicoles, des montagnes et la forêt tropicale.

Reconnaissant les avantages de la planification régionale, l'État a entrepris ces dernières années des réformes visant à surmonter les obstacles à une coordination accrue dans les projets d'infrastructure. Il a également mis en place un fonds spécial destiné à financer les infrastructures régionales, à travers le Systema General de Regalías. Ces Regalías sont des redevances et des taxes que l'État impose à l'extraction de ressources naturelles, à l'instar des activités minières. La création de ce fonds de Regalías représente un effort pour veiller à ce que les avantages de l'extraction des ressources naturelles en Colombie contribuent au développement durable du pays et qu'ils soient répartis de manière équitable à travers le pays. Les principes fondateurs de ce fonds incluent l'accent sur la promotion de la coopération entre les organes de l'administration locale et la stimulation de la compétitivité et du développement régionaux.

Depuis 2012, plus de 200 propositions de projets ont été reçues, approuvées et dans certains cas, lancées dans la région des Caraïbes côtières avec des financements provenant des Regalías. Ces projets portent notamment sur des initiatives de réhabilitation environnementale axées sur l'amélioration de la qualité de l'eau, l'introduction de pratiques forestières viables et la protection des plages. Les projets d'infrastructure à ce jour couvrent des systèmes d'assainissement de base et des nouveaux parcs publics ainsi que des projets d'infrastructure de transport de plus grande envergure tels que l'aide à la préparation d'un projet d'introduction de l'accès ferroviaire au port de Barranquilla. À Carthagène, des parcs linéaires et des promenades le long du front de mer urbain sont une manifestation concrète du pouvoir qu'ont les infrastructures écologiques de combiner gains sociaux, économiques et environnementaux : il s'agit d'espaces publics qui renforcent le potentiel touristique de la ville tout en offrant une certaine protection contre l'élévation du niveau de la mer dans le cadre d'un plan intégré de gestion du littoral.

Ce cadre intégré et participatif de planification régionale présente plusieurs avantages potentiels. Le premier est l'efficacité : la planification fondée sur les besoins économiques et la nécessité de résilience a des chances de générer des économies d'échelle et d'éviter une répétition inutile des investissements dans les infrastructures. Le deuxième est une inclusion plus efficace des coûts et avantages sociaux et environnementaux, réalisée en associant les parties prenantes nationales et locales de différents secteurs et intérêts au processus de planification.

encadré continue page suivante

Encadré 3.5 Intégration de la planification du développement portuaire et régional avec la gestion du littoral : le cas de la côte caribéenne de la Colombie *(continued)*

Le troisième est la surveillance et la responsabilité, grâce à une répartition claire et transparente des rôles et des responsabilités et à des flux de fonds destinés aux projets une fois ceux-ci approuvés.

Sources : Samad, Lozano-Gracia et Panman 2012.

Le pays possède un potentiel touristique considérable, qui, en cas de succès, peut être un outil de consolidation de la paix et de lutte contre la pauvreté, comme c'est le cas en Gambie (Christie et al. 2013). L'écotourisme est le domaine de l'industrie touristique (TEEB 2010) qui enregistre la plus forte croissance et il est important pour la croissance des emplois verts (OECD 2012). En Afrique du Sud, par exemple, depuis 1995, environ 486 000 emplois ont été créés grâce à des programmes de réhabilitation de l'environnement (PNUE 2013).

La planification intégrée peut également contribuer à améliorer l'efficacité de la production industrielle, réduisant les coûts environnementaux de la production industrielle et favorisant des gains de productivité à travers les zones industrielles. Nombreux sont les gains de compétitivité et de productivité potentiels qui existent dans les zones ou parcs industriels. Ceci dit, il peut y avoir des gains d'efficacité importants dans les infrastructures environnementales, comme la construction d'installations de traitement des eaux usées qui peuvent être partagées par toute l'industrie dans un parc industriel, le déplacement des industries se trouvant dans le centre-ville où un grand nombre de résidents sont directement exposés aux polluants, et la facilitation, pour les organismes de réglementation environnementale, de la supervision de l'activité industrielle et du contrôle de la conformité aux normes.

Lorsque la sélection des entreprises faisant partie du parc industriel le permet, il y a des chances de réaliser des gains environnementaux et économiques grâce à des synergies dans la gestion des déchets. L'exemple le plus célèbre est peut-être celui du parc industriel de Kalundborg au Danemark, qui comprend une centrale à charbon qui échange des déchets avec d'autres usines industrielles présentes sur le parc industriel, qui les utilisent comme intrants pour leur activité productive. Ainsi, les cendres volantes provenant de l'usine sont utilisées dans la cimenterie voisine, la vapeur produite est utilisée par une usine pharmaceutique, la chaleur récupérée de la production de charbon est utilisée par les établissements de pisciculture, et les boues sont recyclées sous forme d'intrants dans l'usine de fabrication d'engrais (Banque mondiale 2012). Bien que l'approche du partage des déchets de Kalundborg semble s'être développée de façon naturelle, plusieurs initiatives ont cherché à encourager ce type d'échange dans des parcs éco-industriels en Chine (parc industriel de Dalian) et en Inde (parc industriel de Naroda).

Annexe 3A: Émissions de dioxyde de carbone en Côte d'Ivoire

Graphique 3A.1   Émissions de dioxyde de carbone par secteur, et total

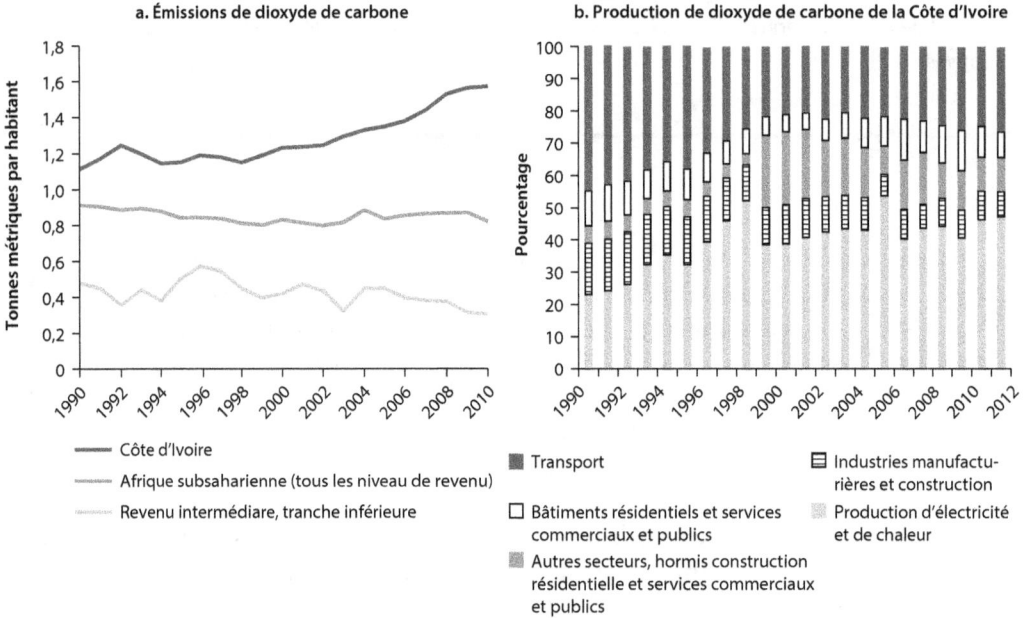

a. Émissions de dioxyde de carbone

b. Production de dioxyde de carbone de la Côte d'Ivoire

Tonnes métriques par habitant

1,8
1,6
1,4
1,2
1,0
0,8
0,6
0,4
0,2
0

1990 1992 1994 1996 1998 2000 2002 2004 2006 2008 2010

Pourcentage

100
90
80
70
60
50
40
30
20
10
0

1990 1992 1994 1996 1998 2000 2002 2004 2006 2008 2010 2012

— Côte d'Ivoire

— Afrique subsaharienne (tous les niveau de revenu)

— Revenu intermédiare, tranche inférieure

■ Transport

□ Bâtiments résidentiels et services commerciaux et publics

▨ Autres secteurs, hormis construction résidentielle et services commerciaux et publics

⊟ Industries manufacturières et construction

▨ Production d'électricité et de chaleur

Source : Indicateurs du développement dans le monde 2014.

Notes

1. Une étude de l'Université Monash sur les effets de l'augmentation de l'utilisation des terres a constaté qu'une augmentation de 30 % de la densité d'utilisation des terres et une baisse associée des distances jusqu'aux transports publics se traduiraient par une augmentation d'environ 25 % de l'activité physique et une réduction de 1 % à 5 % de l'exposition à des particules à Londres et à New York. En revanche, dans les villes très polluées comme New Delhi et Beijing, une activité physique plus intense pourrait en fait *augmenter* les problèmes de santé ; les réductions associées de pollution atmosphérique ne compenseraient pas l'exposition accrue aux particules. Dans ce cas, une amélioration ciblée de la qualité de l'air peut s'avérer plus efficace du point de vue de l'écologisation.

2. Ces écosystèmes fragiles de mangroves sont des zones de reproduction de poissons extrêmement importantes qui abritent plus de 430 espèces de plantes rares, des éléphants de forêt, des hippopotames pygmées, des chimpanzés, des tortues et d'autres animaux sauvages (Banque mondiale, Analyse environnementale pays (CEA), à paraître).

3. Les sources renouvelables d'eau douce continentale ont diminué, leur volume étant passé de 5 100 m³ par habitant en 1990 à 3 963 m³ en 2004 (*Indicateurs du développement dans le monde*). Il existe de nombreuses sources de pollution de l'eau, y compris les sources naturelles, par les pratiques agricoles telles que l'utilisation de pesticides et d'engrais dans la production de cultures de rente (Pare et Bonzi-Coulibaly 2013).

4. La Convention sur la diversité biologique (CDB) de 2012 définit la biodiversité comme la « variabilité des organismes vivants de toute origine y compris, entre autres,

les écosystèmes terrestres, marins et autres écosystèmes aquatiques et les complexes écologiques dont ils font partie : cela comprend la diversité au sein des espèces et entre espèces, ainsi que celle des écosystèmes » (CDB 2012).

5. Les services écosystémiques peuvent être définis comme les flux de valeur bénéficiant aux sociétés humaines en raison de l'état et de la quantité du capital naturel. L'évaluation des écosystème pour le Millénaire recense quatre catégories de services écosystémiques qui sont chacune soutenues par la biodiversité : les services d'approvisionnement, tels que les aliments sauvages, les cultures, l'eau douce et les médicaments d'origine végétale ; les services de régulation, qui incluent la protection contre les catastrophes, le stockage du carbone, le cycle de l'eau et la filtration des polluants ; les services culturels tels que les activités récréatives, les valeurs spirituelles et esthétiques, et l'éducation ; et les services de soutien, tels que le mode de formation des sols et le cycle des nutriments (TEEB 2010).

6. TEEB case: Wetlands reduce infrastructure damage, Lao PDR.

7. Tel que mesuré par la Global Burden of Disease Study, un projet de collaboration réunissant près de 500 chercheurs travaillant dans 50 pays, sous la houlette de l'Institut de métrologie et d'évaluation sanitaires de l'université de Washington.

8. Le nombre d'années de vie corrigées du facteur invalidité (AVCI) combine les années de vie perdues pour cause d'invalidité avec les années de vie perdues en raison de décès pour causes précises.

9. Des recherches menées par l'OCDE en utilisant un modèle de projection (IMACLIM) indiquent que des améliorations à long terme de la qualité de l'environnement peuvent accroître l'attractivité économique et donc la compétitivité des villes (Hammer 2011).

10. Au niveau national, les deux principaux moteurs de la pollution atmosphérique sont la production d'électricité et les transports. Contrairement à d'autres pays à revenus faible et intermédiaire, la Côte d'Ivoire n'a pas enregistré de forte augmentation des émissions de dioxyde de carbone au cours des 15 dernières années (annexe 3A). Cela peut traduire les effets des perturbations de la production industrielle et manufacturière liées à la récession de la fin des années 1990 et aux crises militaires et politiques du début des années 2000. Les émissions peuvent monter en flèche avec la relance de l'économie.

11. Selon des estimations de l'analyse des charges de pollution effectuée en 2000, par exemple, sur les 33 kilotonnes de charges annuelles d'azote se trouvant dans la lagune Ébrié, 45 % provenaient de sources urbaines, 42 % des eaux de ruissellement et 13 % des dépôts atmosphériques. Les mesures étaient similaires pour les 2,5 kilotonnes de charges de phosphore : 39 % provenant de sources urbaines, 48 % des eaux de ruissellement et 13 % des dépôts atmosphériques (Scheren et al. 2004).

12. La production de déchets solides devrait croître avec l'extension des zones urbaines et au fur et à mesure que le revenu de la Côte d'Ivoire s'accroît, car l'augmentation du revenu et de la population urbaine entraîne une augmentation de déchets. La production de déchets urbains en Afrique se situe en moyenne à 0,65 kg par habitant par jour, soit 169 119 tonnes. D'ici à 2050, elle sera de 0,85 kg par habitant par jour, soit 441 840 tonnes (Hoornweg et Bhada-Tata 2012).

13. Voir aussi « Nutrient Pollution : The Effects », site d'Environmental Protection Agency - États-Unis (consulté le 9 séptembre 2014), http://www2.epa.gov /nutrientpollution/effect-economy.

14. Un générateur diesel d'appoint type produit environ 11kg à 14 kg d'oxyde d'azote (NOx) par mégawatt-heure d'électricité produite, soit de 50 à 60 fois la pollution par

NOx produite par mégawatt-heure par les centrales à gaz types de la Californie. Le California Air Resources Board estime que le fonctionnement d'un moteur diesel de 1 mégawatt non contrôlé pendant 250 heures par an seulement se traduirait par une augmentation de 50 % du risque de cancer pour les résidents d'un pâté de maisons. http://www.sbcapcd.org/generators.htm.

15. Bien que les spécifications relatives à la teneur en soufre du diesel autorisent des émissions supérieures à la moyenne, celles concernant la teneur en soufre de l'essence sont relativement fortes (maximum de 150 parties par million). Le pays accuse toutefois un retard par rapport aux chefs de file régionaux que sont le Nigéria et l'Afrique du Sud en matière d'adoption des normes Euro 2 concernant les émissions des véhicules (PNUE 2014).

16. Le PIB par tête (en dollars constants de 2005) est passé de 933,63 dollars É.-U. en 2007 à 1 014,40 dollars É.-U. en 2013, soit une augmentation de 8,6 % (*Indicateurs du développement dans le monde*). À l'échelle internationale, une augmentation de 10 % du PIB par habitant est associée à une augmentation de 10 % de propriété automobile (Kahn 2013).

17. Données proviennent de la base de données Emissions Database for Global Atmospheric Research 3.2 (EDGAR), http://themasites.pbl.nl/tridion/en/themasites /edgar/documentation/citation/index-2.html.

18. Données proviennent de North Carolina State University, « Tree Facts », http://www .ncsu.edu/project/treesofstrength/treefact.htm.

19. Données proviennent du site REEGLE, « Ivory Coast Country Profile (2012) » (consulté le 15 mars 2016), http://www.reegle.info/policy-and-regulatory-overviews/CI.

20. WCCD, en ligne. http://www.dataforcities.org/wccd/.

21. Les indicateurs sont établis autour de 20 thèmes qui intègrent des dimensions du développement durable, regroupés sous : i) les indicateurs de services urbains : éducation, énergie, finance, loisirs, lutte contre les incendies et interventions d'urgence, gouvernance, santé, sécurité, déchets solides, transports, urbanisme, eaux usées, eau ; et ii) la qualité de vie : participation citoyenne, culture, économie, environnement, logement, équité sociale et technologie et innovation (WCCD, en ligne).

22. http://www.gicafrica.diplo.de/Vertretung/suedafrika-dz/en/__pr/2014/04/04-Kenya -street-lights.html.

23. Banque mondiale, ICR 2015. Le calcul de cet avantage est fondé sur la charge des maladies environnementales estimée par l'OMS et, plus spécifiquement, la part estimée des maladies diarrhéiques qui peuvent être attribuées à l'eau, à l'assainissement et au manque d'hygiène (WASH). Les économies estimées sont fondées sur l'estimation faite par l'équipe du projet selon laquelle les interventions entraînent une diminution d'environ 20 % de l'incidence totale des maladies liées à l'eau, à l'assainissement et au manque d'hygiène.

24. Il existe des chances de découverte de gisements potentiellement importants de pétrole, comme les récentes découvertes de Total. http://www.offshoreenergytoday .com/total-makes-oil-discovery-offshore-cote-divoire/.

Références

Banque africaine de développement, 2011. The Cost of Adaptation to Climate Change in Africa   http://www.afdb.org/fileadmin/uploads/afdb/Documents/Project-and -Operations/Cost%20of%20Adaptation%20in%20Africa.pdf.

Banque mondiale. 2002. Projet d'assistance pour la réforme de la gestion des espaces urbains et le financement du logement, Rapport de fin d'exécution.

———. 2007. Cost of Pollution in China: Economic Estimates of Physical Damages. Washington, Banque mondiale. http://siteresources.worldbank.org /INTEAPREGTOPENVIRONMENT/Resources/China_Cost_of_Pollution.pdf.

———. 2009a. Freight Transport for Development. http://www.ppiaf.org/freighttoolkit /sites/default/files/pdfs/road.pdf.

———. 2009b. Projet sur les aires protégées en Côte d'Ivoire, Document d'évaluation de projet.

———. 2012a. Inclusive Green Growth: The Path to Sustainable Development. Washington, Banque mondiale.

———. 2012b. Getting to Green: A Sourcebook of Pollution Management, Policy Tools for Growth and Competitiveness http://siteresources.worldbank.org/ENVIRONMENT /Resources/Getting_to_Green_web.pdf.

———. 2012c. Integrated Urban Water Management Case Study: Sao Paulo. Washington, Banque mondiale. http://siteresources.worldbank.org/INTLAC/Resources/257803 -1351801841279/SaoPauloCaseStudyENG.pdf.

———. 2013a. Planning, Connecting, and Financing Cities—Now: Priorities for City Leaders. Washington : Banque mondiale. DOI: 10.1596/978-0-8213-9839-5.

———. 2013b. Baissons la chaleur: Phénomènes climatiques extrêmes, impacts régionaux et plaidoyer en faveur de l'adaptation, Washington, Banque mondiale.

———. 2013c. Exposés d'Amauri Pollachi et de Tassia Regina au Blue Water Green Cities International Workshop, 4-6 décembre 2013, Sao Paulo. http://web.world-bank.org/WBSITE/EXTERNAL/COUNTRIES/LACEXT/0,,contentMDK:23328 153~pagePK:146736~piPK:146830~theSitePK:258554,00.html.

———. 2014. Reducing Black Carbon Emissions from Diesel Vehicles: Impacts, Control Strategies, and Cost-Benefit Analysis. Washington : Banque mondiale. http://www-wds.worldbank.org/external/default/WDSContentServer/WDSP/IB/20 14/04/04/000442464_20140404122541/Rendered/PDF/864850WP00PUBL0l0rep ort002April2014.pdf.

———. 2015. Emergency Urban Infrastructure Project, Implementation Completion Report.

———. À paraître. Analyse environnementale de la Côte d'Ivoire (CEA).

———. site web de Wealth Accounting and the Valuation of Ecosystem Services (WAVE).

Banque mondiale et AusAID (2015), East Asia's Changing Urban Landscape: Measuring a Decade of Spatial Growth, 2000-2010.

BBC, 2010. « Trafigura found guilty of exporting toxic waste » 23 juillet 2010. http://www .bbc.com/news/world-africa-10735255.

Bouo Bella, F. X. D., Y. Tchétché, P. Assamoi, J. K. Kouamé et S. Cautenet, 2011. Estimation of domestic and industrial emissions in Côte d'Ivoire (West Africa) International Journal of the Physical Sciences Vol. 6 (25), pages 6133–6139, 23 octobre 2011.

Brink P., Mazza L., Badura T., Kettunen M. et Withana S., (2012) *Nature and its Role in the Transition to a Green Economy*. http://www.unep.org/newscentre/Default.asp x?DocumentId=2756&ArticleId=9718.

Bromhead, Marjory-Anne, 2012. *Enhancing competitiveness and resilience in Africa: an action plan for improved natural resource and environment management.* Washington : Banque mondiale.

Castán Broto, V., (2014). Viewpoint: Planning for climate change in the African city. *International Development Planning Review*, Volume 36 (3): 257–264.

Christie, I., E. Fernandes, H. Messerli et L. Twining-Ward, 2013. Tourism in Africa: Harnessing Tourism for Growth and Improved Livelihoods. Banque mondiale : Washington.

Cities Alliance, 2013. Brazil Passes Landmark Involuntary Resettlement Policy: http://www.citiesalliance.org/brazil-involuntarydisplacementpolicy.

Coffey, Manus, et Adrian Coad. 2010. *Collection of Municipal Solid Waste in Developing Countries.* UN-Habitat.

Djibril, K., A. Coulibaly, X. Wang et D. Ousmane, Evaluating Green Space Use and Management in Abidjan City, Côte d'Ivoire, International Journal of Economics and Management Engineering (IJEME) Vol. 2, n° 3, août 2012, Pages 108–116.

Dowall, D. et N. Lozano-Gracia, (2012). Planning For The Future: Accommodating Growth Through Effective Planning In Urban India. Washington, DC : Banque mondiale.

EMBARQ, 2013, Social, Environmental and Economic Impacts of BRT Systems: Bus Rapid Transit Case Studies from Around the World http://www.embarq.org/sites/default/files/Social-Environmental-Economic-Impacts-BRT-Bus-Rapid-Transit-EMBARQ.pdf.

EPA des États-Unis (United States Environmental Protection Agency), site web "Nutrient Pollution: The Effects" http://www2.epa.gov/nutrientpollution/effects-economy, last accessed September 9, 2014.

GIEC, The Regional Impacts of Climate Change. Rapport en ligne : http://www.ipcc.ch/ipccreports/sres/regional/index.php?idp=30.

Hallegatte, S. 2009. Strategies to Adapt to an Uncertain Climate Change. *Global Environmental Change* 19 (2009) : 240 – 47.

Hallegatte, S., C. Green, R. J. Nicholls et J Corfee-Morlot, 2013, Future flood losses in major coastal cities, Nature Climate Change 3, 802–806.

Hammer, S., L. Kamal-Chaoui, A. Robert, et M. Plouin., (2011), « Cities and Green Growth: A Conceptual Framework, » *OECD Regional Development Working Papers* 2011/08, OECD Publishing.

Hayé, C. V., B. K. Dongui, J. Pellerin et A. Trokourey, 2009. Pollution evaluation in the estuary bay of Bietri (Abidjan, Côte d'Ivoire) Vol. 2: 1–11, 2009 Journal of Oceanography, Research and Data.

Hazra, Tumpa, et Sudha Goel. 2009. Solid Waste Management in Kolkata, India: Practices and Challenges. *Waste Management* 29 (1) : 470 – 78.

Henry, Rotich K., Zhao Yongsheng, et Dong Jun. 2006. Municipal Solid Waste Management Challenges in Developing Countries—Kenyan Case Study. *Waste Management* 26 (1) : 92 – 100.

Hoornweg, D. et P. Bhada-Tata, 2012. What a Waste: A Global Review of Solid Waste Management, World Bank Urban Development Series, mars 2012, n° 15.

Hoornweg, D., L. Sugar et C. L. Trejos Gomez, 2011. Cities and greenhouse gas emissions: moving forward, *Environment and Urbanization*, 13 avril 2011 http://eau.sagepub.com/content/early/2011/01/08/0956247810392270.

IHME (Institute for Health Metrics and Evaluation). 2013. *GBD Compare*. Seattle, WA: IHME, University of Washington (consulté le 5 séptembre 2014), http://www .healthdata.org/data-visualization/gbd-compare.

INS (Institut National de la Statistique). 2012. *Enquête Démographique et de Santé*. Abidjan : Institut National de la Statistique.

Institut de la Banque mondiale, 2012, Knowledge note 5-1 Risk Assessment and Hazard Mapping. Disponible en ligne (dernière consultation 17 février 2015) http://wbi .worldbank.org/wbi/Data/wbi/wbicms/files/drupal-acquia/wbi/drm_kn5-1.pdf.

IPCC (Intergovernmental Panel on Climate Change). *The Regional Impacts of Climate Change*. Rapport en ligne : http://www.ipcc.ch/ipccreports/sres/regional/index.php ?idp=30.

Jha, Abhas K.; Bloch, Robin et Lamond, Jessica, 2012. Cities and Flooding: A Guide to Integrated Urban Flood RiskManagement for the 21st Century. Banque mondiale.

Kahn, Matthew E. 2013. Sustainable and Smart Cities. Document de travail de recherche sur les politiques de la Banque mondiale n° 6878. Banque mondiale, Washington, DC.

Kouame, Innocent Kouassi, Brou Dibi, Kouadio Koffi, Issiaka Savane, et Ion Sandu. 2010. Statistical Approach of Assessing Horizontal Mobility of Heavy Metals in the Soil of Akouedo Landfill Nearby Ebrie Lagoon. *International Journal of Conservation Science* 1 (3) : 149 – 60.

Kruk, C. Bert, et Michel Donner. 2010. *Freight Transport for Development Toolkit: Ports and Waterborne Transport*. Washington, DC : Banque mondiale.

Kumar, P. et Yashiro, M., (2014). The Marginal Poor and Their Dependence on Ecosystem Services: Evidence from South Asia and Sub-Saharan Africa. In Marginality (pages 169–180). Springer Pays-Bas.

Liousse, C., E. Assamoi, P. Criqui, C. Granier et R. Rosset, 2014. Explosive growth in African combustion emissions from 2005 to 2030, Environ. Res. Lett. 9 (2014) 035003 (10 pages).

Ministère de l'Environnement, des Eaux et Forêts, African Refiners Association (ARA), et Programme des Nations Unies pour l'environnement (PNUE). 2009 « West and Central Africa Regional Framework Agreement on Air Pollution (Abidjan Agreement-2009). » Recommandations de l'atelier de l'Afrique occidentale et centrale sur l'amélioration de la qualité de l'air, Abidjan, Côte d'Ivoire, 20-22 juillet. http://www.unep.org/urban_environment/PDFs/BAQ09_AgreementEn.Pdf.

Ministère des Infrastructures Économiques. 2011. *Étude Stratégique pour la Gestion des Dechets Solides dans le District d'Abidjan*. PUIUR (Programme d'Urgence d'Infrastructures Urbaines).

Moyini, Y., E. Muramira, L. Emerton, et F. Shechambo. 2002. The costs of environmental degradation and loss to Uganda's economy with particular reference to poverty eradication. Policy Brief, (3).

Nicholls, R. J., S. Hanson, C. Herwijer, N. Patmore, S. Hallegatte, J. Corfee-Morlot, J. Château, et R. Muir-Wood. (2008), "Ranking Port Cities with High Exposure and Vulnerability to Climate Extremes: Exposure Estimates," OCDE documents de travail sur l'environnement, Nr. 1, OECD Publishing. http://dx.doi.org/10.1787 /011766488208.

OCDE (Organisation de coopération et de développement économiques). 2012. *Green Growth and Developing Countries: A Summary for Policy Makers*. Paris: OECD.

————. 2013. Future Flood Losses in Major Coastal Cities, Nature Climate Change Magazine.

Ogunrinola, I.O., et E.O. Adepegba. 2012. Health and Economic Implications of Waste Dumpsites in Cities: The Case of Lagos, Nigeria. *International Journal of Economics and Finance* 4 (4) : 239–251.

OMS (Organisation mondiale de la santé). 2012. Health Indicators of Sustainable Cities, Premières conclusions d'une consultation des expert d'OMS : 17-18 mai 2012 http://www.who.int/hia/green_economy/indicators_cities.pdf.

————. 2015. Drinking Water. Fact Sheet No. 391. http://www.who.int/mediacentre/factsheets/fs391/en/.

ONU-HABITAT, 2012. Côte d'Ivoire : Profil urbain d'Abidjan.

————. 2013. Planning and Design for Sustainable Urban Mobility: Global Report on Human Settlements.

OSAC (Overseas Security Advisory Council). 2014. *Côte d'Ivoire 2014 Crime and Safety Report*. Washington, DC: United States Department of State, Bureau of Diplomatic Security.

Pare, Samuel et L. Yvonne Bonzi-Coulibaly, Water quality issues in West and Central Africa: present status and future challenges, Proceedings of H04, IAHS-IAPSO-IASPEI Assembly, Gothenburg, Suède, juillet 2013 (IAHS Publ. 361, 2013).

PNUE (Programme des Nations Unies pour l'Environnement) 2009. Côte d'Ivoire Country Needs Assessment. http://www.unep.org/gpwm/InformationPlatform/CountryNeedsAssessmentAnalysis/CotedIvoire/tabid/106545/Default.aspx.

————. 2010. Share the Road: Investment in Walking and Cycling Infrastructure, ISBN: 978-92-807-3125-5.

————. 2013. Placing Economic Value on Africa's Natural Resources. *UNEP News Centre*. Le 4 décembre. http://www.unep.org/newscentre/Default.aspx?DocumentId=2756&ArticleId=9718.

————. 2014. Africa Region. Exposé de Wanjiku Manyara (PIEA) et Lidia Ikapi-Neyer (ARA), Africa Region Updates. http://www.unep.org/transport/new/pcfv/pdf/10gpm/10GPM_AfricaRegionalUpdates.pdf.

PPIAF Assistance in the Republic of Côte d'Ivoire Information Document, 2012. http://www.thegef.org/gef/sites/thegef.org/files/documents/2015001446FREfre002.pdf.

Rabbi, J., 2014. Dépollution de la Lagune Ebrié, Où en sont les travaux d'assainissement? http://www.lebanco.net/banconet/bco21688.htm.

Rheingans, Richard, Matt Kukla, Richard A. Adegbola, Debasish Saha, Richard Omore, Robert F. Breiman, Samba O. Sow, Uma Onwuchekwa, Dilruba Nasrin, Tamer H. Farag, Karen L. Kotloff et Myron M. Levine, Exploring Household Economic Impacts of Childhood Diarrheal Illnesses in 3 African Settings. *Clinical Infectious Diseases*. (2012) 55.

Sadik-Kahn, J. 2013, "New York's Streets? Not So Mean Any More," TEDCity2.0. https://www.ted.com/talks/janette_sadik_khan_new_york_s_streets_not_so_mean_any_more.

Samad, T, N. Lozano-Gracia et A. Panman, 2012. Colombia Urbanization Review: Amplifying the Gains from the Urban Transition. Washington : Banque mondiale.

Scheren P. A. G. M., C. Kroeze, F. J. J. Janssen, L. Hordijk et K. J. Ptasinski (2004), Integrated water pollution assessment of the Ebrié Lagoon, Ivory Coast, West Africa. Journal of Marine Systems, 44, 1 – 17.

SFI (Société Financière Internationale) 2014, Solid Waste Management, Handshake, numéro du 12 janvier 2014. http://www.ifc.org/wps/wcm/connect/81efc00042bd63 e5b01ebc0dc33b630b/Handshake12_WastePPPs.pdf?MOD=AJPERES.

Site web du maire de la ville de New York http://www.mikebloomberg.com/index .cfm?objectid=4FF5F4D5-C29C-7CA2-FD895D2C4AFF5B3D.

Sukuzi, H., R. Cervero et K. Iuchi, 2013. Transforming Cities with Transit: Transit and Land Use Integration for Sustainable Urban Development. Washington : Banque mondiale.

Syeda Maria Ali, Aroma Pervaiz, Beenish Afzal, Naima Hamid et Azra Yasmin. 2014. Open dumping of municipal solid waste and its hazardous impacts on soil and vegetation diversity at waste dumping sites of Islamabad city, Journal of King Saud University—Science, Volume 26, numéro 1, janvier 2014, pages 59–65.

TEEB (The Economics of Ecosystems and Biodiversity) 2010, *Mainstreaming the Economics of Nature : A Synthesis of the Approach, Conclusions, and Recommendations of TEEB*. Genève : TEEB.

UEMOA (Union Économique et Monétaire ouest-africaine). 2010. Management Scheme of the Regional Study For Shoreline Monitoring And Drawing Up A Development Scheme For The West African Coastal Area (disponible en ligne à l'adresse suivante: http://cmsdata.iucn.org/downloads/sdlao_1_general_management_scheme.pdf).

Ulrich, Roger S. 1984. View through a Window May Influence Recovery from Surgery. *Science* 224 (4647) : 420 – 21.

van Donkelaar, A., R. V. Martin, M. Brauer, R. Kahn, R. Levy, C. Verduzco, et P. J. Velleneuve. 2010. Global Estimates of Ambient Fine Particulate Matter Concentrations from Satellite-Based Aerosol Optical Depth: Development and Application. *Environmental Health Perspectives* 118 (6) : 847 – 55.

WCCD (World Council on City Data). 2014. ISO 37120 : The First International Standard on City Indicators. briefing paper. Rapport en ligne : http://www .cityindicators.org/Deliverables/WCCD%20Brochure_9-16-2014-178620.pdf.

Whitehead, Christine, Rebecca L. H. Chiu, Sasha Tsenkova, et Bengt Turner. 2010. Land use regulation: Transferring lessons from developed economies. Dans *Urban Land Markets: Improving Land Management for Successful Urbanization*. eds. S. Lall, M. Freire, B. Yuen, R. Rajack, et J. Helluin, 51–70. Springer, Pays-Bas, 2009.

Wolf, K, 2006, Amenities: Trees Are Worth Downtown's Investment. Downtown Idea Exchange: Essential Information for Downtown Revitalization. Alexander Communications Group, Inc. 1er avril 2006. http://www.cfr.washington.edu/research .envmind/CityBiz/DowntownExchange.pdf.

Zinnes, Clifford F., 2009. *Tournament Approaches to Policy Reform: making Development Assistance More Effective*. Washington : Brookings Institution Press.

Zurbrügg, Chris. 2013. Solid Waste Management in Developing Countries. SANDEC/ EAWAG.

CHAPITRE 4

Financer les villes

Jonas Ingemann Parby, Jean-Noel Amantchi Gogoua,
et Gyongshim An

Introduction

Mieux planifier, connecter et écologiser les villes ivoiriennes signifie accroître leurs besoins de financement[1]. Les politiques nationales d'aménagement du territoire doivent se traduire par des plans de développement régional. Les plans directeurs d'urbanisme de chacune des 31 capitales régionales et des deux districts autonomes, intégrant entre autres l'occupation de l'espace, les transports et l'assainissement, doivent être établis ou actualisés, et toutes les parties prenantes à l'échelle de la ville doivent être mobilisées pour les mettre en œuvre. Le transport intra-urbain dans le Grand Abidjan nécessite de lourds investissements pour moderniser, diversifier et développer les systèmes de transport public. Les liaisons routières manquantes doivent être construites pour toutes les villes qui sont des connecteurs (globaux, régionaux et locaux) et les infrastructures existantes doivent être modernisées et entretenues afin de stimuler l'intégration économique intérieure. Bien que l'État ait récemment accru considérablement les financements consacrés aux infrastructures, il reste encore fort à faire pour rattraper deux décennies de retard d'investissement public.

Plusieurs échelons de l'administration sont chargés de la mise en place et de l'entretien des infrastructures. Mais comme la Côte d'Ivoire s'est engagée sur la voie d'une réforme ambitieuse de décentralisation, les communes joueront un rôle clé dans la prestation de services et la gestion de l'espace urbain. Les infrastructures doivent être développées et modernisées à mesure que l'urbanisation s'accélère, tout comme doivent être améliorés le financement et des mécanismes stables de génération de recettes. Des efforts concertés pour mettre en œuvre de nouvelles réformes et rectifier celles déjà en cours sont nécessaires afin d'améliorer la gestion de l'administration locale et nationale et le contrôle des ressources. Enfin, des formules supplémentaires de financement des infrastructures et le suivi de la décentralisation sont nécessaires pour tirer parti de la délégation des compétences, rapprocher les services des citoyens et s'attaquer aux inégalités.

La prestation de services dans les villes qui sont des connecteurs globaux, régionaux et locaux est minée par le manque de cohérence des régimes de collecte des recettes et de ressources financières. Cette remarque vaut pour les missions de décentralisation établies en 1980 et renforcées à maintes reprises, et leur réalisation. Mais les ressources de l'administration centrale auxquelles ont accès les communes sont négligeables et ne cessent de décliner. Les villes se heurtent également à l'insuffisance de ressources humaines et de capacités institutionnelles, leur capacité à attirer les investissements, à les retenir et à créer des emplois s'affaiblit en conséquence. Des lacunes systémiques dans le financement des connecteurs globaux, régionaux et locaux appellent une attention immédiate pour régler les questions liées au cadre législatif, à son volume et à sa prévisibilité. Les régions et les districts étant des entités infranationales assez récentes, le présent chapitre se penche davantage sur les tendances actuelles en matière de financement des communes.

Initiatives de dévolution des compétences et des ressources financières

Deux obstacles se dressent sur la voie de la prestation de services publics dans le cadre d'un modèle décentralisé en Côte d'Ivoire. Le premier est d'ordre systémique. Touchant les budgets municipaux, il englobe le caractère imprévisible des ressources financières, les retards dans les transferts desdites ressources et le manque de transparence dans l'allocation des revenus partagés provenant de l'administration centrale, tous obstacles auxquels s'ajoute une faible mobilisation des recettes proprement dites, même dans les zones urbaines de grande envergure. La prestation de services est également entravée par la diminution des ressources fournies aux autorités locales. Le deuxième obstacle est lié à la dévolution des compétences. Des progrès ont certes été accomplis, mais le cadre comporte encore des contradictions et des chevauchements dans les textes de loi en vigueur et dans l'application des mandats existants, d'où la confusion qui règne entre les ministères nationaux et les collectivités locales au sujet du financement et de la prestation des services. Tout cela signifie que la dévolution des compétences reste inachevée dans certains cas, ou que les financements connexes destinés à une fonction donnée ne sont pas transférés à la collectivité locale.

Objectifs de la décentralisation des services municipaux

Le principe de la libre administration des collectivités territoriales est inscrit dans la Constitution[2]. Les objectifs sont le rapprochement des centres de décision et de pouvoir des administrés, la participation de ces derniers à la gestion de leurs propres affaires, et la mise en place d'un développement local durable. La décentralisation comporte aussi un volet économique dont le but est de transformer les entités infranationales en véritables pôles de développement grâce au transfert des compétences de l'État, suivant les principes de subsidiarité et de rentabilité. La décentralisation est également censée servir de catalyseur à la réduction des disparités locales et régionales.

De par leurs mandats et leurs attributions, les autorités locales constituent le pilier de la politique de développement. La loi n° 2003-208 du 7 juillet 2003 confère en théorie un large éventail d'attributions aux autorités locales[3].

Le processus de décentralisation est le fruit d'une restructuration progressive de l'ancien système municipal régi par les lois de l'époque coloniale française, à commencer par la création de la première commune ivoirienne (voir encadré 4.1 ci-après). Toutefois, face à des lacunes évidentes[4] et à la nécessité de rationaliser le système, le cadre institutionnel régissant la décentralisation et la loi ont été modifiés en 2012, et les cinq échelons précédents de la décentralisation ont été ramenés à deux seulement, à savoir les régions (31) et les communes (197).

La mise en place des collectivités territoriales s'est faite en trois phases principales, en application des lois régissant la décentralisation. La phase expérimentale couvre la période 1960-1980. La création des communes a réellement démarré entre 1980 et 1985, avec l'organisation des premières élections municipales en 1980 et la création de nouvelles communes, et le processus a été consolidé à partir de 1985 avec l'accroissement des communes. Cinq élections ont été organisées depuis l'Indépendance (1985, 1991, 1996, 2001 et 2013). Compte tenu de ce contexte, qui a été marqué par des crises depuis 1999, il semble que jusqu'à présent la décentralisation n'est qu'un outil de prestation de services et d'amélioration de la reddition de comptes.

La dévolution repose sur deux principes essentiels : la subsidiarité et la rentabilité. Les collectivités territoriales[5] sont mieux placées pour identifier et gérer les services de base, parce qu'elles sont plus proches des populations et les connaissent beaucoup mieux. Avec moins de bureaucratie, le coût des services de base devrait diminuer, et la participation de la population locale à la gestion des communes devrait conduire à une plus grande transparence et à des gains d'efficacité dans la prestation de services[6]. La distribution d'eau et d'électricité fait

---

Encadré 4.1 Lois et dates clés relatives à l'instauration de la décentralisation en Côte d'Ivoire

En 1978, la loi n° 78-07 du 9 janvier 1978 a établi 28 communes à part entière et mis en place un système communal uniformisé dans le pays.

En 1980, la loi n° 80-1180 du 17 octobre 1980 relative à l'organisation municipale, la loi n° 80-1181 du 17 octobre 1980 portant régime électoral municipal et la loi n° 80-1182 du 17 octobre 1980 portant statut de la ville d'Abidjan, et les textes de loi ultérieurs ont marqué la mise en route effective de la politique de décentralisation en Côte d'Ivoire, en particulier avec l'augmentation du nombre de communes.

En 2001, une nouvelle orientation de la politique de décentralisation a été instituée avec la loi n° 2001-476 du 9 août 2001 d'orientation sur l'organisation générale de l'administration territoriale de l'État, qui a instauré cinq échelons de collectivités territoriales décentralisées. Il s'agissait, par ordre d'importance croissant, des communes, des villes, des départements, des districts et des régions. En 2012, toutefois, dans un souci de rationaliser le système, l'État a décidé de reporter le projet de création de communes sur l'ensemble du territoire et a confirmé le nombre de 197 communes.

Source : Ministère de l'intérieur et de la sécurité, 2006.

---

l'objet d'un mécanisme à part, bien que le transfert effectif des compétences en la matière aux collectivités territoriales pourrait contribuer à améliorer la prestation de services (voir encadré 4.2 ci-après).

L'objectif du transfert des compétences était de conférer davantage de responsabilités aux instances représentatives, aux organes exécutifs et aux comités de travail impliqués dans la décentralisation. Le Conseil est un organe représentatif qui assume la fonction d'organe suprême de l'autorité locale. Les membres des organes représentatifs et des organes exécutifs sont élus par la population. L'État se charge du suivi de l'exercice des compétences locales par les collectivités territoriales, par le biais du contrôle administratif des décisions, des organes et des services consultatifs assurés par le Ministre de l'intérieur et de la sécurité. Les décisions prises par les collectivités territoriales ne peuvent prendre effet qu'après approbation de l'autorité de tutelle. Cette dernière a le pouvoir d'autoriser, d'inspecter ou d'abroger les décisions et activités entreprises par les collectivités territoriales. Les services consultatifs fournis aux collectivités territoriales prennent la forme d'assistance et de conseils donnés aux communes, d'appui à leurs activités, et de mesures pour veiller à ce que leurs activités cadrent avec celles de l'État.

La tutelle est exercée par la Direction générale de la décentralisation et du développement local (DGDDL) au sein du Ministère de l'intérieur et de la sécurité, et par les préfets de région. L'article 52 de la loi d'orientation n° 2001-476 du 9 août 2001 sur l'organisation générale de l'administration territoriale de l'État stipule que « la tutelle de l'État sur les collectivités territoriales

---

Encadré 4.2 Des dispositifs différents pour la fourniture d'eau et d'électricité

En Côte d'Ivoire, comme dans la plupart des pays francophones, la gestion de l'eau et de l'électricité, ainsi que la fourniture, le contrôle et la distribution, relèvent des entreprises nationales appartenant à un groupe international. Les opérations doivent donc être rentables pour ces entreprises, même si les actifs demeurent la propriété de l'État.

En principe, avec la dévolution des compétences aux collectivités territoriales, ces organes doivent être associés à la gestion de ces services. Il semble cependant que les entreprises nationales distribuent l'eau et l'électricité sans concertation avec les collectivités territoriales. À titre d'exemple, le contrat de concession entre l'État et la société nationale de l'eau, la SODECI, n'a pas pris en compte les compétences des collectivités territoriales en matière d'assainissement.

Le transfert des compétences aux collectivités territoriales pourrait contribuer à améliorer la prestation de services. Ces mécanismes décentralisés sont en vigueur dans de nombreux pays, comme en Afrique du Sud et au Mozambique. La décentralisation des services de gestion d'eau a des avantages, bien qu'il comporte aussi des risques. Ces services peuvent par exemple être adaptés aux besoins locaux, car les élus locaux auraient le contrôle de leur gestion, stimulant de ce fait la concurrence et réduisant éventuellement les coûts et les prix pour les consommateurs.

Source : Kouadio et Assande 2014.

est exercée par le Ministre chargé des collectivités territoriales ». De ce point de vue, tout retard de la DGDDL dans l'approbation des budgets communaux entraîne des retards dans la prestation des services dans les communes. Certains maires interrogés aux fins de la présente étude ont indiqué qu'il faut parfois attendre jusqu'à six mois après le début de l'exercice budgétaire pour que le budget soit approuvé.

Les collectivités territoriales ont des liens institutionnels et hiérarchiques avec d'autres départements ministériels, comme le Ministère des finances et les ministères sectoriels. Le lien institutionnel avec le Ministère des finances passe par la Direction des opérations des collectivités décentralisées (DOCD), la Direction générale des impôts (DGI) et la Direction générale du Trésor et de comptabilité publique (DGTCP). La DOCD est chargée d'assister les collectivités territoriales dans l'élaboration de leur budget, en veillant à sa cohérence, et d'assurer le suivi de l'exécution de leurs opérations. La DGI est en charge des opérations liées à l'assiette fiscale, ainsi que de l'évaluation et du recouvrement d'une grande partie des recettes des collectivités territoriales. La DGTCP est responsable de la gestion comptable des collectivités territoriales à travers la Direction de la comptabilité parapublique (DCPP) et ses différents départements, à savoir les recettes des finances et les trésoreries au niveau des districts, des régions et des départements.

Décentralisation inachevée et incohérente

Les fonctions et attributions concernant des aspects fondamentaux de la prestation de services essentiels au développement urbain n'ont pas été entièrement dévolues et la coordination des services entre les ministères et les collectivités locales et dans divers secteurs demeure problématique. Certains décrets et ordonnances d'application relatifs à la loi sur le transfert des compétences n'ont pas encore été pris, d'où la lenteur de la délégation des pouvoirs dans de nombreux secteurs (voir encadré 4.3). Avec la nouvelle structure des collectivités locales, cette loi devient caduque. Les réformes de la dévolution des pouvoirs et la décentralisation sont déterminées par des décisions unilatérales des ministères centraux qui vont à l'encontre des dispositions du cadre juridique et institutionnel et minent souvent le budget, la planification et le processus de prise de décision des communes[7]. La mise à disposition de ressources supplémentaires au profit des régions et au détriment des communes est également vécue comme une injustice par certains maires. Bien que les régions ne produisent pas de ressources, elles sont allocataires d'une plus grande partie du produit des impôts, taxes et subventions, et leurs agents sont également mieux rémunérés que ceux des communes. En outre, la plupart des communes[8] et des régions ne disposent pas de plan stratégique de développement, ce qui fait que leurs plans et budgets triennaux ne sont alignés sur aucun objectif de développement et entravent la mise en œuvre efficace des programmes de développement.

Des problèmes systémiques continuent de nuire à l'élaboration et à l'exécution rapide et efficace des budgets des communes et des régions, ce qui conduit à des inefficacités dans la prestation de services et dans l'exécution des projets.

Encadré 4.3 Lenteur des progrès de la dévolution des compétences dans certains secteurs

Hormis l'éducation, la plupart des secteurs restent sous le contrôle des ministères de tutelle. La plupart des collectivités territoriales sont en désaccord avec les ministères au sujet de leur rôle dans la mise en œuvre des activités de développement, et se concertent peu entre elles sur la planification, la programmation ou la mise en œuvre desdites activités.

Enseignement. Les négociations menées en mars 1998 entre l'État et l'Union des villes et communes de Côte d'Ivoire (UVICOCI) ont débouché sur un mémorandum d'accord visant à faciliter le transfert progressif de certaines compétences aux communes.

Urbanisme et habitat. La loi relative à la dévolution des attributions dans ce domaine comporte des éléments contradictoires en ce qu'elle accorde aux districts des pouvoirs en matière de gestion des terres, alors que ces pouvoirs étaient, jusqu'ici, conférés à l'autorité municipale (dans les départements). Les autorités administratives régionales semblent également supplanter la commission d'attribution. Un nouveau décret pris par le MCLAU centralise le pouvoir de décision sur les questions foncières (y compris la gestion de l'occupation des terres, le zonage et l'établissement de titres fonciers) au niveau de l'administration centrale, ce qui va à l'encontre des dispositions de la loi sur la décentralisation et tend à exclure les communes des procédures clés de prise de décision (comme cela a été confirmé lors des discussions avec les maires des 14 communes échantillonnées), même si elles sont censées être représentées dans la commission.

Transport. À Abidjan, le principal conflit tient au fait que l'Agence du transport urbain (AGETU), plutôt que les communes, délivre des permis de transport et perçoit les taxes de transport, bien que les compétences dans ce domaine aient été transférées aux communes dans des textes de loi et des décrets.

Hygiène publique, protection de l'environnement et gestion des ressources naturelles. La gestion des déchets a été confiée au Ministère en charge de l'assainissement, plutôt qu'aux communes. Le contrat de concession entre le Gouvernement et la SODECI n'a pas tenu compte des attributions des collectivités territoriales en matière d'assainissement, d'où la confusion quant aux attributions des uns et des autres. De nouveaux règlements confient désormais au Ministère chargé de l'hygiène et de l'assainissement la responsabilité de l'enlèvement des déchets, mais les villes qui sont des connecteurs régionaux et locaux sont tenues d'assurer cette activité alors qu'elles n'ont plus la possibilité de percevoir des taxes à cette fin, ce qui affaiblit la durabilité des services.

Ressources halieutiques et animales. Les consultations menées dans le cadre de la présente étude (Kouadio 2014) ont révélé que les départements techniques du Ministère en charge des ressources halieutiques et animales ne permettent pas aux services municipaux compétents d'inspecter les abattoirs ni les entrepôts de poissons d'une capacité inférieure à 50 000 tonnes, bien que la réglementation en vigueur l'exige. Cette situation est source d'inefficacités potentielles dans l'assurance et le contrôle de la qualité.

Source : Kouadio et Assande (2014).

Les budgets locaux sont adoptés et appliqués avec retard. La branche exécutive est responsable de la préparation budgétaire — le maire et le conseil municipal, — et le président et le conseil régional se chargent eux des régions. Ces organes s'appuient sur leurs propres services et sur ceux de l'administration centrale. Les délais fixés par le calendrier de programmation et dans le cadre de la préparation budgétaire sont peu respectés, et les budgets locaux sont finalisés tardivement, en raison de retards accusés par les collectivités territoriales et par l'autorité de tutelle. En outre, la nomenclature des règles budgétaires et comptables est incompatible avec les normes internationales, bien qu'une révision soit en cours pour les adapter à la directive de l'UEMOA n° 01/2011/CM/UEMOA du 24 juin 2011 portant régime financier des collectivités territoriales[9]. En outre, les programmes triennaux, qui constituent l'outil de programmation budgétaire pluriannuelle, ne couvrent que les dépenses et non les recettes. La crédibilité des budgets locaux est entachée par le manque de contrôle et de prévisibilité en ce qui concerne les revenus partagés.

L'insuffisance de financements affecte les ressources humaines. Chaque commune compte moins de deux fonctionnaires, un chiffre nettement inférieur à celui de pays comparables de la région. Cette faible dotation en personnel mine sérieusement la performance de la collectivité territoriale. Le personnel des collectivités territoriales comporte trois catégories : les fonctionnaires, les agents communaux et les contractuels (voir tableau 4.1 ci-après). Un très faible nombre de fonctionnaires sont affectés aux entités locales en raison de leurs compétences techniques. Ils y sont généralement mutés par l'autorité de tutelle (par exemple le Ministère de l'intérieur et de la sécurité) et occupent des postes administratifs et techniques supérieurs, comme secrétaire général, chef du service administratif, chef des finances et directeur des services techniques. La deuxième catégorie, qui est la plus importante par le nombre, est constituée d'agents communaux recrutés localement, titulaires au mieux d'un brevet d'études du premier cycle (BEPC). La troisième catégorie se compose de travailleurs contractuels recrutés pour une mission précise. Il est donc dénombré beaucoup d'ouvriers ou d'agents d'exécution et quelques cadres sous-qualifiés.

Tableau 4.1 Effectifs communaux, 2007-2013

	Fonctionnaires	Agents communaux	Autres	Total
2007	184	3 374	408	3 966
2008	250	4 547	776	5 573
2009	1	26	8	35
2010	S.O.	S.O.	S.O.	S.O.
2011	S.O.	S.O.	S.O.	S.O.
2012	403	3 578	543	4 524
2013	348	4 658	886	5 892

Source : Calculs des auteurs, fondés sur les données de la Direction de la Comptabilité Parapublique et les données recueillies en mai-juin 2014.
Remarque : S.O. = Non disponible.

Au nombre des raisons expliquant l'absence de personnel qualifié figurent les restrictions réglementaires et le peu d'incitations à recruter des cadres. Cela est particulièrement vrai pour les villes connecteurs locaux, qui ont du mal à proposer de meilleures conditions de travail. Se pose également le problème de l'insuffisance de formation — les agents communaux ont rarement la formation requise. Le faible niveau d'investissement dans le développement et les capacités des ressources humaines est un frein au développement local et à l'exécution des missions assignées aux collectivités territoriales. Les parties prenantes locales (élus, travailleurs et autres acteurs locaux) ne semblent pas avoir la formation nécessaire pour mettre en œuvre les nouvelles compétences dévolues.

L'État doit veiller à ce que les communes soient suffisamment dotées en ressources pour embaucher du personnel qualifié. Il doit donner aux communes les moyens d'entreprendre leur propre recrutement de cadres qualifiés si elles doivent rester autonomes. Par-dessus tout, les communes doivent mettre en place, développer et redynamiser leurs plans de formation en gestion des affaires publiques et en administration locale.

Financement et dépenses des communes

Cadre législatif régissant le financement des communes

Le cadre juridique régissant le financement des collectivités territoriales n'accorde pas d'autonomie budgétaire aux communes. Ces dernières n'ont pas le pouvoir de créer de nouveaux impôts ni de définir l'assiette fiscale, le taux d'imposition ou le mode de recouvrement. Selon le droit fiscal, le système de fiscalité locale doit être défini par l'autorité législative. En l'absence de décret d'application relatif à la loi sur le financement, les agents des finances locaux se réfèrent généralement aux lois antérieures. Le cadre législatif régissant actuellement le financement des communes comprend la loi n° 2003-489 du 26 décembre 2003 portant régime financier, fiscal et domanial des collectivités territoriales, et un certain nombre de décrets, ordonnances et directives. Le fait que ces règlements ne sont pas en phase avec la loi révisée de 2012 relative à la décentralisation donne lieu à des interprétations et à des applications divergentes de la loi. Le cadre juridique régissant le financement des communes exige également des collectivités territoriales qu'elles réservent une partie de leur budget à l'investissement[10].

Le cadre institutionnel régissant le financement des collectivités locales présente aussi des limites. Si le cadre institutionnel de base est en place et appliqué à tous les aspects du financement des collectivités territoriales (par exemple, la budgétisation, la planification et le contrôle budgétaire et comptable), il se caractérise toutefois par des insuffisances qui ont une incidence sur l'efficacité des dépenses publiques. Non seulement ce cadre n'est pas en harmonie avec la loi de décentralisation de 2012, mais en plus les règlements prévus au titre de la loi n° 2003-489 du 26 décembre 2003 n'ont pas encore été élaborés, et les textes législatifs qui régissent la gestion des finances des collectivités locales sont obsolètes. Certains de ces textes datent de l'époque coloniale et ne sont plus adaptés à la nouvelle organisation de l'administration territoriale. Cependant, l'État ivoirien a entrepris d'adapter le système financier des collectivités territoriales à la directive n° 01/2011/CM/UEMOA portant régime financier des collectivités territoriales au sein de l'UEMOA (Banque mondiale 2014).

Cinq types de ressources financières des collectivités territoriales sont définis dans la loi n° 2003-489 du 26 décembre 2003 portant régime financier, fiscal et domanial des collectivités territoriales : i) les recettes fiscales partagées, comprenant les taxes redevances collectées par l'État et partagées avec les collectivités territoriales selon un système de répartition ; ii) les ressources générées en interne, dont le produit des prélèvements fiscaux et des recettes des services municipaux ; iii) le produit des opérations et des placements et les transferts de l'État ; iv) les emprunts/prêts contractés auprès de l'État ; et v) le financement de partenaires au développement.

Revenu total des communes

Les collectivités territoriales en Côte d'Ivoire présentent deux caractéristiques **distinctes.** Premièrement, elles restent fortement tributaires des revenus partagés et des subventions et transferts de l'État. Deuxièmement, leur budget d'investissement pour le développement reste faible et insuffisant pour couvrir leurs besoins, problème qui se pose avec encore plus d'acuité pour les zones urbaines qui ont des besoins en infrastructures plus importants.

Le fait que les ressources financières ne sont pas transférées en totalité transparaît dans le financement limité des dépenses d'investissement et de fonctionnement, et dans la mobilisation insuffisante des ressources propres, même dans les grandes villes. Les collectivités territoriales restent fortement tributaires des revenus partagés et des subventions et transferts de l'État. Leur budget d'investissement pour le développement reste trop faible pour répondre à leurs besoins, un problème pour les villes qui sont des connecteurs globaux ou régionaux. Par exemple, les revenus directement alloués aux 197 communes entre 2007 et 2013 ont totalisé 374,6 milliards de francs CFA (environ 750 millions de dollars É.-U., voir graphique 4.1), soit une moyenne de seulement 0,44 % du PIB (au Ghana, le revenu total a représenté environ 0,9 % du PIB en 2012).

Le revenu total cumulé des 197 communes entre 2007 et 2013 a été inférieur à 1 milliard de dollars É.-U. Il s'est chiffré à 374,6 milliards de francs CFA (environ 750 millions de dollars É.-U.), soit une part minime du revenu total du pays. Les revenus des communes en part du PIB sont pratiquement insignifiants, variant entre 0,30 % et 0,54 %, pour une moyenne de 0,44 % pendant la période 2007-2013. En moyenne, les communes enregistrent un revenu total de 53,5 milliards de francs CFA (107 millions de dollars É.-U.) chacune. La tendance générale fait ressortir une croissance annuelle moyenne de 11 %. Dans l'ensemble, toutefois, le revenu total des communes a fluctué en fonction de la situation politique et économique : il a chuté entre 2009 et 2011, avant d'augmenter de 99 % en 2012 (voir graphique 4.2).

Graphique 4.1 Revenus des collectivités territoriales, 2007-2013 (en millions de FCFA)

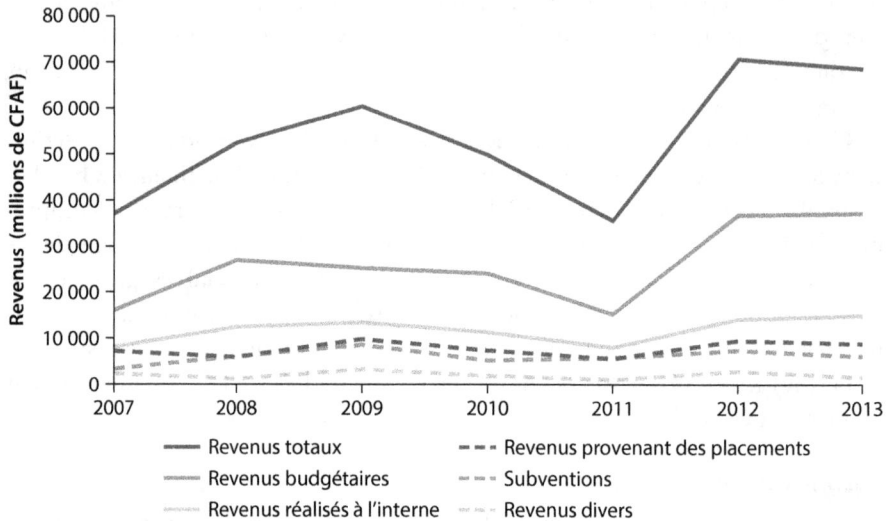

Source : Direction de la Comptabilité Parapublique.

Graphique 4.2 Évolution des revenus des communes

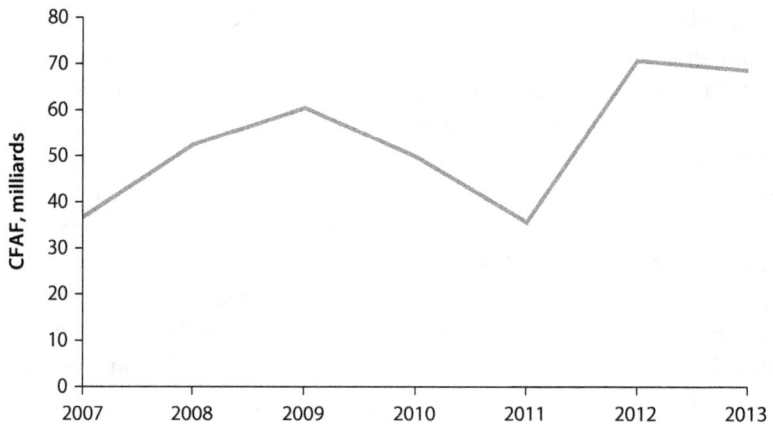

Source : Calculs des auteurs, fondés sur les données de la Direction de la Comptabilité Parapublique et les données recueillies en mai-juin 2014.

Le montant total des revenus des communes reste faible par rapport aux besoins en prestation de services. Entre 2007 et 2013, le montant moyen des recettes fiscales par habitant était de 896 FCFA, soit moins de 2 dollars É.-U., marqué par une tendance à la contraction due à la croissance de la population et à la faible augmentation du revenu total des communes. Les recettes fiscales des communes (la plus importante composante de leur revenu total) proviennent de la taxe foncière, des licences et permis, de la taxe forfaitaire sur le revenu et d'autres impôts et taxes. Durant la période considérée, la taxe foncière et les licences et permis ont représenté la majeure partie des recettes fiscales des communes, soit 37,9 % et 36,5 % respectivement. Ils ont été suivis par la taxe forfaitaire (11,4 %), tandis que les autres taxes-impôts ont représenté les 14,2 % restants.

Les ressources générées par les communes incluent les impôts et taxes perçus au niveau local et les redevances payées pour certains services. Le pouvoir de perception des impôts et taxes conféré aux communes est régi par la loi n° 2003-489 du 26 décembre 2003[11]. Les lois sur la décentralisation précisent les taxes et impôts à percevoir directement par les communes, dont les taxes des petits commerçants et artisans, les taxes « d'entiercement », les redevances de marché, les redevances de transport, les droits d'abattage, etc. La commune perçoit en outre des redevances sur certains services qu'elle fournit, ainsi que sur des activités menées dans la zone relevant de sa compétence. Ces services incluent les services juridiques et de certification, les baux de logement et la location de centres culturels. Les collectivités territoriales ont généralement plus de marge de manœuvre concernant ces taxes et redevances, et peuvent en fixer les taux elles-mêmes.

Les revenus budgétaires partagés perçus varient considérablement d'une commune à une autre de l'échantillon. Les trois communes à Abidjan représentent environ 75 % des recettes fiscales totales de l'échantillon. Ce montant est révélateur des disparités de potentiel fiscal entre les communes à l'intérieur et à l'extérieur d'Abidjan — l'essentiel de l'activité économique étant concentré dans la capitale économique. La situation est similaire avec les revenus de source propre ; les trois communes d'Abidjan représentent 60 % du total des recettes propres des communes de l'échantillon. La question de l'autonomie financière révèle combien il est difficile pour les communes de mobiliser des ressources au niveau local. Parmi les principaux facteurs expliquant ce constat, il faut citer le transfert insuffisant de compétences, qui mène à des conflits entre les communes et certains ministères de tutelle, et le faible niveau ou l'absence d'enregistrement de contribuables dans les collectivités territoriales ou de technologies associées pour les mises à jour régulières et la gestion du recouvrement et de l'administration des recettes.

Les recettes et les dépenses des communes semblent présenter les mêmes caractéristiques. En général, les dépenses sont supérieures aux recettes, mais la situation semble s'être améliorée depuis l'exercice 2011. Ce progrès est de bon augure pour les communes qui pourraient alors enregistrer des excédents financiers et réaliser des épargnes. Il réduit en outre le risque d'endettement au niveau des collectivités territoriales. Depuis 2012, le ratio recettes/dépenses est d'au moins 1,2 (voir graphique 4.3)[12].

Transferts budgétaires intergouvernementaux

Les ressources budgétaires des collectivités territoriales consistent principalement en des transferts de revenus partagés. Ces revenus représentent de 50 % à 60 % du financement total. Ils sont administrés et recouvrés par la DGI qui les reverse ensuite aux entités décentralisées. La loi de finances de décembre 2012 a

Graphique 4.3 Comparaison de l'évolution des recettes et des dépenses des communes

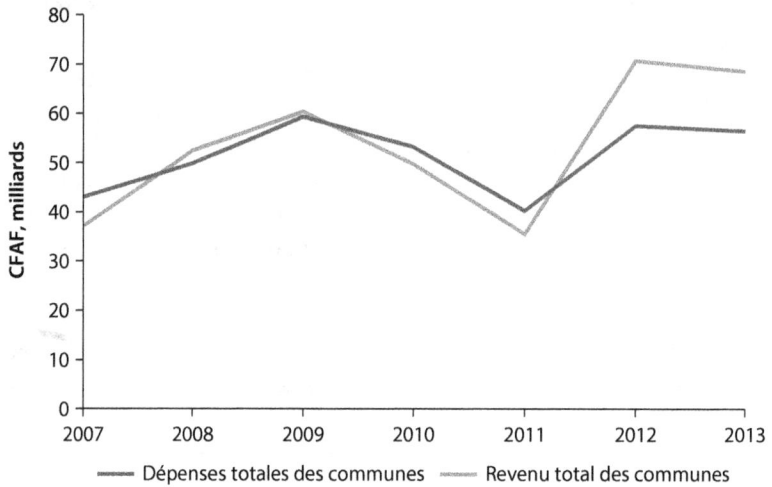

Source : Calculs des auteurs, fondés sur les données de la Direction de la Comptabilité Parapublique et les données recueillies en mai-juin 2014.

Tableau 4.2 Clé de répartition des revenus partagés (%)

Taxe	Communes	Régions	Fonds d'entretien routier	Unité d'assainissement et drainage	Unité de gestion des déchets	État
Taxe foncière	35	30	0	10	25	0
Taxe sur les exploitations agricoles	30	60	0	0	0	10
Taxe spéciale sur les véhicules à moteur	25	25	40	0	0	10
Licences et permis	45	15	25	0	0	15
Taxe forfaitaire	40	10	0	0	0	50
Taxe sur le logement	40	0	0	0	0	60
Taxe sur la location	0	0	0	0	0	100
Taxe routes, hygiène et assainissement	0	0	0	0	0	100

Source : République de Côte d'Ivoire 2013.

défini les sources de revenus énumérées dans le tableau 4.2 ci-dessus comme revenus partagés à montants variables (en dehors de l'impôt sur les baux et des taxes routières, d'hygiène et d'assainissement). Le montant cumulé des revenus partagés alloués à toutes les communes est d'environ 26 milliards de francs CFA (environ 52 millions de dollars É.-U.) par an. Les revenus partagés se sont contractés régulièrement à partir de 2008 avant d'augmenter à nouveau en 2012, avec effet de rattrapage. La forte croissance survenue après la crise postélectorale est à l'origine d'un taux de croissance annuel moyen de 15 %.

L'Urbanisation diversifiée • http://dx.doi.org/10.1596/978-1-4648-0869-2

Les revenus budgétaires partagés provenant de l'État sont alloués aux communes au moyen d'une lettre de transfert, mais le transfert de ces fonds n'arrive pas souvent en temps opportun et n'est pas prévisible. Le transfert de revenus aux communes est effectué toutes les deux semaines et permet de créditer rapidement les comptes de chaque commune au fur et à mesure que les taxes sont perçues. Mais la disponibilité immédiate des fonds en numéraire n'est pas garantie pour autant, du fait que leur décaissement est contrôlé par le comptable de la trésorerie, ce qui ralentit souvent le processus, surtout en cas de documents manquants. Les flux de recettes ne sont pas toujours opportuns ou prévisibles. Le recouvrement des revenus partagés pâtit des difficultés à établir une assiette fiscale appropriée en raison du manque de système d'information local, et de la faiblesse des capacités institutionnelles de l'administration fiscale communale, causée par un manque de formation et d'incitations.

Les communes reçoivent également une aide par le biais de transferts et de dotations de l'État. Cette aide inclut les subventions et autres dotations destinées à financer les dépenses des collectivités territoriales. Les subventions et dotations englobent : i) la dotation globale financière (DGF) ; ii) la dotation générale de décentralisation ; iii) une dotation/subvention de péréquation ; et iv) une dotation d'investissement pour la mise en œuvre des plans de développement. Ces subventions et dotations compensent les coûts imposés aux collectivités territoriales et équilibrent davantage le développement régional grâce à un système de répartition qui profite aux districts les moins nantis. Par exemple, la DGF est allouée chaque année aux collectivités territoriales en application du décret n° 98-05 du 14 janvier 1998. Elle est calculée sur la base de 2 % du total des recettes perçues par l'État deux ans auparavant. Avec ce mécanisme, la DGF a alloué aux collectivités territoriales chaque année un montant s'élevant au moins à 30 milliards de FCFA (60 millions de dollars É.-U.).

La DGF est composée d'une partie minimale et d'une partie complémentaire. La partie minimale de la dotation a pour objet d'assurer à chaque collectivité territoriale un minimum de ressources par habitant. Cette partie de la dotation est égale au montant de la DGF perçu en 1996. La partie complémentaire est destinée à contribuer aux charges de fonctionnement des collectivités territoriales. Son allocation obéit à plusieurs critères, à savoir : la taille de la population, les capitaux propres (sur la base des taux de pauvreté), et l'incitation, estimée à 20 %, 50 % et 30% du solde de la DGF après déduction de la partie minimale.

Dans la pratique toutefois, les critères de calcul et de répartition de la DGF ne sont pas appliqués de manière aussi stricte qu'ils devraient l'être aux termes du décret n° 98-05 du 14 janvier 1998. Chaque année, le Ministre de l'économie et des finances fixe un montant global à allouer aux collectivités territoriales, sur la base du budget de l'État. L'allocation destinée à chaque commune comprend une partie destinée au fonctionnement et une partie pour les infrastructures et l'investissement. Le processus de mise à disposition de ces fonds aux collectivités territoriales relève de la responsabilité du Ministère de l'intérieur et de la sécurité (pour la partie destinée au fonctionnement) et du Ministère sectoriel (pour les opérations d'investissement). Les collectivités territoriales n'ont donc aucun contrôle sur ces concours financiers, qui sont alloués de manière unilatérale par l'État en fonction de critères impartiaux, et elles ne peuvent pas utiliser ces fonds librement, car ils sont alloués à des fins très précises (Kouadio 2014).

Compte tenu de la formule de répartition actuelle, la DGF est essentiellement une dotation de péréquation qui assure que les districts ruraux et moins peuplés disposent d'un financement par habitant plus élevé que dans les districts urbains. Elle n'impose aucun critère de performance aux communes. Bien que ce système contribue à effacer les disparités entre districts, il ne répond pas aux besoins importants en infrastructures des zones urbaines, compte tenu en particulier du niveau déjà élevé d'urbanisation. L'État peut se référer à d'autres pays comparables de la région (Ghana, Ouganda, Sénégal, etc.) pour déterminer la manière dont ils ont mis en place des systèmes de dotation répondant aux besoins en infrastructures urbaines, tout en ciblant la mobilisation des recettes locales et en renforçant le pouvoir discrétionnaire quant à l'emploi des dotations accordées aux collectivités territoriales, en suivant les principes de la décentralisation.

La DGF est estimée à 45 milliards de FCFA (environ 93,8 millions dollars É.-U.) pour 2014, dont 14 milliards de FCFA ont été alloués aux communes et 31 milliards de FCFA aux régions. La répartition de la DGF pour l'année 2014 se présente comme suit :

- 55 % au budget de fonctionnement, dont 1 milliard de FCFA pour Yamoussoukro (du fait de son statut de capitale administrative) ; 90 % du montant restant a été distribué à parts égales entre les 187 communes (les 10 communes d'Abidjan ne reçoivent pas cette dotation), et les 10 % restants ont été répartis proportionnellement, en fonction du nombre d'habitants de chaque commune ; et
- 45 % pour le budget de développement/investissement, dont 90 % ont été répartis à parts égales entre les 187 communes pouvant y prétendre, et 10 % répartis en fonction de la taille de la population de la commune.

La part des dépenses du budget national consacrée aux dotations versées aux collectivités territoriales a diminué au cours de la dernière décennie, et l'allocation et le décaissement des transferts de l'État n'obéissent pas complètement à la réglementation en vigueur. Si le montant net des financements consentis par l'État a plus que doublé depuis 2003, la part des dépenses du budget national consacrée aux dotations accordées aux collectivités territoriales a diminué, passant de 3,62 % à 1,27% en 2014 (voir tableau 4.3). Ces pourcentages indiquent une contradiction entre les objectifs déclarés de la politique de l'État et la réalité sur le terrain. Il semble que le montant total des dotations depuis 2008 soit plus bas que le taux exigé de 2 % du budget national. Et au-delà de l'évolution du volume global, le financement des collectivités territoriales pâtit du problème récurrent du non-respect de critères formels dans l'allocation et le décaissement des transferts de l'État. Les textes d'application de la loi n° 2003-489 du 26 décembre 2003 détaillant la formule de calcul et de répartition des transferts de l'État aux collectivités territoriales n'ont pas encore été adoptés (Banque mondiale 2014).

Tableau 4.3 Part des dotations accordées aux collectivités locales sur le budget de l'État

Année	Budget de l'État (en milliards de FCFA)	Dotations aux collectivités territoriales (en milliards de FCFA)	Dotations des CT en part du budget de l'État (%)
2003	1 515	55	3,62
2004	1 986	57	2,87
2005	1 735	41	2,38
2006	1 966	40	2,02
2007	1 961	40	2,02
2008	2 129	41	1,94
2009	2 530	43	1,72
2010	2 482	43	1,74
2011	3 051	42	1,37
2012	3 161	43	1,35
2013	3 815	43	1,13
2014	4 248	54	1,27
Total	**30 579**	**542**	**23,43**

Source : Direction des Operations des Collectivites Decentralisees.
Remarque : CT = Collectivités territoriales.

Recettes et emprunts des collectivités territoriales

Les ressources générées en interne représentent en moyenne 26 % des ressources totales. Ces ressources ont varié entre 24 % et 28 % pour la période 2006-2013, avec un écart type de 1 %. Les communes sont autorisées à mobiliser 25 % de leurs ressources sur leur propre territoire, les 75 % restants devant provenir de l'État par le biais des recettes fiscales, des subventions et du produit des placements. Le ratio d'autonomie financière moyen des communes ivoiriennes est de 22,5 %. Il a oscillé entre un minimum de 17,8 % en 2001 et un maximum de 33 % en 2011. Les revenus divers ne sont pas significatifs, se situant en moyenne à 4 %, tandis que le produit des placements et les subventions représentent 15 % et 12 % des recettes totales, respectivement. Le montant du produit des placements reflète la capacité d'investissement des communes, qui est plutôt faible.

L'article 99 de la loi portant régime financier, fiscal et domanial des collectivités territoriales stipule que ces dernières peuvent contracter des emprunts pour couvrir les dépenses relevant du titre II du budget (investissements). Les limites et les conditions de ces emprunts sont fixées par décret pris en Conseil des ministres. Les textes régissant les options de financement par emprunt des communes limitent les pouvoirs de décision des collectivités territoriales, du fait que ces dernières sont tenues d'obtenir l'autorisation préalable de l'État ou du Ministère de tutelle pour contracter tout type d'emprunt. Ces restrictions sont également applicables à l'emploi des ressources empruntées. Les limites et les conditions de ces emprunts sont fixées par un décret pris en Conseil des ministres. Le décret de janvier 1985 donne aux communes la possibilité de contracter des emprunts pour financer des opérations d'investissement[13].

L'Urbanisation diversifiée • http://dx.doi.org/10.1596/978-1-4648-0869-2

L'accès à l'emprunt restant très difficile, l'État a créé le Fonds de prêts aux collectivités locales (FPCL) par décret du 30 août 1989. Dans la pratique, toutefois, les emprunts sont limités en raison de la faible assise financière des collectivités territoriales et des exigences légales d'équilibre budgétaire.

La dette des collectivités territoriales ivoiriennes est en hausse — les emprunts à court terme des communes ivoiriennes ont augmenté de 8 % en moyenne entre 2007 et 2013. L'essentiel de ces emprunts a été contracté auprès du secteur privé, qui représente environ 80 % des créances. Une comparaison des emprunts à court terme avec les ressources financières disponibles démontre que les communes sont constamment confrontées à un déficit de trésorerie. À la fin de l'exercice 2013, le déficit financier se situait à environ 14 milliards de francs CFA (environ 30 millions de dollars É.-U.).

Les collectivités territoriales ne respectent pas strictement leurs engagements liés aux emprunts. Les collectivités territoriales contractent des emprunts auprès du FPCL pour financer des projets générateurs de revenus. Elles ne remboursent cependant pas correctement ces dettes. Jusqu'à présent le FPCL a été financé essentiellement selon des financements par emprunt obtenus sur le marché financier et par les contributions des bailleurs de fonds dans le cadre de projets spécifiques. Depuis son entrée en activité, le FPCL a accordé des prêts à hauteur de 2,6 milliards de francs CFA (environ 5,2 millions de dollars É.-U.) à 24 communes au titre de l'exécution de divers projets (voir tableau 4.4 ci-après). La priorité est accordée aux projets susceptibles de générer des revenus (environ 85 %). Les projets de construction d'infrastructures tels que les hôtels de ville sont toutefois les plus nombreux. Comme ces investissements ne sont pas rentables, en particulier dans les communes de l'arrière-pays, il semble peu probable que les emprunts soient remboursés. Il est difficile pour la plupart des communes de tenir leurs engagements à l'égard du FPCL au regard de leur faible capacité budgétaire. Au 30 septembre 2013, le taux de remboursement était de 26 %.

Deux principaux facteurs limitent l'accès aux financements du FPCL. Tout d'abord le taux d'intérêt qui est relativement élevé (11 %), puis la capacité d'autofinancement des communes qui est faible, car un apport de la commune de 15 % à 35 % est nécessaire pour chaque emprunt.

Tableau 4.4 Investissements municipaux financés par le FPCL, par catégorie

Projet	Montant (milliers de FCFA)	%
Marché, station d'autobus, abattoir	2 203 737	84,7
Hôtel de ville	343 050	13,2
Dispensaire	25 000	1,0
Hôtel	14 150	0,5
Infrastructures	9 750	0,4
Morgue	7 400	0,3
Total	**2 603 087**	**100**

Source : Étude sur les conditions permettant d'assurer la viabilité du FPCL.
Remarque : FPCL = Fonds de Prets aux Collectivites Locales.

Les restrictions relatives aux emprunts sont également dues au contrôle institutionnel que l'État exerce sur les organismes de crédit. L'État oriente les activités des organismes de crédit en définissant les conditions de prêts aux collectivités territoriales. En conséquence, l'État est le principal distributeur et régulateur des prêts accordés. Le contexte actuel peut toutefois offrir de nouvelles possibilités de financement du développement dans les communes, en particulier à Abidjan, avec l'ouverture des marchés financiers et la mise au point d'instruments financiers publics et privés. Les collectivités territoriales disposent à présent de nouvelles possibilités offertes par les marchés bancaires et financiers, ainsi que par des institutions spécialisées. Cependant, les restrictions imposées par la loi font que l'accès à ces moyens de financement est difficile. Qui plus est, compte tenu de la marge de manœuvre budgétaire existante, l'option de l'emprunt exige une analyse plus approfondie dans la mesure où la plupart des collectivités territoriales disposent d'une épargne très limitée, certaines enregistrant même des dépassements budgétaires annuels en raison des coûts de fonctionnement élevés.

Insuffisance des financements des municipalités pour l'investissement

Les communes interrogées aux fins de la présente étude confirment qu'elles sont tributaires des revenus budgétaires partagés. Les 14 communes interrogées pour cette étude[14], y compris les principaux connecteurs globaux et locaux, ont indiqué leur dépendance à l'égard des revenus budgétaires partagés. Leur revenu total se cumulait à 102,7 milliards de francs CFA (environ 205 millions de dollars É.-U.) entre 2007 et 2013, dont 52,8 milliards de FCFA (environ 106 millions de dollars É.-U.) représentaient des recettes fiscales (51,4 %). La taxe foncière, les licences et permis, la taxe forfaitaire et d'autres taxes représentaient respectivement 20,2 milliards de francs CFA (environ 40 millions de dollars É.-U.), 19,5 milliards de francs CFA (environ 39 millions de dollars É.-U.), 4,8 milliards de francs CFA (environ 10 millions de dollars É.-U.), et 7,4 milliards de francs CFA (environ 15 millions de dollars É.-U.). La part moyenne des recettes fiscales dans le revenu total des communes a chuté entre 2008 et 2011, passant de 62 % à 41 %, avant de remonter en 2012 (47,7 %) et en 2013 (57,7 %). La plupart des communes ne financent pas les investissements sur ressources propres. L'investissement sur fonds propres en moyenne pour Man et Bouaké était pratiquement nul entre 2007 et 2013, en raison de la crise — l'ensemble des fonds propres ayant été affectés au fonctionnement. À Korhogo, Soubré et San-Pédro, l'apport en ressources propres pour financer le développement des infrastructures était élevé, à plus de 50 % en moyenne.

L'un des principaux obstacles au financement de l'investissement est la difficulté à mobiliser des fonds propres ou des ressources de l'État et le niveau élevé de l'allocation destinée aux dépenses de fonctionnement. Pour chaque dollar É.-U. de dépenses municipales réalisées entre 2007 et 2013, indépendamment de l'emplacement, 82 cents ont été affectés au fonctionnement — dont environ 40 cents consacrés aux dépenses de personnel, et seulement 18 cents à l'investissement. Les dépenses de fonctionnement couvrent également les installations, les fournitures et les charges financières. Fait étonnant, les connecteurs locaux et régionaux dépensent davantage en infrastructures que les communes d'Abidjan couvertes par l'enquête. Entre 2007 et 2013, les dépenses de fonctionnement et d'investissement ont été estimées à 83 % pour les communes qui sont des connecteurs régionaux et à 17 % pour celles qui sont des connecteurs locaux, contre 94 % et 6 % pour les communes d'Abidjan, ce qui compromet le rôle de connecteur global de cette ville. Le taux moyen de recouvrement des revenus des investissements est de 71,7 %. La difficulté de mobiliser des ressources est l'une des raisons de l'écart entre les projections et les réalisations dans le développement des infrastructures. L'aide des bailleurs de fonds contribue à combler le déficit. Après des années de crise et de pénurie de financements publics, l'État cherche maintenant à mobiliser des ressources extérieures pour financer les infrastructures locales, y compris des dons et des prêts concessionnels.

Les connecteurs locaux et régionaux consacrent plus de dépenses relatives aux salaires qu'Abidjan. De 2007 à 2013, les pourcentages moyens des budgets de fonctionnement utilisés pour les dépenses de personnel, d'autres charges et les charges financières étaient de 60 %, 39,8 % et 0,2 % pour les connecteurs régionaux et locaux ; et de 39,9 %, 59,9 % et 0,2 % pour les communes d'Abidjan. Les villes Bouaké (86,4 %), Danané (76 %), Korhogo (69,4 %), Odienné (67,7 %), Bondoukou (64,8 %), Daloa (64,2 %) et Man (64 %) utilisent toutes l'essentiel de leur budget de fonctionnement pour payer les salaires de leur personnel. Selon les autorités de Bouaké, le pourcentage pour le paiement des salaires était exceptionnellement élevé parce que les jeunes engagés en tant que combattants pendant la crise ont été par la suite employés par la commune.

Les dépenses d'investissement des communes couvrent un large éventail d'infrastructures. Il s'agit notamment du réseau électrique, des réseaux routiers, de l'aménagement du territoire, de la construction de bâtiments commerciaux et administratifs, d'équipements culturels et de loisirs, de la santé, de l'éducation, de l'environnement et de l'eau. Les plans d'investissement triennaux et les comptes de gestion de l'échantillon indiquent que les communes accordent généralement la priorité à trois catégories d'investissements : les services communautaires, le développement socioculturel et humain et les services généraux. Hormis Bouaké (connecteur régional), Bondoukou (connecteur global) et San-Pédro (connecteur global), qui consacrent la majeure partie de leurs investissements aux services généraux, la plupart des autres communes concentrent leurs efforts sur les projets de routes, d'électricité et d'éclairage public, de santé et d'hygiène publique, d'eau et d'approvisionnement en eau, et d'urbanisme et de protection de l'environnement.

Bien qu'elle n'affiche qu'une part infime de dépenses totales d'investissement, la ville d'Abidjan représente près de la moitié de l'ensemble des investissements réalisés dans les communes en Côte d'Ivoire. Abidjan dépense 63,9 milliards de francs CFA (environ 128 millions de dollars É.-U.), contre 68,2 milliards de FCFA (environ 136 millions de dollars É.-U.) pour les 187 autres communes. L'investissement dans tout le pays a toujours été en grande partie fonction de la situation politique. Avec la signature de l'accord de paix en 2007, les investissements ont fortement augmenté, mais la crise postélectorale de 2010-2011 a provoqué leur chute à 23,6 %, le niveau le plus bas pour l'ensemble de la période à l'examen.

La part du budget national consacrée aux dotations aux collectivités territoriales a baissé pendant les dix dernières années. Le budget a été réduit de moitié et la dotation financière en a souffert parce que les transferts de l'État aux collectivités territoriales ne respectaient pratiquement jamais les critères officiels — par exemple, les règlements de la loi n° 2003-489 du 26 décembre 2003 ne sont toujours pas établis (Banque mondiale 2014).

Les communes disposent donc de peu de moyens pour financer les investissements dans les infrastructures. La principale raison en est le niveau limité des ressources propres, des recettes fiscales et de l'aide de l'État, qui s'ajoute aux problèmes liés au cadre budgétaire aux niveaux juridique, institutionnel et intergouvernemental. En outre, les normes générales de gestion financière au niveau des communes ne sont pas respectées, en raison de l'insuffisance de capacités financières et humaines et du manque de surveillance systématique de la part du centre. Cette situation se traduit par une communication insuffisante de l'information financière, un très faible nombre de systèmes, des mises à jour des prêts sans remboursement, et d'autres problèmes systémiques, qui limitent les possibilités de recours aux mécanismes de financement de substitution.

Les communes sont incapables de générer une épargne importante pour pouvoir contracter des emprunts. De 2001 à 2011, les communes ont enregistré une épargne nette de 72,8 milliards de FCFA (environ 146 millions de dollars É.-U.), dont 24,4 milliards de francs CFA (environ 49 millions de dollars É.-U.) pour les communes d'Abidjan et 48,1 milliards de francs CFA (environ 96 millions de dollars É.-U.) pour les communes de l'arrière-pays. Bien que les communes d'Abidjan contribuent le plus au bénéfice d'exploitation total, leurs dépenses réelles de fonctionnement sont également très élevées, et leur niveau d'épargne est inférieur à celui des communes de l'intérieur. Le déficit de financement serait dû en partie à des goulets d'étranglement dans le processus de décaissement des dotations de l'État. Cela représente le flux net de la dette des communes au cours de la période considérée, pour un montant total de 48,4 milliards de francs CFA (environ 97 millions de dollars É.-U.). Selon la DGDDL, entre 2003 et 2007, ce déficit a baissé pour se stabiliser à une moyenne de 1,7 milliard de francs CFA (environ 3 millions de dollars É.-U.). Le déficit est plus élevé pour les communes d'Abidjan que pour celles de l'intérieur du pays (voir tableau 4.5).

Renforcement du système de financement des communes et accroissement des possibilités de financement

L'analyse de la situation financière des communes en Côte d'Ivoire révèle qu'elles ont peu de moyens de financer les investissements d'infrastructure. La principale raison en est le faible niveau de ressources générées en interne, de recettes fiscales et d'aide de l'État, sans oublier les incohérences du cadre juridique et institutionnel. En outre, les normes générales de gestion financière au

Tableau 4.5 Capacité de financement des communes (en millions de FCFA)

	Communes de l'ancienne zone CNO (Centre, Nord, Ouest)	Communes de l'intérieur	Communes d'Abidjan	Ensemble des communes
Bénéfice d'exploitation réel	38 244	197 301	319 258	554 803
Dépenses d'exploitation réelles	36 395	149 221	294 536	480 152
Épargne	1 849	48 080	24 722	74 651
Bénéfice réel sur les placements	927	7 934	2 892	11 753
Capacité d'investissement	2 776	56 014	27 614	86 404
Dépenses d'investissement réelles	8 686	68 158	63 895	140 739
Déficit ou capacité de financement	-5 910	-12 144	-36 281	-54 335

Source : DGDDL.

niveau des communes ne sont pas respectées en raison de la faiblesse des capacités et du contrôle limité et systématique des autorités centrales, ce qui conduit fréquemment à l'absence de rapports et de systèmes financiers, de mise à jour des prêts sans remboursement et à d'autres problèmes systémiques — limitant ainsi les possibilités de recours à d'autres mécanismes de financement.

Les besoins de financement des villes doivent être pris en compte dans le cadre des modalités financières décentralisées. Les communes et les régions ont la charge d'un large éventail de dépenses publiques. Sur la base des principes de subsidiarité et de moindre coût, les communes sont responsables de l'organisation de la vie communautaire et de la participation des citoyens à la gestion des affaires locales, à la promotion du développement local et à sa mise en œuvre, et à la gestion et l'entretien des biens publics sur le territoire relevant de leur compétence[15].

Les incohérences dans le cadre juridique et institutionnel et dans son déploiement — notamment en ce qui concerne la politique de décentralisation de 2012 — doivent être corrigées d'urgence. La dévolution des compétences ne s'est pas accompagnée d'un transfert de ressources financières et humaines. La loi n° 2003-208 du 7 juillet 2003 portant transfert et répartition des compétences de l'État aux collectivités territoriales précise 16 domaines de compétence à transférer. Mais cette répartition des compétences est fondée sur l'ancienne organisation de l'administration locale avec cinq niveaux de décentralisation. Un autre obstacle est que la mise en œuvre du transfert de compétences conduit parfois à des conflits de compétences entre les entités décentralisées et d'autres organismes publics.

Des lacunes systémiques dans le financement des connecteurs globaux, régionaux et locaux appellent une attention immédiate pour remédier aux problèmes liés au cadre législatif et au volume et à la prévisibilité des financements.

Trois séries de mesures sont à envisager. Tout d'abord, corriger l'inadéquation entre le transfert des compétences et le transfert des ressources afin que les fonctions déléguées cadrent avec les capacités financières et humaines minimales existantes. Deuxièmement, renforcer le financement des communes et revoir les systèmes de transferts budgétaires dans des domaines clés, en réduisant le nombre de transferts et en favorisant l'élargissement et l'amélioration du recouvrement des recettes propres. Ceci implique l'enregistrement de tous les contribuables, l'élargissement de la couverture des mesures essentielles de consolidation de l'assiette fiscale, la modernisation des registres cadastraux, et la révision des systèmes de répartition des recettes partagées. Troisièmement, promouvoir la collaboration entre les régions, les communes et les entreprises de service public afin de générer des économies d'échelle dans la prestation de services d'infrastructures.

Pour compléter ces interventions, l'État devrait procéder à l'évaluation de l'efficacité des systèmes de transfert actuels, consolider la décentralisation administrative afin de permettre une amélioration des performances au niveau des communes, et envisager d'introduire de nouvelles mesures d'incitation au rendement. Ces mesures pourraient inclure : i) l'évaluation de la performance de la DGF et de son efficacité à absorber et à utiliser ces ressources ; ii) l'introduction envisagée d'autres subventions au développement ciblées pour les zones urbaines, en insistant sur des conditions liées au rendement (par exemple dans le recouvrement des recettes, la budgétisation, la planification et la mise en œuvre, la gestion d'actifs et la gestion financière) ; iii) l'application d'un pourcentage fixe du budget national ou des recettes nationales comme ressources à allouer aux communes par le biais de la DGF, afin d'assurer la prévisibilité des financements ; iv) l'examen de la performance du FPCL et sa pertinence pour le financement des collectivités locales à l'avenir, y compris le règlement du problème des dettes municipales existantes ; et v) l'introduction de normes minimales dans toutes les communes en mettant l'accent sur les ressources humaines, les audits, le recouvrement de recettes, l'établissement de rapports financiers, le budget et la mise en œuvre.

À moyen et long termes, l'État peut étudier la viabilité de nouvelles sources de financement supplémentaires. Cela inclut : i) l'évaluation de la viabilité du régime actuel d'emprunt des communes et sa crédibilité compte tenu des taux de remboursement actuels qui sont bas ; ii) l'établissement de la mesure dans laquelle les communes à Abidjan pourraient devenir suffisamment solvables pour prétendre à des emprunts infranationaux, y compris ceux contractés par le guichet de financements infranationaux de la Société financière internationale ; iii) l'étude de la possibilité de modifier et d'actualiser la législation sur les PPP afin de permettre aux communes d'y participer davantage[16], et de renforcer leur capacité à attirer des investissements du secteur privé dans les domaines des infrastructures et de la prestation de services ; iv) la recherche de possibilités de financement adossé à des actifs fonciers, tels que l'optimisation de la valeur foncière ; et v) l'élargissement, l'approfondissement et l'institutionnalisation des mécanismes existants de collaboration intercommunale (voir encadré 4.4). Parmi ces nouvelles sources potentielles, les options iii) et v) seraient les plus prometteuses à court et à moyen termes.

Encadré 4.4 Institutionnaliser la collaboration intercommunale

La coopération intercommunale et le développement intercommunal des infrastructures municipales constituent des domaines prometteurs pour le financement des communes. L'un des objectifs de la décentralisation est de promouvoir le développement urbain et l'aménagement du territoire. Avec le grand nombre de communes et leurs disparités relatives à la densité, au potentiel économique et aux ressources techniques et humaines, il est difficile de produire des infrastructures et des services abordables et de qualité qui répondent aux attentes des usagers et de la communauté dans son ensemble. Une solution consiste à favoriser le regroupement de communes pour constituer un niveau différent d'intervention publique. Les communes interviendraient dans les services locaux essentiels, tels que la distribution de l'eau, l'assainissement, l'enlèvement des déchets et le transport. La loi n° 95-611 du 3 août 1995 définit le cadre institutionnel de la coopération intercommunale et devrait être renforcée par un certain nombre d'incitations à promouvoir cette coopération.

Les communes ont déjà commencé à se regrouper de cette façon. Elles ont créé une association, l'Union des villes et communes de Côte d'Ivoire (UVICOCI), et les différents démembrements de l'Union, ainsi que quelques groupements de communes. L'UVICOCI fait aussi office de coordinateur des sous-groupes de communes. Avec la création progressive de regroupements municipaux, l'UVICOCI compte désormais plusieurs groupes régionaux et thématiques pour traiter des questions concernant les régions ou des groupes homogènes de communes. L'un des objectifs du regroupement des communes est de veiller à ce que, sur leur territoire, les attributions dévolues par l'État soient mises en œuvre de manière cohérente et concertée, et que les ressources soient utilisées de manière efficace (pour éviter les doubles emplois).

Certains groupes ont lancé des projets de développement, avec l'aide de partenaires. Ces projets portent notamment sur le renforcement des capacités, l'investissement dans les infrastructures des communes et la gestion des forêts et de l'environnement. En Occident, le Fonds européen de développement fournit à certaines villes des systèmes informatisés et des véhicules, et a réalisé des projets pilotes d'alimentation en eau en milieu rural. Des projets communs ont été lancés dans les domaines de la santé, de l'agriculture et de l'éducation. Les groupements intercommunaux sont également actifs dans le domaine de la forêt et de la préservation de l'environnement.

Quatre séries de recommandations principales couvrent les grands domaines thématiques décrits ci-dessus.

Consolidation, harmonisation et application du cadre juridique et réglementaire du financement des communes

(i) Mettre en place un comité ad hoc qui serait chargé de tous les projets de loi et des lois dont les textes d'application sont attendus, et proposer des mesures correctives et des ajouts à apporter aux textes existants.

(ii) Actualiser la loi n° 2003-208 du 7 juillet 2003 portant transfert et répartition des compétences de l'État aux collectivités territoriales afin de se conformer à l'organisation actuelle des collectivités territoriales, dans le but de définir précisément les compétences transférées en tenant compte des capacités réelles des collectivités locales.

(iii) Aligner le cadre juridique de la décentralisation en Côte d'Ivoire sur les directives de l'UEMOA, en particulier la directive sur le régime financier des organes décentralisés.

(iv) Veiller à ce que les autorités municipales telles que l'autorité de tutelle respectent strictement les délais réglementaires d'élaboration et d'approbation du programme triennal et du budget conformément au calendrier général fixé par le décret n° 31 du 13 février 1992.

(v) Veiller à l'application effective de la loi Korhogo, en particulier les dispositions concernant les traitements des travailleurs municipaux et régionaux, afin de ne pas décourager le personnel des collectivités territoriales et de réduire les démissions.

Mesures de renforcement du cadre budgétaire intergouvernemental

(i) Appliquer le décret d'application de la loi n° 2003-489 du 26 décembre 2003 pour définir le cadre institutionnel et la méthode de calcul et de répartition de la dotation générale de fonctionnement et des transferts, en veillant à tenir compte des organisations faîtières des régions (ARDCI) et des communes (UVICOCI).

(ii) Réviser la procédure actuelle de partage des recettes entre l'État, les collectivités territoriales et d'autres organismes afin de tenir compte de tous les impôts et taxes de l'État allouées aux collectivités locales ; assurer une plus grande transparence des calculs des revenus budgétaires partagés.

(iii) Faire en sorte que les systèmes de la DGI respectent strictement le délai de 15 jours pour le transfert aux trésoreries des tableaux de répartition des recettes.

(iv) Élaborer des plans de décaissement des transferts de l'État aux collectivités territoriales au début de chaque année, et les respecter rigoureusement. Des transferts trimestriels pourraient être envisagés.

Renforcement de la base de recettes locales

(i) Établir un mécanisme de réglementation qui limite les engagements de dépenses budgétaires en fonction des ressources disponibles afin d'assurer une exécution sans heurt du budget, et d'éviter l'accumulation d'arriérés.

(ii) Veiller à ce que les délais réglementaires d'élaboration et d'approbation du programme triennal et du budget soient respectés, tant par les autorités communales que par l'autorité de tutelle.

(iii) Encourager et aider les communes à élaborer des plans généraux d'amélioration des recettes, notamment en mettant en place des bases de données exhaustives de contribuables qui peuvent être mises à jour régulièrement.

(iv) Moderniser les procédures de recouvrement des impôts locaux grâce à la géolocalisation. Une condition préalable est la mise à jour du registre cadastral local.

(v)   Renforcer les capacités des communes et inciter les communes à recourir à des mécanismes de financement alternatifs pour le développement des infrastructures, et continuer par ailleurs à accroître les recettes propres, comme source cruciale de revenus.

Suivi de nouveaux domaines spécifiques de financement municipal

Gestion des actifs et des terres : i) encourager les communes à mettre en place une base de données sur la propriété foncière communale ; et ii) mettre en place un cadre de concertation réunissant les différents services du Ministère en charge de la construction et du développement urbain et des communes, afin de superviser l'attribution des parcelles et de veiller à ce que les autorités municipales puissent surveiller ces activités.

Partenariats public-privé : i) rectifier le décret n° 2012-1151 du 19 décembre 2012 pour y inclure une référence spécifique aux collectivités territoriales décentralisées, en particulier les communes ; ii) renforcer les capacités de certaines communes à négocier et à assurer la gestion des PPP.

Notes

1. Ce chapitre est basé sur un examen documentaire, comprenant notamment une analyse des données financières des collectivités locales, et sur des entretiens avec les parties prenantes, dont les maires et de hauts responsables administratifs de 14 communes.

2. Article 119 de la Constitution du 1er août 2000.

3. Y compris l'aménagement du territoire, la planification du développement, l'urbanisme et l'habitat, les voies de communication et réseaux divers, le transport, la santé et l'hygiène publique, la protection de l'environnement, la sécurité et la protection civile, l'enseignement, la recherche scientifique et la formation professionnelle et technique, l'action sociale, culturelle et la promotion humaine, les sports et loisirs, la promotion du développement économique, la promotion du tourisme, la communication, l'hydraulique d'assainissement et l'électrification, et la promotion du progrès social, dont la promotion de la jeunesse, de la famille, de la femme, de l'enfant, des handicapés et des personnes du troisième âge.

4. Voir l'examen du processus de décentralisation réalisé par le Ministère de l'intérieur et de la sécurité intitulé « Bilan de la décentralisation ».

5. Par « collectivités territoriales » on entend les administrations municipales et régionales.

6. Il s'agit là d'hypothèses standard pour les modèles décentralisés de prestation de services, mais l'étude ne propose pas d'analyse comparative des coûts de la prestation de services entre systèmes centralisés et décentralisés.

7. En avril 2014 par exemple, après l'adoption des budgets, le Ministère a, fait inattendu, envoyé un télégramme officiel à certaines communes, dont Cocody, pour les informer d'un prélèvement de 15 % effectué sur les 40 % de taxes et d'impôts légalement censés leur être rétrocédés.

8. Aucune des 14 communes interrogées pour la présente étude ne dispose d'un plan de développement stratégique.

9. Le décret n° 31 du 13 février 1992 stipule que l'autorité de tutelle dispose de 45 jours à compter de la date de soumission pour approuver le budget. Passé ce délai, l'autorité municipale est autorisée à exécuter le budget, même s'il n'a pas été approuvé. Des agents ont indiqué toutefois que, dans la pratique, ce délai n'est jamais respecté, mais que le Trésor refuse d'effectuer les paiements tant qu'il n'a pas reçu l'avis d'approbation de l'autorité de tutelle. Les collectivités territoriales elles-mêmes ont parfois leur part de responsabilité dans cette situation. Lorsque la mission a effectué sa tournée en avril, elle a noté que les budgets de certaines communes n'avaient pas encore été approuvés par l'autorité de tutelle.

10. L'article 17 de la loi de finances n° 97-07 du 6 janvier 1997 définit le montant du budget, qui est un pourcentage des recettes totales et qui varie selon la taille de la population. Le pourcentage minimum varie entre 10 % et 20 %, et il est inversement proportionnel à la taille de la population. Pour les communes dont la population est inférieure à 20 000 habitants, le pourcentage est de 20 % alors qu'il est de 15 % pour les communes d'une population comprise entre 20 000 et 50 000 habitants. Au-delà de 50 000 habitants, le pourcentage minimum est de 10 %.

11. L'article 109 de la loi stipule que « la loi de finances fixe les tarifs et les taux maxima des taxes des collectivités territoriales perçues par voie de rôle ou sur titre de recettes ». L'article 110 de la loi stipule que « lorsque le Conseil d'une collectivité institue une taxe, il doit, dans ce cas et par la même délibération, en fixer le taux, en considération de la situation objective des assujettis ».

12. Cela est dû à la forte corrélation entre les dépenses et les ressources et, surtout, à la résultante de la règle budgétaire qui veut que le budget s'équilibre en recettes et en dépenses.

13. Le processus d'emprunt comporte deux étapes : la préparation de la demande et sa présentation au conseil municipal ; et l'instruction et l'examen de la demande en conseil. Le résultat des délibérations du conseil et la demande sont ensuite transmis au Ministre de l'intérieur et de la sécurité et au Ministre de l'économie pour approbation conjointe.

14. Korhogo et Odienné dans le nord ; Yamoussoukro et Bouaké dans le centre ; Daloa, Soubré, Man et Danané à l'ouest ; San-Pédro dans le sud-ouest ; Abengourou et Bondoukou à l'est ; et Yopougon, Adjamé et Cocody à Abidjan.

15. La loi n° 2003-208 du 7 juillet 2003 a octroyé des compétences spécifiques aux communes en matière d'aménagement du territoire, de planification du développement, d'urbanisme et d'habitat, de routes et autres réseaux de communication, de transport, de santé et d'hygiène publiques, d'environnement et de gestion des ressources naturelles, de sécurité et de protection civile, d'action sociale et culturelle, de sport et loisirs, de développement économique et d'emploi, de tourisme, de communication, d'eau et d'assainissement, de promotion de la famille, de la jeunesse et de la parité des sexes.

16. Les collectivités territoriales se tournent également davantage vers des formules de construction-exploitation-transfert pour pallier l'insuffisance du financement des infrastructures génératrices de revenus. Ce système a été appliqué à la construction de marchés, d'étals et de kiosques. À Adjamé, un marché de 12 milliards de francs CFA a été construit grâce à un financement entièrement fourni par la Société ivoirienne de concept et de gestion, qui exploitera le marché pendant 25 ans pour ensuite le rétrocéder à la commune. Des opérations similaires sont menées à Treichville, Sinfra et Daloa.

Références

Banque mondiale, 2014. Mission d'évaluation des procédures de gestion des finances publiques locales.

DGDDL (Direction Générale de la Décentralisation et du Développement Local). *Bilan de la politique de décentralisation en Côte d'Ivoire de 2001–2011.* DGDDL.

Kouadio, Hugues, et Paul Assande. 2014. Côte d'Ivoire Urbanization Review: Work on Municipal Financing. Document de référence pour la présente étude. Rapport préliminaire. Banque mondiale, Washington, DC.

Liu et Pradelli, 2012. « Financing Infrastructure and Monitoring Fiscal Risks at the Subnational Level ». Document de travail de recherche sur les politiques de la Banque mondiale n° WPS60692.

Ministère de l'Intérieur et de la Sécurité. 2006. Bilan de la decentralization.

République de Côte d'Ivoire. 2013. Annex Fiscale. *Journal Officiel de la République de Côte d'Ivoire* (le 9 janvier 2013).

Déclaration sur les avantages environnementaux

Le Groupe de la Banque mondiale s'engage à réduire son empreinte environnementale.

Pour prouver cet engagement, la Division des publications met à profit les possibilités de publication électronique et de technologie d'impression à la demande, accessible dans toutes les régions du monde. Ces initiatives permettent de réduire le nombre de tirages et les distances de transport, contribuant ainsi à réduire la consommation de papier, l'utilisation de produits chimiques, les émissions de gaz à effet de serre et la production de déchets.

La Division des publications suit les normes recommandées de l'utilisation de papier définies par l'Initiative Green Press. La majorité de nos ouvrages sont imprimés sur du papier certifié par *Forest Stewardship Council* (FSC), qui contient 50 à 100 pour cent de matières recyclées. La fibre recyclée de notre papier est soit écrue soit blanchie à l'aide d'un procédé de blanchiment totalement dépourvu de chlore (TCF), sans chlore (PCF) ou sans chlore élémentaire (EECF).

De plus amples informations sur la philosophie environnementale de la Banque mondiale sont consultables à l'adresse : http://www.worldbank.org /corporateresponsibility.

green press INITIATIVE

www.ingramcontent.com/pod-product-compliance
Lightning Source LLC
Chambersburg PA
CBHW080544220326
41599CB00032B/6354